国家科学思想库

科学文化系列

科学与人生

中国科学院院士传记

柯召传

白苏华 / 著

科学出版社

北京

图书在版编目（CIP）数据

柯召传/白苏华著．—北京：科学出版社，2010.5
（科学与人生：中国科学院院士传记丛书）
ISBN 978-7-03-027053-5

I. ①柯… II. ①白… III. ①柯召（1910～2002）—传记 IV. ①K826.11

中国版本图书馆 CIP 数据核字（2010）第 045220 号

丛书策划：胡升华　侯俊琳 / 责任编辑：侯俊琳　樊　飞　王昌凤
责任校对：宋玲玲 / 责任印制：李　彤 / 封面设计：黄华斌
编辑部电话：010-64035853
E-mail：houjunlin@mail. sciencep. com

科学出版社 出版
北京东黄城根北街 16 号
邮政编码：100717
http://www.sciencep.com
北京厚诚则铭印刷科技有限公司 印刷
科学出版社发行　各地新华书店经销
*
2010 年 5 月第　一　版　开本：B5（720×1000）
2023 年10月第七次印刷　印张：13 1/2　插页：6
字数：269 000
定价：78.00 元
（如有印装质量问题，我社负责调换）

柯召院士

柯召（1910～2002），字惠棠，浙江温岭人。1933年毕业于清华大学算学系，1935年留学英国曼彻斯特大学，1937年获得博士学位。1938年回国，先后在四川大学、重庆大学任教。1953年以来，历任四川大学教授、数学研究所所长、副校长、校长、名誉校长。1955年任中国科学院学部委员（今称“院士”）。

1954年起，柯召连续当选第一至第七届全国人大代表，曾任四川省第四、五届政协副主席，中国数学会副理事长、名誉理事长，四川省数学会理事长、名誉理事长。他还先后担任九三学社第三至第五届中央委员，第六、七届中央副主席、名誉副主席，九三学社成都市委主委、四川省委主委及名誉主委。

柯召在数论、代数、组合论等领域有突出成就，尤其在数论的不定方程和组合论的研究方面贡献卓著，学术界称他为“我国近代数论和组合论的创始人之一”、“中国二次型研究的开拓者”。在国际数学界，柯召研究不定方程卡特兰问题的结果与方法，被称为“柯氏定理”与“柯氏方法”；他与国外数学家爱尔特希及拉多合作的研究成果——组合论中有限集交集计数问题的结论，被称为一个里程碑式的成果。柯召曾任中国人民解放军总参谋部科学顾问，为研究和解决国防现代化中的数学问题作出了重要贡献。

① ③
②
④

① 1927年1月厦门大学预科学生，时年16岁

② 1933年清华大学毕业照

③ 1935～1938年，在英国曼彻斯特大学攻读博士，成为该校第一个来自中国的数论新秀

④ 曼彻斯特数论学派的主要成员（1935～1938）：导师莫德尔（左四）、柯召（右二）、爱尔特希（右一）、达文波特（右四）、马勒（左一）

① ②

③

① 和挚友爱尔特希（1935~1938，英国曼彻斯特大学）在一起

② 1939年5月，四川大学数学系师生欢送毕业同学。前排为教师，左起：孙炳章、徐荣中、柯召、李华宗、张洪沅、胡少襄、谢苍璃、何子卿；中排左七为杨从仁，左九为在校学生朱福祖

③ 1978年，华罗庚（左三）、柯召（右二）、王元（右一）等数学家和中国科学院领导方毅（左五）与来华访问的奥地利著名数论学家W.M.Schmidt（左四）合影

①

② ③

① 20世纪80年代初全家福

② 1983年，欢迎著名实验物理学家吴健雄(右一)和她的丈夫——著名高能物理学家袁家骝(右二)来四川大学术交流

③ 1985年于上海中国数学会50周年年会上，前排左起：吴文俊、苏步青、周培源、周光召、陈省身、谢希德、柯召、吴大任

①　②

③

① 1987年于成都《数学年刊》编委会期间与苏步青（左）合影

② 纹枰手谈重聚会，挚友对坐再攀登——1986年，与老友爱尔特希（右）对弈，外孙女助阵

③ 1985年，中国人民解放军总参谋部顾问年会人员合影。前排：曾肯成（左三）、丁石孙（左四）、马大猷（左五）、徐信（左六）、柯召（左七）、段学复（左八）、万哲先（左九）。二排：裴定一（左三）、戴宗铎（左四）、王萼芳（左五）、冯克勤（左七）、孙琦（左八）

①　②
③　④
⑤

① 1993年4月，（右）赴京参加中国科学院会议，住中国科学院937楼208室。4月12日是柯召83岁生日，吴文俊院士（左）特来看望

② 1999年，参加杨武之先生诞辰102周年纪念会时与杨振宁（左）合影

③ 和清华同窗陈省身（中）、吴大任（左）在一起

④ 1999年，与女婿白以龙院士(右)同获何梁何利科技进步奖，翁婿二人在钓鱼台国宾馆前留影

⑤ 四川大学内柯召塑像

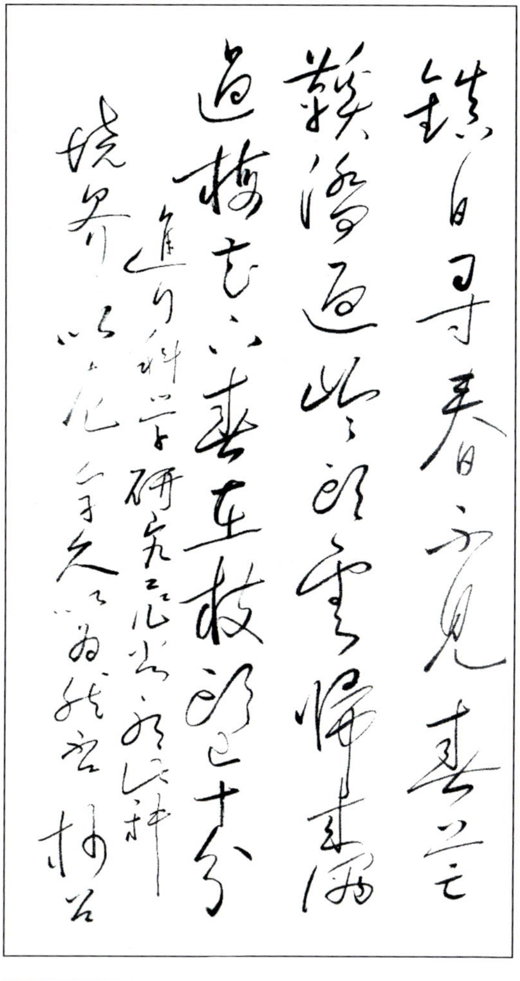

镇日寻春不见春　芒鞋踏遍岭头云
归来偶过梅花下　春在枝头已十分
进行科学研究工作常有此种境界，
以龙乎久以为然否
赠女儿女婿（宋人佚名诗）条幅

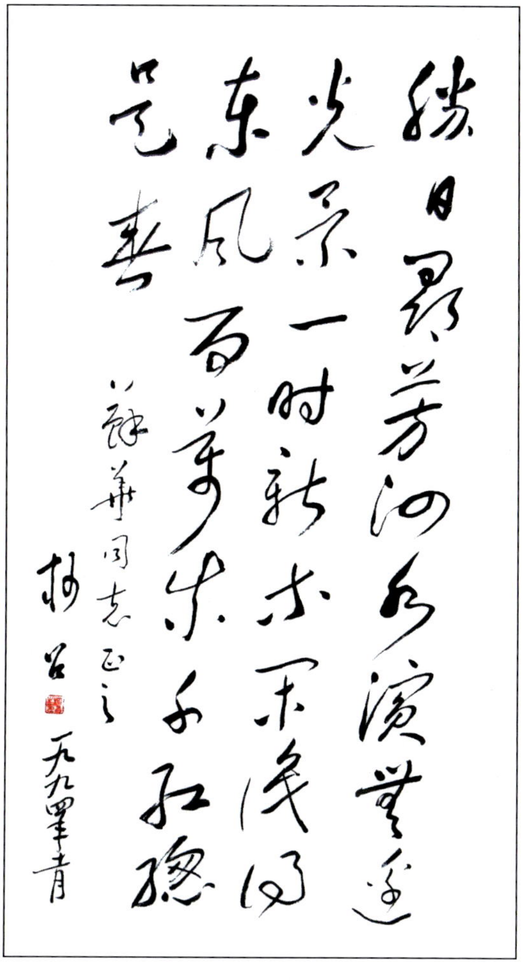

胜日寻芳泗水滨　无边光景一时新
等闲识得东风面　万紫千红总是春
赠作者（南宋思想家朱熹诗）条幅

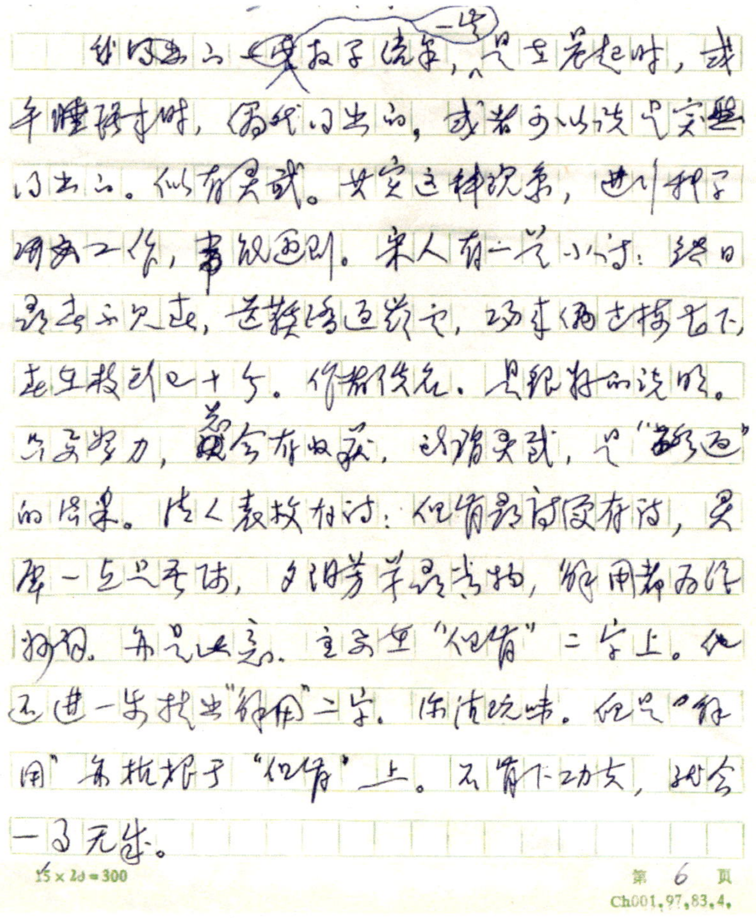

我的一些数学结果，是在晨起时，或午睡醒来时，偶然得出的。或者可以说是突然得到的。似有灵感。其实这种现象，进行科学研究工作，常能遇到。宋人有一首小诗：镇日寻春不见春，芒鞋踏遍岭（头）云，归来偶过梅花下，春在枝头已十分。作者佚名，是很好的说明。只要努力，总会有收获。所谓灵感，是“踏遍”的结果。清人袁枚有诗：但肯寻诗便有诗，灵犀一点是吾师，夕阳芳草寻常物，解用都为绝妙词。亦是此意。主要在“但肯”二字上。他还进一步提出“解用”二字，颇值玩味。但是，“解用”亦植根于“但肯”上。不肯下功夫，就会一事无成。

1993年手稿：“我的求学经历和治学心得”片断

总序

中国科学院学部科普和出版工作委员会决定组织出版《科学与人生：中国科学院院士传记》丛书，这是一件很有意义的文化工程。首批入传的22位院士都是由各学部常委会认真遴选推荐的。他们中有学科领域的奠基者和开拓者，有做出过重大科学成就的著名科学家，也有毕生在专门学科领域默默耕耘的一流学者。每一部传记，既是中国科学家探索科学真理、勇攀科学高峰的真实情景再现，又是他们追求科学强国、科教兴国的一部生动的爱国主义教材。丛书注重思想性、科学性与可读性相统一，以翔实、准确的史料为依据，多侧面、多角度、客观真实地再现院士的科学人生。相信广大读者一定能够从这套丛书中汲取宝贵的精神营养，获得有益的感悟、借鉴和启迪。

中国科学院学部成立于1955年，经过50多年的发展，共选举院士千余人，荟萃了几代科学精英。他们中有中国近代科学的奠基人，新中国的主要学科领域的开拓者，也有今天我国科技领域的领军人物，他们在中国的各个历史时期为科学技术的发展作出了历史性的贡献。“五四”新文化运动以来，一批中国知识精英走上了科学救国的道路，他们在政治动荡、战乱连绵的艰难岁月里，在中国播下了科学的火种，推动中国科技开始了建制化发展的历程。新中国成立后，大批优秀科学家毅然选择留在大陆，一批海外学子纷纷回到祖国，在中国共产党的领导下，开创了中国科学技术发展的新篇章。广大院士团结我国科技工作者，发扬爱国奉献、顽强拼搏、团结合作、开拓创新的精神，勇攀世界科技高峰，创造了举世瞩目的科技成就，为增强我国综合国力、提升自主创新能力作出了重要贡献，为国家赢得了荣誉。他们的奋斗历程，是中国科学技术发展的历史缩影；他们的科学人生，是中华民族追求现代化的集中写照。

当今世界，科学技术已成为支撑、引领经济社会发展的主要动力和人类文明进步的主要基石。广大院士不仅是科学技术发展的开拓者，同时也是先进文化的传播者，在承担科技研究工作重任的同时，还承担着向全社会传播科学知识、科学方法、科学思想、科学精神的社会责任。希望这套丛书的出版能够使我国公众走近科学、了解科学、支持科学，为全民族科学素养的提高和良好社会风尚的形成作出应有的贡献。

科学技术本质是创新，科技事业需要后继有人。广大院士作为优秀的科技工作者，建设并领导了一个个优秀的科技创新团队；作为教育工作者，诲人不倦，桃李满天下。他们甘当人梯、提携后学的精神已成为我国科技界的光荣传统。希望这套丛书能够为广大青年提供有益的人生教材，帮助他们吸取院士们追求真理、严谨治学的科学精神与方法，领悟爱国奉献、造福人民的科技价值观和人生观，激励更多的有志青年献身科学。

记述院士投身我国科学技术事业的历程和作出的贡献，不仅可为研究我国近现代科学发展史提供生动翔实的新史料，而且对发掘几代献身科学的中国知识分子的精神文化财富具有重要意义。希望《科学与人生：中国科学院院士传记》丛书能够成为广大读者喜爱的高品位文化读物，并以此为我国先进文化的发展作出一份特有的贡献。

是为序。

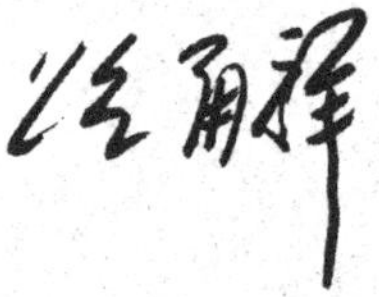

2010 年 3 月

怀念柯召先生（代序）

很高兴得知白苏华先生撰写了柯召先生的传记，并让我有幸预先阅读了他的全部手稿。他还邀我为该书写一篇序言。读完手稿，我不禁回忆起跟柯老相处的日子，一幕幕浮现在眼前，仿佛昨天的事一样清晰。柯老是我的老师华罗庚先生的同学，他们是同年同日生，柯老比华老大七个月，是我的师伯。由我来写序言，实在不敢当。但我还是很愿意写一篇文章，回忆与纪念柯召先生的。

我在大学毕业时，就听说过柯召这个名字。他和华罗庚、陈省身、许宝騄、吴大任同在清华大学学习。他们取得了不少世界级的成就。在我的心目中，他们无疑是英雄与楷模。

我与柯老是在1961年夏召开的第一次数论大会，即颐和园龙王庙会议上认识的，算来已40多年了。他与闵嗣鹤、越民义共同领导了那次会议。华老事情太多，只偶尔来过几次。我与陈景润、潘承洞等是作为年轻数论学者参加会议的，我们都住在龙王庙，特别感受到柯老的平易近人。在开会的空余时间，我们一起聊天、散步、游园，谈谈“反右”、“大跃进”对数论的冲击，谈谈如何恢复数论研究，也谈谈别的，竟然忘记了我们是整整相差20岁的两代人。经过困难时期，有这样一周的生活，真令人永久神往。

一直到1978年，著名数论学家施密特（W. M. Schmidt）访问北京时，我才又见到了柯老，听说他住在在力学所工作的女婿白以龙家里。一天晚饭后，我去看他。原来那时他的女婿及女儿柯孚久并没有房子，他们是借了力学所所办工厂之仓库一角暂住的。我看到仓库里挂了块布帘隔开，使他们能分开住。不用说，煮饭的蜂窝煤炉子也放在屋子里。看到他们父女及女婿乐呵呵地享受着天伦之乐，我也很开心。其实当时我只要跟他的老同学华老反映一下，柯老在北京是可以住得好一些的，但那必然不是柯老所愿意的，因为据我所知，柯老从来不到他的老同学那里去拉关系，而是将友谊放在心上，所以我决定不向华老提起柯老住在仓库里。

1978年冬，中国数学会会议在成都召开，商讨恢复被“文化大革命”破坏的数学研究与教学工作。华老与我都参加了会议。华老与柯老经常在一起，他们很忙，我很少跟他们谈话。但我记得柯老与几位四川数学家私人请全体与会者吃了一顿川菜，算来也有十多桌。那时大家都不富裕，听说花了柯老不少钱。

1980年冬，我当选为中国科学院学部委员，在学部开会时，就能见到柯老。大家在会余经常聊聊，彼此了解也就多了起来。以下让我来记叙几件事。

1980年在济南召开数论会议，由山东大学承办，华老与柯老都参加了。山东大学领导要他们当场题词，华老知道柯老的书法精到，就要柯老题写。柯老略思片刻，就用草书写下了：

横刀那顾头颅白，跃马紧傍青壮人

原来这是华老在两年前写的一首诗中的两句，这一题词就是他们合作的作品。这时我才知道，柯老是书法的行家。

1985年，华老过世，柯老立即写了一封长信给我们，表达了他的哀思。

1986年，柯老的好友与同学爱尔特希（P. Erdös）来中国科学院数学所访问。我知道爱尔特希与柯老的友谊，所以特意安排他们多点时间聚会。我曾陪爱尔特希一起去白以龙与柯孚久家看柯老，这时他们家已经有了一套三室一厅的房子，可以接待客人了。爱尔特希注意到柯老已有外孙女了，告诉我想买一块巧克力糖送给她，我帮他买了一块。的确，爱尔特希是一个很通达人情的人。另一方面，他在美国时，由于跟华老通信而受到迫害，但他始终坚决继续与华老通信，这又反映了他具有风骨的一面。

1990年柯老八十大寿，由四川大学承办，当时在成都召开数论会议，并庆祝柯老八十大寿及从事科研与教学五十五周年，我作了一个简短的讲话，后来登载于《中国数学会通讯》上。柯老大概感到我还是了解他的，其后，中央电视台要拍摄100位教授的专题片，柯老是其中之一，他提出要我讲几句话。对于他的信任，我很感动，也非常乐意，这样就在电视片上说了几分钟。

1990年前后，我曾担任过两届中国科学院数理学部副主任与一届主席团委员。我主动承担起看望部分老科学家的任务，每逢他们生日或有病时，都去他们的住所看望、问候。记得去得最多的是段学复先生家与沈元先生家，也去过赵宗尧先生家。那时柯老在方庄有一套两室一厅的房子，我去那里看过他。每次去前，他们总是把房子打扫得干干净净等着，见到我时，显得很轻松；照完相，送完慰问信与水果后，我们就师生般地聊了起来。

此后，柯老回北京定居，安度晚年。他常住中关村，我常见到他在散步，碰上时，总在路边聊几句，以后眼见他行走越来越缓慢了。晚年，前列腺增生也十分困扰他。

我对柯老的认识也是逐渐加深的。第一次是在 1960 年，当年的重庆大学毕业生王毓云告诉我，柯老的儿子柯孚中在抗美援朝前线牺牲了。这不能不令人对柯老格外尊敬。

20 世纪 80 年代以后，我们的交往增多了。我从来没有见过柯老张扬自己，他不仅淡泊名利，连重点课题也不参加，而是将机会让给年轻人。不了解他的人，可能会误认为他年纪老了，不做研究了，其实在他关于卡塔兰猜想的著名结果之后，虽然出现了贝克尔方法对这个问题的基本解决及最近较初等的证明，但用到的知识毕竟较多，因此柯老的结果仍然有其独特的简洁之美。至于组合论中的爱尔特希-柯-拉多定理，已成为有限集的经典结果，在美国出版的由葛莱姆（R. Graham）院士等主编的《组合数学手册》中被列为里程碑式的结果，多次征引。这些结果都会长期留存。大概除了业内专家外，恐怕知者不多。柯老是我尊敬的少数前辈之一。

尤其难得的是柯老将一生都奉献给了四川的数学事业。他从英国回国时，完全可以去昆明西南联合大学执教，那里有他的老师杨武之先生及同学华罗庚、陈省身与许宝騄。他也可以去浙江大学，苏步青先生曾告诉我："柯召庚款留学，我是考试委员之一。"苏老对他是了解的。但他却单独去了四川，在四川大学与重庆大学工作。四川当时较之云南昆明就闭塞多了，人才也缺乏多了，他是在一个相对孤立的环境里工作的。柯老完全够得上是一位支援西部建设的先驱。无疑，他本人的学术成就一定程度上是受到了环境制约的。但另一方面，若没有他数十年来在四川的奋斗，今天的四川数学又将如何呢？

柯老称得上是一位脱离庸俗趣味的人。我知道是华老推荐他为总参顾问的。1955 年第一批学部委员是由政府任命的。我想华老的意见对于数学家的学部委员任命有决定性作用，柯老是华老推荐的人选之一。陈省身

先生多次向我提到柯老，他还告诉我："柯召在南开大学任助教时就住在我家里。"（陈省身先生当时是清华的研究生）

这本书以翔实的史料展示了柯老的一生，对后人是很有教育意义的；另外，本书也很有史料价值，我们可以从中了解到四川省数学的发展过程，其中大部分事情外人并不清楚，例如，柯老在抗日战争期间的颠沛流离、在"文化大革命"中受到的迫害，我过去也不知道，所以读完这本书，我自己也受益良多。

最后，我要向作者致以衷心感谢，可以让我先睹为快。

王元

2007年1月18日

目　录

第二篇　风雨学海蜀道行（1938～1953）

第五章　29岁的川大数学系主任

第六章　峨眉山上，诞生了四川数学事业的两个第一

第七章　辗转川康，人生低潮

第八章　加盟重庆大学数学系

第三篇　历尽崎岖结硕果（1953～1970）

第九章　建设新川大

第一篇

寒门学子成才路(1910~1938)

柯召，从贫困山区的一个平民子弟成长为一个杰出的数学家，一路走来，颇多艰辛。在他的成才之路上，既可以看到他自己刻苦奋进的轨迹，又能看到学界先驱们对他精心雕琢的匠心。他的成就，既有学术上的不凡建树和培育英才的丰收硕果，更有承袭与发扬老一辈学者的优秀品质并传诸后世的贡献。

AKB 96

第一章　引子：中国现代数学发源二三事

本书主人公柯召出生于中国现代数学的开创时期，成长于中国现代数学起步发展的过程中。所以，为了让读者明白涉及较多的一些史实，我们先从中国现代数学的发源说起。

一、中国现代数学的开创时期

中华民族历史上曾经是数学发达的国家，出现过许多卓越的数学家，取得过许多辉煌的研究成果，如勾股定理、中国剩余定理、刘徽割圆术、杨辉三角形、祖冲之的密率和约率、秦九韶和朱世杰的天元数与四元术等，都是载誉世界的成果。由于中国数学的起源和发展都是自成体系的，人们把 20 世纪初以前（民国以前）的中国数学称为“中国传统数学”。14 世纪的宋元时期是中国传统数学的最高峰，以后的几百年，它便每况愈下了。清末李善兰的著作《垛积比类》是世界上早期组合数学的杰作，其中的“李善兰恒等式”尤其为人所称道，算是中国传统数学的收官之作。

在中国传统数学由盛而衰之际，西方数学却因微积分等新成果的问世出现了发展的高潮，进而形成了近代数学。此衰彼盛，中国传统数学已经大大落后于世界了。有学者认为：“1905 年中国高等学府的数学仅相当于西方 17 世纪的水平，差距在 200 年以上。”

中国传统数学落后于世界的原因很多，有社会制度方面的原因，有东西方文化差异的原因，也有自我封闭、缺乏与西方数学的系统交流学习等方面的原因。力图改变这种落后面貌的有识之士，正是从这些方面着手的。

中国现代数学诞生于 20 世纪初，它是从系统学习西方数学开始的。20 世纪的头 20 年，一些青年学子到国外学习近代数学。他们学成回国后，办起了新型的大学，跳出了中国传统数学的框架，另起炉灶，按照西方近代数学的体系开展数学高等教育，培养了一批优秀的青年数学人才。这批优秀青年数学人才又相继到国外留学，学成回国后和他们的老师们一起投入现代数学的教育与研究工作。于是，中国现代数学教育有了一个大的发展。

清朝末期到民国初期，我国有一批青年留学欧美、日本学习数学，他们将现代数学的知识带回中国，开创了中国现代数学有所发展的局面。这批最早留学的青年留学生中，有中国现代高等教育的先行者、中国数学会前期的董事会主席胡敦复（1886～1978），有第一个获得博士学位的数学家胡明复（1891～1927；1917年在哈佛大学获得博士学位），以及对柯召影响特别大的两位前辈熊庆来和姜立夫，他们是中国现代数学的先驱。

中国现代数学研究和数学教育的开拓者之一熊庆来

熊庆来（1893～1969），字迪之，云南省弥勒县人。中国现代数学研究和数学教育的开拓者。1914年留学法国。1921年回国后，参与创建东南大学和清华大学数学系。1937～1949年，长期担任云南大学校长。1957年，熊庆来旅欧7年后回国，任中国科学院数学研究所研究员。他长期致力于复变函数值分布理论的研究，在无穷级整函数与亚纯函数方面有一系列成果，是我国函数论研究的开拓者之一。

1935年中国数学会在上海成立，熊庆来为发起人之一，并任首届理事。

姜立夫（1890～1978），原名姜蒋佐，生于浙江省平阳县凤江乡（今属苍南县）。1911年8月赴美。1915年6月获得加州大学理学士学位，1919年5月获得哈佛大学博士学位。

天津南开大学算学系创办者姜立夫

19世纪末和20世纪的头10年，我国到海外留学专攻数学者寥若晨星，现代数学在中国仍是一片荒漠。姜立夫认为，中国需要科学，数学是一切自然科学的基础，所以中国也非常需要数学。他立志把现代数学移植到中国来。

1920年初，姜立夫应南开大学张伯苓校长聘请，“单枪匹马”到刚创立半年的天津南开大学创办算学系，任教授兼系主任。他是南开大学理学院的奠基人之一。姜立夫一生直接或间接培养的学生难以计数，陈省身曾说过：“那时南开数学系是‘一人系’（one man department）……我从事于几何大都亏了我的大学老师姜立夫博士。”

中国的第一所国家级数学研究机构是中央研究院数学研究所，姜立夫是其创办人。1947 年 7 月该所正式成立，姜立夫任所长。

* * * * * *

1912 年，京师大学堂改名为北京大学，首创“数学门”，1919 年改称“数学系”，是中国大学的第一个数学系。1920 年，姜立夫创办了南开大学数学系（当时称算学系），这是中国大学的第二个数学系。此后，中国的数学高等教育逐步进入较为蓬勃的创业时期，国内各主要大学先后建起了数学系（当然规模都不大），其中著名的有：熊庆来在东南大学和清华大学、姜立夫在南开大学、魏时珍（嗣銮）在四川大学、陈建功和苏步青在浙江大学设立的数学系。当时，中国的大学数学系已经达到国外一般大学的本科水平。在他们努力奋斗之下，诞生了一代又一代迈入国际数学领域的中国数学家，中国的现代数学也逐步发展起来。

当年留学国外学习数学的优秀青年中，便有本书的主人公柯召。

二、庚款留学的前因后果

20 世纪初到欧美留学的一批青年学者回国后，开创了包括现代数学在内的中国现代科学技术的新局面。引起人们注意的是，他们中有相当多留学生的费用来自“庚款”。事实上，庚款留学与中国近代教育和科学事业的发展颇有关系，因此，我们有必要对那段历史作简单介绍。

（一）庚子赔款的要点

1900 年，中国的庚子义和团运动导致八国联军武力干涉。1901 年 9 月 7 日，清廷的全权代表奕劻和李鸿章，与 11 国代表签下了将中华民族推入苦难的《辛丑条约》。《辛丑条约》第六款议定，赔偿俄国、德国、法国、英国、美国、日本、意大利、奥匈帝国 8 国及比利时、荷兰、西班牙、葡萄牙、瑞典和挪威 6“受害国”的军费和损失费等款项共计关平银 4.5 亿两[①]，年息 4 厘；由 1902 年起至 1940 年止，分 39 年还清，本息合计 982 238 150 两，这就是饱含着民族的伤痛与屈辱的“庚子赔款”。

① 关平银是清朝中后期海关所使用的一种记账货币单位，属于虚银两。一两关平银的虚设重量为 583.3 英厘，或 37.7495 克（后演变为 37.913 克）的足色纹银（含 93.5374%纯银）。

各国的分配率是：俄国 28.97%，德国 20.02%，法国 15.75%，英国 11.25%，日本 7.73%，美国 7.32%，意大利 5.91%，比利时 1.89%，其余国家都不足 1%。中国当时的人口大约 4.5 亿多，所以庚子赔款的数额相当于每个中国人被摊派大约 1 两银子，加上利息则有 2 两多银子。中国实际支付的赔款数额共 5.76 亿多两，约占总数的 58%，中国少付的原因，最主要的还是第一次世界大战和俄国革命的影响。

（二）庚子赔款的退还、延付和停付

1907 年 12 月 3 日，美国总统罗斯福在致国会的咨文中，要求国会授权退还庚款余额作为中国教育之用，派遣留学生来美为其用途之一。1908 年 5 月 25 日，美国国会通过罗斯福的咨文。7 月 11 日，美国驻华公使柔克义向中国政府正式声明，将偿付美国庚子赔款所得的半数，共计 1160 余万美元，退还给中国，作为遣送留学生赴美之用，每年派 100 名学生赴美留学，直到赔款退清为止。

此次退款尚有余额，后来又第二次退还。美国退还的庚子赔款，主要用途有二：第一次退款主要是用于留美学生及兴办清华学堂之用；第二次退款作为发展教育文化之用。

1914 年第一次世界大战爆发后，英国、法国、俄国等协约国劝说中国参加协约国对德作战，借此打击德国在远东的利益，为此中国曾向各国提出缓付庚子赔款，希望延付 10 年，日本、意大利、俄国等国都表示同意。

1917 年 8 月，中国参加第一次世界大战，当年即停付德国之赔款。1919 年《凡尔赛和约》第 128 款规定德国放弃 1917 年 3 月 14 日以后的赔款，德国赔款即告终止。奥地利和匈牙利分别于 1919 年和 1920 年放弃所占赔款，奥匈帝国赔款也至此结束。1924 年中苏双方签订《中俄解决悬案大纲协定》，苏联政府表示放弃俄国部分之庚子赔款，并声明该款所担保的各种优先债务清偿后，完全充作提倡中国教育款项之用。至此，俄国赔款也告结束。

1920 年 3 月，中国开始了对其余各国退款的交涉。1924 年 12 月，法国退还庚子赔款余额；1925 年，比利时在订立中比协定后退还庚款余额；1926 年初，英国国会通过退还中国庚子赔款议案（退款用于向英国选派留学生等教育项目）；1926 年，荷兰将庚款余额全部还给中国；1933 年，意大利于订立中意协定后退还庚款余额。至于日本的退款，发生的波折和争执较大。一是，日本始终坚持用庚子赔款在华搞所谓的“文化事业”，然而，中国没有一个文化团体申请到日本的退款补助；二是用于留日学生的补助；三是用于日本在中国设立的学术研究机构及中日文化交流。1936年以后则用于侵华战争。

（三）庚款留学概况

各国退还的庚子赔款余额，大都用于选派留学生及在中国办教育。其中，派出最多、成效最大的是庚款留美学生和庚款留英学生。1909～1945年全国共选拔庚款留美学生1971人，通过考试选拔者1110人[①]；1933～1947年全国共选拔庚款留英学生193人，都是通过考试选拔的。

毫无疑问，两项庚款留学选派的是当时中国最优秀的大学毕业生。招考庚款留学生的考试很严格，淘汰率很高。前几批报考庚款留美学生的录取比例略高于报考人数的10%，九届庚款留英考试的录取比例则低于报考人数的10%；1933～1943年举办的六届庚款留美考试和1933～1947年举办的九届庚款留英考试，是民国时期最著名也是竞争最激烈的公费留学考试。留英考试要求考生具备两年工作或研究经历，而留美录取的学生则需要先在国内有关专家指导下实习、学习一年。六届留美学生和九届留英学生分别录取132人和193人，共325人。据统计，九届庚款留英考试是各项公费留学考试中竞争最激烈、录取比例最低的。录取的留学生人数分别是：文史类15人、理学45人、工学54人、农科19人、医学16人、经济13人、政治法律13人、地质地理13人、教育5人。

在193名留英公费生中，35人后来当选中国科学院院士，5人当选中央研究院院士，3人当选美国科学院、工程院院士，1人当选加拿大科学院院士，总计40人、44人次。同样，132名六届留美公费生中，也有近40人当选中国和美国的科学院（研究院）院士，由此可见两项公费留学生成才率之高。中国近代科学发展中的许多新学科的创建者大多来自这些留学生。

在当年庚款赴英美学习数学的公费生中，后来当选中国科学院院士的有柯召（清华大学）、王竹溪（清华大学）、张宗燧（清华大学）、许宝騄（清华大学）、林家翘（清华大学）、段学复（清华大学）；当选中央研究院院士的有姜立夫、陈省身、许宝騄、林家翘；当选美国国家科学院院士的有林家翘、陈省身。其中，柯召、王竹溪、张宗燧、许宝騄、林家翘、段学复是庚款赴英留学生；姜立夫、陈省身是庚款赴美留学生。

---

① 宋健：百年接力留学潮，《科技日报》（国内要闻版），2003年2月12日。

关于庚款留学，清华大学早期毕业生梁实秋说："带着深刻的国耻。"庚子赔款无疑是国家和民族的屈辱，而庚款留学是拿着"带着深刻的国耻"的赔款余款去读书的，这些留学生的心情可想而知。但他们明白，唯有走强国之路才能洗雪国家和民族的屈辱。所以，这些留学生大都能心存故土，立志苦读，终成报国之良材。

留学生是沟通中外的桥梁。他们在接触国际科学前沿的过程中，更能感受到中国科学技术的落后及与国际水平的巨大差距。把先进的东西带回国，让祖国赶上国际先进水平，为祖国的发展与进步贡献力量，是留学生义不容辞的责任。应当说，庚款留学生在这方面作了很好的表率。庚款留学生的派遣为中国培养了一大批优秀的科学家，他们学成后大都放弃了国外优越的工作生活条件回国，心甘情愿地在艰苦的环境里奋斗着、奉献着。他们留给后世的不仅仅是学术上的建树，还有眷恋家国的赤子之心，这无疑是一笔宝贵的精神财富。

参考文献

刘晓琴．2000. 中英庚款留学生研究．南开学报，(5)：72～79

莫由，许慎．1987. 中国现代数学史话．南宁：广西教育出版社．19，20

宋健．2003-2-12. 百年接力留学潮. 科技日报，国内要闻版

佚名．2004-6-21. 庚子赔款实际赔了多少？http：//tieba. baidu. com/f?kz=2095299

佚名．2005-7-29. 庚款留美、留英两大考试与中国高校格局. http：//www. bbsland. com forum. netbig. com/bbscs/read. bbscs?bid=1&a

佚名．2008-9-24. 中国现代数学教育的开拓者——熊庆来．www. shxb. net/html/20080924/20080924 _ 110771. shtml

张洪光．2004-8-3. 姜立夫——"南开"元老、中国现代数学的先驱. www. people. com. cn/GB/22220/…/2683970

第二章　以求知为乐的少年

一、故乡温岭，宗文高等小学校

柯召的故乡是浙江温岭。

温岭地处浙江东南沿海，长江三角洲地区的南翼，三面临海，东濒东海，南连玉环，西邻乐清及乐清湾，北接台州市区，陆域面积 920 平方公里，海岸线长 317 公里，人口 116 万，是全国人口密度最高的县市之一。

温岭历史悠久，在新石器时代就有人类生息繁衍。温岭原名“太平县”，明成化五年（1469）置县，因与安徽、山西省等五个太平县重名，民国 3 年（1914）改取县西“峤山”之别称“温岭”为县名，中华人民共和国成立后沿用。1994 年 3 月，经国务院批准撤县设市。

温岭人杰地灵，名人辈出，人称“豪情壮采，直逼苏轼”的宋代江湖派诗人戴复古，著有中国第一部植物学辞典《全芳备祖》的宋代植物学家陈泳，被誉为“博远古雅，当代宏秀之宗”的明代儒学家宋濂，明代祭酒谢铎，新中国成立后的中国科学院院士柯召、闻邦椿等名人，均诞生在温岭这片土地上。

1910 年 4 月 12 日，柯召出生于温岭一个很普通的平民家庭。祖父与人合伙在当地开了一家布店，父亲柯伯存就在这家布店里做店员，母亲骆明是家庭妇女。柯召是长子，下有一个弟弟，两个妹妹。家中收入平平，仅可度日而已。不过，温岭有着浓厚的文化传统，当地人十分重视孩子的教育。柯召 5 岁那年，父亲便开始教他读书识字，训教甚严，随后，便被送到宗文高等小学校就读。

学校位于温岭县城西北横峰山前施，依山面水，环境优美，“其地后枕横峰，前汇渚水，左通桥市，右挹旗山”。校园内有三个约一亩大小的池塘，四周亭台水榭，花木葱茏。这里既是学子们展卷诵读的优美校园，也是来游的文人雅士“四顾兴怀，临流赋诗”的幽境，“致足乐也”。

横峰山前施，宗文高等小学校 1847～1935 年的校舍

宗文高等小学校是今温岭中学的前身，而宗文高等小学校的前身是宗文书院，创建于清道光二十七年（1847），距今已有 160 多年。宗文书院的首任山长（今称“校长”）黄濬撰写的《宗文书院记》中云：“名曰‘宗文’，宗者尊也、本也，尊其所闻文，而本诸行也。”这自然有尊重知识、知行并重、学以致用的意思。

小学期间，柯召对传统文化知识和科学知识都有很浓厚的兴趣，成绩一直很好。课余时，他喜欢下围棋。柯召下围棋仅限于业余爱好，既无名师指导，也没有系统学习过围棋知识，主要是在实战中自己琢磨。因为肯动脑筋，他的棋艺进步很快，还形成了很有个性的棋风：灵活多变，常常不拘泥于惯例，哪怕有一线希望，必定拼搏到底。周雪鸥教授是柯召在重庆大学和四川大学时期的同事和好友，他们都爱好围棋，经常在一起对局。周雪鸥长于布局，柯召则善于拼搏。开局后柯召即使不占优势，却常常能找得到突破点，从小处入手逐步蚕食扭转局面，乃至取得胜利。所以，周雪鸥评说柯召的棋路是“垃圾中也能掏出财宝”。

在柯召的性格中，我们也能见到与他的棋风相应的特征：挑战困难，不轻言败。在他漫长的科学生涯中，他总是处逆境而不馁，总能抓住机遇扭转局面，取得新的进展。

柯召的另一个爱好是书法，写得一手好字。他尤其喜爱怀素的草书，反复临摹过怀素的《自叙帖》、《读书帖》等名帖。怀素是唐代的草书大师，师承草书大家张旭的狂草，而又有所创新。他的草书“若惊蛇走虺，骤雨狂风”，形成了独特的风格。书法家认为，唐代的狂草“具有书法中高度昂扬的浪漫主义精神，高度发扬创作者的主观精神，把个性发挥到最中心的位置。反映了盛唐开放进取的时代精神”。毫无疑问，草书书法中那种不受拘束、开拓进取的风格，很适合柯召的个性。

1921年柯召小学毕业，该上中学了。但当地还没有中学，这年小柯召刚满11岁，独立生活尚有诸多不便，父亲不放心他外出求学，便让他在家乡念了一年私塾。这培养了柯召良好的古文素养，更使他进一步受到中国传统文化的熏陶。

二、启蒙老师萧卫和楼子隽

当时，有一位名叫萧卫的温岭人在杭州安定中学任教，父亲考虑到这个学校好，又可托萧卫关照，于是决定送孩子到安定中学去。1922年8月，柯召刚满12岁不久，便跟随萧卫到离家数百里的杭州安定中学就读。当时从温岭去杭州要搭乘小木船从海路前往，遇到风浪大时，颠簸不已。一路辛劳，全亏萧卫照顾。

萧卫不仅照顾柯召的生活，更成为柯召学习的启蒙老师。到安定中学后，萧卫对柯召的学习随时关心，不断指点，特别是培植起他对数理科学的浓厚兴趣，为柯召日后的成长奠定了坚实的基础。

从温岭中学提供的材料中，我们可以了解到这位教育界前辈的大致情况。

> 萧卫（1866～1961），字仲劼，镇海乡人，幼年入塾，因家贫辍学就耕，19岁复学，23岁就读杭州府中学堂。1916年毕业于北京大学预科。任杭州私立安定中学学监（后称“教导主任”），兼教数理。任职11年，勤劬尽职，同事和协，诸生信服。与舍监（后称“训导主任”）郑以真为校长左右手，使安定得负盛名于杭城。

启蒙老师萧卫

柯召的另一位启蒙老师是安定中学的数学老师楼子隽，毕业于北京大学。萧卫在生活学习的各方面帮助照顾柯召，而楼子隽则专门在数学上给他以指导。柯召说：“安定中学时，萧仲劼（即萧卫）和另一位北大毕业的数学教师（即楼子隽）是我的启蒙老师，后者学识甚高，对我实际的帮助更大。”

三、杭州安定中学

浙江杭州安定中学校舍

安定中学（今更名为杭州第七中学）坐落于美丽的西子湖畔，前身为浙江安定学堂。安定学堂创建于清光绪二十八年（1902），是浙江省最早的私立中学，至今已历百余年。它的创办，源于一批爱国重教的有识之士。由于有良好的师资条件，又有严格的招生、考试制度和校规校纪，安定学堂名噪一时，各地负笈求学者络绎不绝。

这一时期，学校为国家培养了大批杰出人才。中国文坛巨匠茅盾、中国科学院中国近代史研究所所长、著名史学家范文澜，中国科学院院士、著名数论专家柯召，中国美术家协会副主席、著名漫画家华君武，中国作家协会理事、著名翻译家冯亦代等均就读于此。

安定中学良好的学习环境、丰富的图书储备，都引起了柯召浓厚的兴趣。课余假日同学们出去远足旅行时，他总是留下来读书，思考问题，倒也自得其乐。柯召对数学特别感兴趣，在课外学习中他最喜欢的就是看数学书、做数学题。从学习中他不仅感受到数学中抽象的思维和严密的逻辑推理的优美，更领略到攻克数学难题的乐趣，这使柯召萌生了专攻数学的念头。

多年以后，当他的女儿问他读数学书枯燥不枯燥时，他的回答是："比看小说还有趣。"

青年时代的感受常常令人毕生难忘。1991 年 7 月，柯召在写给四川省首届小学生数学夏令营的信中说道：

> 首先，我要告诉同学们，数学并不是像有的人说的那样枯燥，它是有趣的。同学们大概都有体会，当我们解决了一道数学难题时，得到的乐趣一定很大。以后，只要认真学习数学，这样的乐趣经常都有，我们也就会更加喜欢数学的。而且，数学知识中到处闪烁着智慧的光芒，学好数学，可以使人变得聪明。

我还要告诉同学们，数学的用处很大。今后你们上中学、上大学，没有数学是学不好的。当你们长大成人之后，无论做什么工作，都要用到很多数学知识。而且，越是先进的科学技术，用到的数学知识越多。所以，同学们一定要学好数学，这将大有好处，会使你们终生受益的。

上面两段话现在读起来仍然很亲切，也很实在，因为那是柯召治学的切身体会，包含了他青年时代治学的感受。

当时的中学是四年制。柯召在安定中学勤奋地学习了四个年头，基础知识学得极为扎实，学习能力也大有提高。1926 年，柯召带着治学中得到的感悟和体会完成了中学学业。

四、走弯路悟出的道理

中学时代的学习并不是一帆风顺的。在课外解数学难题的过程中，柯召也走过一些弯路，例如作“三等分角”的研究。

“三等分角”是初等几何的三个著名的作图题之一。2400 多年前，在古希腊盛传着这样的三个初等几何作图题：

立方倍积问题。求作一立方体，使它的体积二倍于一已知立方体；

三等分角问题。求作一个角，使它等于一已知角的三分之一；

化圆为方问题。求作一正方形，使它的面积等于一已知圆的面积。

这三个作图题是著名的古典难题，被称为几何“三大问题”。当时许多著名的希腊学者都曾致力于这三个问题的研究。问题的困难在于研究工具仅限于规尺（即只用圆规和没有刻度的直尺），虽然借助于别的工具或曲线可以轻而易举地解决问题，但是人们却始终未能找到仅用规尺如何作图的解答。从表面来看，这三个问题都很简单，它们的作图似乎是能做到的，因此，2000 多年来从事几何三大问题研究的颇不乏人。然而不少人绞尽了脑汁，经过了无数次的尝试，结果都失败了。

后来人们就想，既然正面的结果得不到，那么仅用规尺来解决这三个作图题是不是根本不可能呢？这个怀疑启发了人们的思想，不少人便转而去研究这三个问题的否定性结论。1837 年，法国数学家万特泽尔（P. L. Wantzell）首先证明前两问题均属规尺作图不可能问题。1882 年，德国数学家林德曼（C. L. F. Lindemann）证实了 π 的超越性，随之而来的结论便是：第三个问题也是规尺作图不可能问题。到此为止，这件著名的古典难题公案便宣告结束。

20世纪20年代，中国的近代教育才刚刚开始，国外的信息传入很慢，也很零散。上述三个古典难题的传入中国便是一例。多数爱好数学难题的人都知道这三个难题，但是很多人都不知道它们已经被否定解决了。而由于这三个问题的提法简单易懂，吸引了不少人的兴趣，他们耗费大量精力去寻求解法。那自然是徒劳的，柯召也不例外。所幸柯召为研究“三等分角”花费的时间不算长，老师及时告诉他这个问题已经解决了，不过其结论是否定性的。

这件事让柯召悟出了两个道理：研究问题要从正反两方面去考虑；要开阔眼界，了解研究现状，看看别人已经做了哪些工作。同时，他也深深地盼望着能有名师引导自己上路。

柯召的确是善于汲取教训的。他成才后，多次从否定的方面解决了重要的数论问题。特别是在1962年，他关于数论中著名的卡特兰问题的研究取得重大突破，解决了两个难度很大的公开问题，就是从否定的方面作出的证明。

参考文献

黄濬．2003. 宗文书院记．浙江省温岭中学一百五十五周年校庆校史册. 48，49

柯召．1991. 写给四川省首届小学生数学夏令营的信. 四川省首届小学生数学夏令营纪念册

梁绍鸿．1978. 初等数学复习及研究（平面几何）．北京：人民教育出版社

沈鹏.1994．草书序．中国草书名帖精华．北京：北京出版社

温岭中学校史编委会．2003. 温岭中学简史．浙江省温岭中学一百五十五周年校庆校史册．5～11

温岭中学校史编委会．2003. 萧卫简介．浙江省温岭中学一百五十五周年校庆纪念册．4

第三章　跨进数学的殿堂

一、寻梦厦大

对于有志深造的中学毕业生而言，进哪一所大学、学什么专业，是极其重要的一次选择。柯召在中学毕业后选择了进厦门大学学习数学。1926年，他考入厦门大学预科，1928年升入厦大数学系。

厦门大学是一所设有文、理、法、财经、外语、艺术教育等学科的综合性大学，民国10年（1921），由著名爱国华侨陈嘉庚先生创办，校址设在我国东南滨海的厦门市。为了把厦门大学办好，陈嘉庚先生亲自选择校址、校长，主持建筑校舍，以高薪聘请名师。那段时间，厦门大学文理科的师资条件和学习氛围都非常好。名师云集，对青年人特别有吸引力，慕名而来竞争入学的人特别多。柯召说，他报考厦门大学也有这方面的原因：

> 我之所以要考厦门大学，是因为当时在北方的许多名教授如鲁迅、林语堂等人，都来到厦大任教，吸引了很多学生。

时任厦门大学数学系助教的江泽涵先生对厦门大学的师资有如下回忆：

> 1926～1927这一学年，厦大邀请了国内许多位有名的教授去任教，要把它办成国内一流的大学。应聘的文科教授有鲁迅、林语堂、顾颉刚、罗莘田、潘家询、章廷谦等先生；理科教授除姜（立夫）老夫子外，还有秉志、胡刚复等先生。校长是林文庆博士，文理学院院长是林语堂和刘树杞先生。那时候军阀张作霖盘踞北京，摧残教育，厦门成为教育界的乐土，北京高校的学生也有去厦大借读的。姜老夫子是从私立的南开去的，他深感私立的大学比当时的国立大学较有朝气，有效率，他常和同事中老友谈论，如何把当时的厦大办成像南开一样，成为我国南方的又一

个教学科研中心。

上文提到的理科教授中，姜立夫（1890～1978）是中国现代数学的播种人，留学哈佛大学学习数学，1919 年获得博士学位；胡刚复（1892～1966）是中国物理学界“开山鼻祖”，留学哈佛大学物理系，1918 年获得博士学位；刘树杞（1890～1935）是杰出的化学家和教育家，1919 年获得美国哥伦比亚大学博士学位，他是国立武汉大学的创建人之一；秉志（1886～1965）是中国近现代动物学的先驱，1918 年获得美国康奈尔大学哲学博士学位。如此好的教师阵容，如此好的学习环境，对于有志科学的青年学生实现成才之梦，无疑是非常有利的。

在柯召留存的老照片中，最早的一张就是 1927 年 1 月“厦大浙江同乡会欢送鲁迅先生赴粤摄影”。照片中最年轻的是算学系预科学生柯召，席地而坐，时年 16 岁。

1927 年 1 月，厦门大学浙江同乡会欢送鲁迅先生赴粤合影
照片中最年轻的是算学系预科学生柯召（前排右一）

二、初识杨武之

不过，名师云集厦门大学的盛况并没有持续多久。1928 年柯召升入厦门大学数学系本科时，鲁迅等不少名教授又纷纷离开了厦门大学，姜立

夫是 1927 年暑期离开厦门大学返回南开的。对此，柯召多少有一些失望。恰好，在 1928 年秋天，厦门大学数学系来了一位刚从国外归来的教授，他就是杨武之先生。

引导柯召走向数学研究之路的杨武之

杨武之，原名杨克纯，武之是他的号，1896 年 4 月 14 日出生于安徽合肥，1923 年春通过安徽省的考试公费出国留学。他先到美国西部的斯坦福大学取得学士学位，然后于 1924 年秋天转往芝加哥大学继续求学，师从名家迪克森（L. E. Dickson），研究代数学和数论。1926 年获得硕士学位，1928 年获得博士学位。杨武之是中国因数论研究而成为博士的第一人。他是将柯召引上学术道路、引导他成才的第一位导师。

20 世纪 30 年代前后，中国各大学的学生人数都很少。教学的方式、方法更便于因材施教、个别培养。1928 年，厦门大学数学系仅有本科生 9 人，师生间的接触非常密切，彼此之间也容易了解。杨武之发现柯召天资聪明，又非常好学，便对他格外关注，热心地指导柯召的学习。杨武之长于代数和数论，在杨先生的影响下，柯召对数论产生了浓厚兴趣，这对他后来选择研究方向影响很大。

1929 年秋，杨武之在厦门大学任教一年后，被清华大学聘为数学系教授。姜立夫、杨武之相继离开后，厦门大学数学系的师资条件已不如从前了。柯召读完二年级本科后，亦决定转学到师资力量更强的清华大学。1931 年，他通过考试转学到清华大学算学系三年级。

柯召家境清贫，1928 年升入厦门大学数学系本科后就帮教师批改低年级学生的习题作业，还在集美中学兼课，挣些钱以补贴学习生活的费用。柯召曾改过卢嘉锡（化学家，1981～1987 年任中国科学院院长）的作业。后来他们在一起叙旧时，卢嘉锡还以此为据，称自己是柯召的学生。

三、闻道清华

1931 年，柯召通过考试转学到清华大学算学系。

对柯召来说，转学到清华的确不是一件容易的事。严格的考试只是一方面，筹措学费也是相当困难的。为了筹措学费路费，他去浙江海门东山中学教了一年数学，得到一点微薄的收入充实行囊，一路风尘到清华大学时，挣来的钱只剩下几块大洋，快用完了。回忆那一段艰苦求学的经历，柯召曾对女儿说：

你们现在都是一碗米长大的，我们从前求学可是很不容易的啊。从厦门到北京后，从西直门去清华，当时腰间缝了几块银洋。坐在马车上，帐围子还拉着，越走越荒凉，心里直打鼓。好不容易才到了清华。

清华大学算学系系主任熊庆来知道柯召家境贫寒，便安排他批改低年级的微积分等数学课程的作业本，每月报酬 20 块大洋。这使他免去衣食之忧，得以安心求学。实际上，当时清华园用钱很少，伙食费每月 3 块大洋就已经很好了。

清华大学的前身是清华学堂，始建于 1911 年，1912 年更名为“清华学校”，1925 年设立大学部，开始招收四年制大学生。1928 年更名为“国立清华大学”，并于 1929 年秋开办研究院，各系设研究所。1927 年清华算学系正式成立，郑之蕃任主任。次年，清华成为国立大学，熊庆来接替了郑之蕃的系主任职务。

20 世纪 30 年代，中国数学界以清华大学算学系的阵容为最强。柯召入学时，系里的教授有熊庆来、孙光远、杨武之、郑桐荪等。熊庆来任系主任，郑桐荪是 1910 年美国康奈尔大学学士，杨武之和孙光远同为 1928 年美国芝加哥大学博士。以后被聘请到清华算学系任教的还有胡坤陞、曾远荣、李达、赵访熊等。胡坤陞和曾远荣是芝加哥大学数学博士，他们分别是中国变分学和泛函分析领域的开拓者；李达是慕尼黑大学数学博士，发表了中国最早的关于差分方程稳定性的论文；赵访熊是哈佛大学数学硕士，是中国现代应用数学与计算数学的开拓者。

20 世纪 30 年代的清华大学科学馆。理学院、算学系均设在这里

清华大学算学系对教师的教学水平要求非常严格，即使教师的资格与研究能力都完全符合标准，但如果教学水平不高也是不行的。据说，柯召的同学许宝騄每逢李达讲课，大半都要逃课在外，系里知道后，专门派教师听李达的课，查明原因是李达讲课水平不高后，非但没有处理许宝騄，反而解聘了李达。

清华大学对学生的要求同样是非常严格的。1925～1937 年，清华大学年平均录取率约为 15%。由于这样严格的录取标准，算学系实际录取的学生非常少。据统计，1928～1934 年，算学系共招收学生 39 人，毕业生总数为 20 人。若不包括转学生，1928～1934 年，算学系共招收学生 22 人，只有 7 人毕业。好在清华实行转学生制度，一批优秀学生，如施祥林、庄圻泰、陈鸿远、柯召、许宝騄、郑曾同、程京、田方增等，都是通过转学来到清华算学系的。这在一定程度上缓解了生源短缺的压力。为了优中选精，培养优秀人才，算学系在教学上有一套高标准、严要求的措施，并严格执行筛选制度，淘汰面相当大。

学生进入算学系之后，每堂课后大都留有分量较大的习题，要求一年级学生做的习题就在千道以上，给高年级的学生所出的题目基本上都是大而具有启发性的题目。另外，清华大学算学系规定本科生要参加清华大学算学会的活动，本科三年级、四年级的学生每人每学期至少演讲一次，每次两人或三人。学生报告的主要内容是个人的毕业论文、研究成果或读书心得。这对培养学生的研究能力很有好处，后来柯召在四川大学也大力提倡这种教学方式。

到 1937 年，清华算学系共有 20 名本科毕业生。他们毕业的时间是：

1932 年，庄圻泰、施祥林、曾鼎禾、陈达明、陈鸿远；

1933 年，许宝騄、柯召；

1934 年，聂英、刘冠勋；

1935 年，巢捷、徐贤修、武崇豫；

1936 年，王秀、张泽仁、徐步犀、李希颜、李霸龙、段学复；

1937 年，程京、郑曾同。

其中，后来对中国数学有较大影响者不少。如许宝騄在数理统计学研究上蜚声国际；柯召则以数论、组合论研究的成果闻名于世；庄圻泰在函数论上有相当的贡献；徐贤修专长分析学，曾任台湾清华大学校长；段学复专长代数。

柯召进入清华大学时，算学系共有本科生 10 人。和柯召一起听课的有陈省身、华罗庚、吴大任和许宝騄。华罗庚是系上的职员，陈省身和吴大任是研究生，柯召和许宝騄是本科生。陈省身在回忆这段往事时说：“我们时常往来，上同样的课，那是很愉快的一段学生生活。”

陈省身作为孙光远的研究生研习几何学，他是中国第一位自己培养的数学硕士生。陈省身于 1934 年研究生毕业后得到两年留美公费，他因受布拉施克（W. J. E. Blaschke）的影响要求到德国汉堡大学，经杨武之帮助到德国留学。

吴大任在清华大学学习一年后于 1932 年回到南开数学系做了一年助教，1933 年考取第一届庚款留英公费生。回国后他和柯召在四川大学还共事过一段时间。

杨武之是我国早期从事现代数论和代数学教学与研究的学者，是中国的数论先驱，也是中国数学会的创建人之一。他在清华大学发现并培养了不少优秀的数学家，柯召和华罗庚因杨武之的引导而走上了研究数论的道路，成长为中国数论学科的领军人物。王元说：

> 杨武之先生是中国数论这门学科的倡始人。华罗庚、柯召与闵嗣鹤都是他的学生。受益于他的教导与提拔。
>
> 华先生与柯先生受到杨先生的教导与影响特别多一些。他们二人都选择了数论作为自己的研究领域，并且都在 30 年代赴英国进一步深造。杨先生除教他们二人数论并将他们引上研究数论的道路外，还开设过群论等代数课，所以他们又从杨先生那里学到了近世代数的知识。
>
> 由杨武之先生培养与提拔的三个学生就是中国数论的第二代骨干。华先生任中国科学院数学研究所所长与中国科技大学副校长兼数学系主任，柯先生任四川大学校长，闵先生去北京大学数学系执教。他们除自己从事数论研究之外，都积极培养年轻的数论专家。越民义、陈景润、潘承洞、严士健、吴方、孙琦、李德琅与王元都出自他们的门下。

那时的大学里，要求本科学生撰写毕业论文的数学系并不多，柯召在杨武之的指导下完成了一篇研究不定方程的毕业论文。后来柯召到英国曼彻斯特大学攻读博士学位时，这篇论文得到了导师莫德尔（L. J. Mordell，1888～1972）的肯定。

柯召和华罗庚同在杨武之的指导下学习数论，他们在一起研究讨论问题的时间更多些。柯召保存着当年他们同窗求学时的一本数学书，华罗庚在那本书上批写了他的心得。1986 年华罗庚去世时，柯召在纪念文章中回忆说：“在我的一本 D. M. Y. Sommerville 的 Analytical Conics 的扉页上，他还写了‘Corollary，无$\frac{n!}{4}$级 n 次子群，应用 Milleis Theorem 可证’。五十多年后的今天，虽字迹暗淡，尚可辨认。”

清华大学毕业照（1933 年）

1933 年，柯召在杨武之的指导下完成了数论研究的毕业论文后，以优异的成绩毕业。当时，清华大学的淘汰率极高，那一年的算学系毕业生仅有柯召和许宝騄二人，而且他们都是从三年级转学来的。同届从一年级入学的同学，不是留级便是被淘汰了。其实，柯召也有侥幸之处。在清华大学，体育课由著名的马约翰教授严格把关，游泳不及格是不能毕业的。柯召不爱运动，更不会游泳，实难闯过这一关，好在他是从三年级转学来的，已经没有体育课，否则毕业时定会遇到麻烦。

在清华，老师和同窗都是出类拔萃的优秀人才。他们朝夕相处，不仅学识上大有进步，生活也很充实。学余时，柯召常到杨武之家中下围棋，屡局不倦。师生有着共同的爱好，情谊尤深。杨武之是诺贝尔物理学奖得主杨振宁的父亲，当年不过十来岁的杨振宁常常是他们对局的看客，柯召回忆说：“在清华时，振宁先生身高仅及桌，常跂而观弈。武之师指与我言，此子将来必成大器，真可谓知子莫如父。”其实，在杨武之眼里的柯召，又何尝不是一个“必成大器”的青年人呢？

四、姜立夫的助教

1933 年柯召毕业后，应姜立夫聘请到天津南开大学数学系，接替吴大任任助教。吴大任在这年考取了庚款公费生，到伦敦大学留学去了。柯召也有赴英留学的打算，但按规定，留英考试要求考生具备两年工作或研究经历，去南开大学教两年数学当然是最合适的。

1927 年姜立夫在厦门大学时就认识柯召，他们是浙江同乡，还在一起聚会过。不过那时柯召还是预科生，年龄尚小，接触不多，但印象不错。柯召到清华后，他们的接触就比较多了。姜立夫随时关注着柯召的成长，在吴大任确定要到英国留学时，陈省身向姜立夫推荐柯召接替吴大任，姜立夫欣然接受。于是，柯召从清华大学毕业后，就到南开大学数学系任助教。

南开给助教的待遇颇为丰厚，柯召每月的薪金是 80 块大洋，第二年又升到每月 100 块大洋，维持生活已不成问题。其实，从 20 世纪 30 年代初到 1937 年抗日战争爆发前这一段时间内，人民生活是相对稳定的，一般维持中等水平的个人生活费每月约需 10 块大洋。

当时大学里学生人数都不多，南开数学系在校生约十余人。学生少固然有便于因材施教、个别培养等好处，但对于教师的要求就很高了。为数学系本科生开出的专业必修课约十余门，还要开出多门选修课。而且，十余个学生分属不同年级，主要的基础课需要年年开出，这就要求每个教师都要上多门课。即使做助教，专业知识如果没有足够的深度和广度，也是很难胜任的。柯召并没有抱怨工作量太大，而是从另一个角度来看问题。他回忆说：

> 南开数学系只有我一名助教，各年级的作业，全部都由我阅改，虽然当时每班的学生人数不多，因为头绪较多，工作量还是不少。但这对于我打好教学基础，却大有好处。

柯召教过复变函数、实变函数和理论力学等多门课程，同时还积极准备参加出国留学的考试。

姜立夫对柯召的帮助是很大的。他对柯召的工作和生活都作了妥善的安排，也非常支持柯召报考中英庚款的公费留学生。

在教学方面，姜立夫可以说是别具一格。他经常将几何直观与严格的形式推理有机地结合起来，把内容讲得生动活泼，在言传身教中使学生得到逻辑思维和逻辑表达能力的严格训练，尤其是解决问题的训练。其实，姜立夫在教书育才上的见解和风格对年青的柯召也起着言传身教的作用，柯召在四川大学时，常常表现出这样的育才观点和教学风格。

南开数学系的教师们对学生既有严格的要求又有细致的关怀。柯召曾谈起过一件往事：有一个姓刘的学生，很聪明，但学习不大专心。晚上常去听大鼓，爱睡懒觉。为了让他专心学习，准时上课，姜立夫送给他一个闹钟，可是刘同学竟连闹钟也弄丢了。柯召对这位同学也格外“照顾”，每次上课都特意向他提一些问题，在课堂上常常使他下不了台。刘同学开始很不以为然，后来学业进步了，反倒觉得很满意。多年后，刘同学已经是一位颇有成就的民主人士。柯召去天津时见到他，二人重提这段往事，大家都倍感亲切。柯召说：“我们既是师生，也是同志。”

晚年的柯召在回顾自己成长的历程时，曾感慨地说：

> 关于教育，中国的传统方法也有其优点。老师在治学风格、做人的原则、品德等方面，对学生均有甚好的影响。

从安定中学、厦门大学到清华大学、南开大学，柯召在老师们的教育与熏陶下不仅学业上日渐优异，更承袭了老一辈学者们的优秀品质。在以后漫长的教学科研生涯中，柯召无论做学问还是为人处世，都体现出严谨认真、不尚空谈、淡泊名利、诚以待人的学者风范，特别是在育才爱才、关心与扶持后辈成长方面做得非常出色，得到人们的广泛赞扬。这都是中国知识分子的优良传统，在任何时代都是应当提倡、应当发扬的美德。

参考文献

郭金海 . 2004. 清华数学系早期的办学举措 . 科学杂志，56（4）：43～46

江泽涵 . 1987. 回忆姜立夫老夫子 . 南开教育论丛，（4）：73～78

亢宽盈 . 2001. 20 世纪上半叶中国高等教育的体制化 . 自然科学史研究，20（1）：21～43

柯召 . 1998. 忆武之师 . 见：清华大学应用数学系 . 杨武之先生纪念文集 . 北京：清华大学出版社

裘光明 . 2006. 清华大学算学系的第一任主任——郑之番 . 见：中国科学技术协会. 中国科学技术专家传略：理学篇·数学卷 . 北京：中国科学技术出版社

王元 . 1998. 杨武之先生与中国的数论 . 见：清华大学应用数学系 . 杨武之先生纪念文集. 北京：清华大学出版社 . 117～121

张奠宙 . 2006. 大学数学教育的先驱——杨武之 . 见：中国科学技术协会 . 中国科学技术专家传略：理学篇·数学卷 . 北京：中国科学技术出版社

第四章　曼彻斯特的中国新秀

一、导师莫德尔

1935年，柯召考上了中英庚款的公费留学生。同年考上的另一位学习数学的留学生是毕业于中山大学的李华宗，后来他们成了莫逆之交。柯召的同学许宝騄虽然成绩合格，却因体重不够而落榜，于第二年才考上。柯召回忆此段经历时说：

> 根据我的经验，要想在学业上有所建树，中小学阶段非常重要。必须在这一阶段打好基础。有了牢固的基础，以后工作就较顺利。清华的转学考试不是容易通过的，因为我在中学学得扎实，顺利地通过了。中英庚款董事会的选拔试更有分量，因为数学只取两名，在全国挑选，竞争激烈，但我还是考上了。

中英庚款董事会原拟派柯召赴剑桥大学深造，但柯召向董事会反映说：“我的导师杨武之教授告诉我：‘在英国需进曼彻斯特大学，那儿的导师莫德尔教授，对我较适合’，因此要求改派到曼彻斯特大学。”董事会在向伦敦大学的教授咨询后，证实柯召的意见是正确的，同意了改派他到曼彻斯特大学的要求。李华宗则被派往爱丁堡大学学习微分几何。

杨武之让柯召进曼彻斯特大学，在莫德尔门下深造，这无疑是一个高明的意见。在当时，以莫德尔为首的曼彻斯特数论学派，正活跃于世界数论研究的前沿。莫德尔的研究领域中，包括柯召特别感兴趣的不定方程、二次型等数论分支。

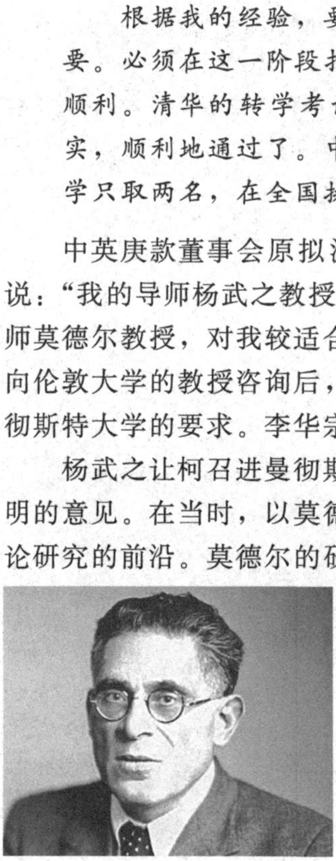
柯召在曼彻斯特大学的导师莫德尔

莫德尔(Louis Joel Mordell，1886～1972)，英国数学家，1922～1945年任英国曼彻斯特大学教授，1943～1945年任伦敦数学会主席，1945～1953年任剑桥大学教授。1924年当选为英国皇家学会会员。他还是挪威奥斯陆、瑞典乌普萨拉、意大利波伦亚科学院的外籍院士。

莫德尔是一位带有相当传奇色彩的数学家。他生于美国费城，父母都是犹太人。全家靠父亲白天做教师、夜晚做守夜人谋生。莫德尔在13岁进入费城中心中学时，已经是一个痴迷于数学的少年，他把全部心思用于自学数学，用的书是花5分镍币或1角银币从当地书摊上买来的数学旧书。他因此被同学起了“X，Y，Z”的外号。这些书，如霍奈尔（Horner）版本的欧拉代数，激发了日后莫德尔对不定方程的研究兴趣；其中一些书含有供剑桥大学荣誉学位考试的富有启发性的考试题，激发了莫德尔报考剑桥大学的决心。但是，莫德尔必须攒够去英国的路费，这主要靠他每日做7小时的家教辅导来攒钱。经过两年的拼搏后，莫德尔凑够了旅费，到英格兰参加剑桥大学奖学金的考试。1907年，莫德尔考取剑桥奖学金的第一名，进入剑桥大学圣约翰学院深造。此时，他用全部剩下的钱给父亲发了一封只有一个词的电报：“Hurrah!”（好啦!）

在这个令人陶醉的数论领域中，莫德尔从此开始了他的科学研究生涯。莫德尔的兴趣主要在数论领域，关于数论的知识他大部分是自学的，因为在当时，英国数学家很少有搞数论的。莫德尔对数论中的一个分支——不定方程情有独钟，作出了一系列重要贡献。他在剑桥时由于对不定方程 $y^2=x^3+k$（这是费马曾经考察过的问题）的研究成果获得了剑桥大学颁发的史密斯奖，因此，这一方程也常常被称为“莫德尔方程”。1922年，他提出了一个关于代数曲线有理点的著名猜想——莫德尔猜想，这个猜想后来由法尔廷斯（G. Faltings）在1984年给出证明。法尔廷斯因这一证明获得了1986年菲尔茨奖。那是20世纪世界数学领域的重大成果。

当1922年莫德尔接管曼彻斯特大学数学系，担任系主任时，曼彻斯特大学作为数学研究中心已经享有盛名。1935年当柯召来到曼彻斯特大学，投师于莫德尔时，在莫德尔的领导下，曼彻斯特大学已经吸引了众多的外国访问学者来校讲学和进行研究，其中许多人成为日后国际数坛的领袖人物，如1983年获得沃尔夫奖①（Wolf Prize）的爱尔特希（P. Erdös）等。当然，云集在莫德尔周围的数学家们，口味和爱好主要还是数论领域。所以，柯召选择曼彻斯特大学是再合适不过的了。

柯召的求学经历和兴趣与他的英国导师莫德尔惊人的相似，都是出身贫寒，靠刻苦求学、自立自强走上数学科学道路的，都特别醉心于求解数

---

① 沃尔夫奖和菲尔茨奖被共同誉为数学界的最高荣誉，而沃尔夫奖由于具有终身成就的性质，所以获奖者都是蜚声数坛、闻名遐迩的当代数学大师，他们的成就在相当程度上代表了当代数学的水平和进展。

学难题。正因为如此，柯召的学术品味、研究风格受莫德尔的影响甚大，并且在日后继续发扬，形成了自身的风格。

二、伦敦数学会讲台上的中国青年——哈代对柯召说："讲得好，祝贺你！"

曼彻斯特大学数学系实际上是应用数学系，有数学教授和力学教授各一人。数学教授兼系主任是莫德尔，力学教授名叫哈屈利。

1935年8月，柯召来到曼彻斯特大学。在见到导师莫德尔时，莫德尔问了柯召三个问题：一是读过些什么数论方面的书？二是研究过些什么问题，结果如何？三是学过哪些外国语言？

柯召一一作了回答，并把在清华大学时写的论文给他看，莫德尔看后就表示同意接收，还很高兴地带着柯召去办理注册、入学等手续。他还告诉柯召，两年后可获得博士学位。柯召回忆说："英国读博士学位一般需要三年，他给我两年，较为优待，大约是我的工作引起了他的兴趣。"对于外国语言，柯召说借助于字典可阅读法文、德文数学书，莫德尔说进校后还要学习俄语。

入学后，莫德尔给柯召的第一个研究课题是"闵可夫斯基猜测"。为了避免先入为主的影响，他并没有谈自己的意见，只是要求柯召自己独立思考，两周后再去见他。柯召专心琢磨了两周，毫无头绪，约定的时间到了，他带着一些不安去见莫德尔。莫德尔正在办公室和力学教授哈屈利商谈工作，见到柯召来了，就问他有没有进展，柯召老老实实回答说："毫无办法。"

莫德尔笑笑对他说："这个问题我搞了三年都还没有解决呢。"

哈屈利插话说："你搞了三年都搞不出来，怎么能要人家两周内就搞出来呢？"

"年轻人思想活跃，有时可能有意想不到的收获。"莫德尔解释道。显然，他这样做表明他对这位中国学生寄予厚望。

听了这番对话，柯召心里的不安顿时消失了，他想："老师这些话很有道理，虽然我没有解决这个难题，但是一定要有攻克难题的信心。"

其实，莫德尔本人便是世界知名的解题高手，攻克过很多难题，"闵可夫斯基猜测"是猜想关于非齐次线性型之积的一个不等式成立。这个猜想到1982年也只得到部分证明，1982年之后的进展不详，其难度可想而知。

英国与中国培养研究生的方式有所不同，特别重视培养研究生的独立工作能力。学生只有一个大的研究方向，甚至不要求导师给题目。所以，研究生从选择课题到进行研究，都要靠自己努力，导师只在研究生有疑难时给予指点。就在那次谈话结束时，莫德尔对柯召说："你回去自己找个题目做做。"

莫德尔看重这位中国学生是有道理的。两个月后，柯召完成了一篇很有创见的研究论文《关于表二次型为线性型平方和的问题》。莫德尔看了之后评价甚高，告诉柯召说："行了，你的博士学位已经得到了，但按规定要等两年后才能授予，在这期间，你可以自行进行研究工作。"

英国培养研究生的方式和美国也不同，不需要读学分，全校的所有课程，感兴趣的都可以去听，但不登记成绩。但是其对学位论文要求很高，规定要在著名杂志上发表才能答辩。

莫德尔还特意安排柯召到伦敦数学会去报告这篇论文。在此之前，还没有中国人登过伦敦数学会的讲台，柯召又很年轻，所以他的报告更加引人注目。柯召一上台，听众就惊奇地说："中国人！中国人！"著名数学家哈代①也在座，对此印象很深。柯召报告完后，哈代立即迎上去和他握手，对他说："在我们的报告会上宣读论文的外国学者中，你是最年轻的一位。讲得好，祝贺你！"

对柯召如此赞扬的哈代是怎样的一位人物呢？1967 年，英国作家和物理学家斯诺（C. P. Snow，1905～1972）在为哈代的名著《一个数学家的辩白》（*A Mathematician's Apology*）所作的再版序中写道："对于整整一代人来说，哈代主宰了英国的纯数学，也在很大程度上主宰了世界的纯数学。""哈代是最纯正的。他超凡脱俗，举止诡异，思想激进"，而且他"从不轻信表面现象。按哈代的观点，了解一个人唯一的方式是考试"。著名华裔物理学家、诺贝尔物理学奖获得者杨振宁回忆他幼年在父亲杨武之

---

① 哈代（Godfrey Harold Hardy，1877～1947），英国数学家。他自幼受父母的熏陶喜爱数学。13 岁获得奖学金进入当时以数学家摇篮而著称的温切斯特（Winchester）学院学习。1896 年获得奖学金进入剑桥大学三一学院继续深造。于 1910 年当选为英国皇家学会会员。1919～1931 年任牛津大学教授，1931～1942 年任剑桥大学教授。1947 年，哈代当选为法国科学院外籍院士，是法国科学院从世界各国各研究领域中选出的 10 位科学家之一。哈代的数学研究工作获得过许多大学和研究院的奖励。1901 年，获得史密斯（Smith）数学奖，1920 年获皇家勋章，1929 年获德·摩根奖章，1940 年获西尔威斯特奖章，1947 年获皇家学会最高奖章——科普利奖章。哈代被誉为 20 世纪杰出的分析学家，他的数学贡献涉及解析数论、调和分析、函数论等方面。他一生著述颇丰，计有 8 部专著和大约 350 篇论文。哈代鼓励并引导过许多年轻人迈入科学研究的大门，在他们面临困难时给予帮助。印度数学家拉马努金、美国数学与控制论专家维纳（N. Wiener）、中国数学家柯召和华罗庚，都得到过他的热心帮助和鼓励。1936 年，华罗庚被维纳推荐给哈代，赴剑桥大学进修。哈代对华罗庚极为赏识，华罗庚在解析数论方面的研究成果与他赴剑桥在哈代的指导下学习和研究是分不开的。

教授的书房中，就读过哈代的名著《一个数学家的辩白》，深受启发。

1937 年夏天，柯召终于等到了他的博士论文答辩会，主持答辩会的还是哈代教授。哈代对这位中国青年人的学识早就了然于胸，为了不让柯召感觉紧张，答辩正式开始前，“举止诡异”的哈代向莫德尔使了一个眼色后，便和柯召开了一个小小的玩笑。他问柯召：“你知不知道贝克莱？”

柯召果然上当了。他以为哈代要考他对古今数学家了解的情况，可他实在想不出哪一位数学家叫贝克莱，只好老实回答说：“不知道。”其实，哈代问的“贝克莱”仅仅是一个地名而已，气氛一时有些尴尬。

哈代又问：“那么，今天那场足球赛在哪里比赛呢？”

莫德尔笑了，接着说：“平时叫你看球赛你不看，今天可有你的好看了。”

柯召恍然大悟，他明白了老师的用意，紧张气氛一扫而空。

论文答辩会进行得很顺利。必要的程序完成后，哈代对柯召说：“你已经作过报告了，很好！很好！”就这样，柯召于 1937 年获得了博士学位。

1937 年，莫德尔让柯召指导了一个硕士研究生，名叫凯铁莱，是英国人，一年后取得硕士学位。凯铁莱是柯召指导的第一个研究生。

柯召和老师莫德尔的感情很深，在回国后的漫长岁月里，他总是及时地把自己的研究论文寄给老师。莫德尔对他这位中国学生也很关心，在他的专著《不定方程》一书中，收入了柯召研究卡特兰猜想得到的结论，称为“柯氏定理”，评价甚高。1972 年莫德尔去世时，正值“文化大革命”时期，柯召未能及时得到消息，更不能前往悼念，只能在心里留下深深的遗憾和长久的怀念。

三、学术生涯的第一个高峰

人们常常用“登堂入室”来描述做学问由入门而达到更高境界的状态。如果说柯召在清华大学进入数论研究的殿堂是“登堂”的话，那么在曼彻斯特大学，他就进入了学科的前沿，达到了“入室”的境界。事实上，在曼彻斯特大学的 3 年，是柯召治学的黄金时代，为他毕生从事数学研究与教育事业打下了坚实的基础。其间，他在《数论学报》、《牛津数学季刊》、《伦敦数学会杂志》、《伦敦数学会会报》等著名刊物上发表了一系列出色的论文。那些论文刊登了柯召研究不定方程和二次型的若干重要成果，构成了柯召学术生涯的第一个高峰。他也因这些成果成为从曼彻斯特大学升起的第一个来自中国的数论新秀。从那时起，柯召长期活跃在不定方程和二次型的研究前沿，他的成果总是受到国际同行的关注与好评。

爱尔特希在他晚年的文章中，回顾了那一时期柯召的研究成果及其对学术界产生的影响。他写道：

> 我是在1935年在曼彻斯特遇到的柯，我们二人共同在那里直至1938年夏天。我们在数论方面共同写了三篇文章。我认为，柯是这些文章背后的"精神动力"（moving spirit），因为我后来就未曾再回到这些题目上来。第一个工作是关于"二次域中的欧几里得算法"，这个工作是由达文波特和Heilbonn所完善和改进的。我们的另外两个工作是关于二次型的，可能莫德尔对这两个工作有过影响。我们也还有第四篇合作的工作，它几乎在1938年就完成了，但是直到1961年才发表在 *Quart. J. of Math.*（《数学季刊》（牛津））上，这就是众所周知的爱尔特希-柯召-拉多定理，它是我的被引用得最广泛的文章之一，它对极值集合论有重大的影响。

其实，上述与爱尔特希合作的工作，只是柯召在那段时期中工作的一小部分。在1936～1938年的三年中，柯召在《伦敦数学会刊》等著名数学刊物上，共发表了11篇论文，主要的研究论题是二次型的若干前沿问题，特别是表二次型为线性型的平方和问题与二次型不可分解问题。

表二次型为线性型的平方和问题：如果一个 n 元二次型可表示为 r_n 个 n 元线性型的平方和，R_n 表示最小的 r_n，寻找 R_n 就成为人们关注的问题。其研究始于兰道（E. G. H. Landau，1877～1938），他证明了 $R_2\leqslant 5$，后来莫德尔证明了$R_n\leqslant n+3$。柯召则不但给出了 $R_n\leqslant n+3$ 的一个更简洁的证明，还完全证明了一类二次型的 $R_n=n+3$。他还否定地解决了爱尔特希关于二次型的一个猜想。

二次型不可分解问题：如果一个 n 元二次型不能表示成两个 n 元二次型之和，就称为不可分解型。莫德尔首先引入了这个概念，并证明：$n\leqslant 5$ 时，不可分解型是不存在的，同时他还找到了一个8元不可分解幺模型。柯召在和爱尔特希合作的工作中证明，当 $n>5$ 时，均存在不可分解型。柯召进一步的几个工作则证明：仅当 $n=8$，12，$n\geqslant 14$，存在 n 元整系数正定不可分解的幺模二次型（其中，$n=17$，19，23的情形是后来由他的学生朱福祖证明的）。

可以看出，柯召的这些工作，大大推进了莫德尔在这些方面的工作。

其实，柯召此时的思路已经不限于莫德尔提出的二次型问题了。他还是最早从事代数数论和数的几何研究的中国数学家之一。柯召和爱尔特希关于二次域中的欧几里得算法的研究，就是代数数论的一项出色的工作。

柯召刚来曼彻斯特大学不久，莫德尔对他说的一番寄予厚望的话“年轻人思想活跃，有时可能有意想不到的收获”也应验了。柯召和爱尔特希开始的关于有限集交集问题的研究就是一例。他们进入了另一个新的数学分支——图论与组合论，发现的是一个重要的数学结论，被后人称为“里程碑式的成果”。尽管这个结论的完全证明直到20多年以后才完成，但他们在20世纪30年代迈出的是开创性的一步。那是体现柯召在科学领域里勇于开拓又善于开拓的重要一步。

此外，或许更令人意想不到的是，柯召在那个时期的成果，不仅为该领域内的行家们所惊叹，还引起了其他科技领域，如信息科学学者的高度重视。

下面的一个50年后的故事，也许是一个经历了时间检验的佐证：

柯召回国50年之后的1988年，他收到西南交通大学靳蕃教授寄来的一封信，信中还夹了一张名片。信中写道：

> 今年6月18日至7月2日，我和胡国定教授（南开）、徐秉铮教授（华南）等去日本神户参加国际信息理论学术研讨会(International Symposium on Information Theory)。遇到著名的《纠错编码理论》（*The Theory Error-Correcting Codes* Ⅰ & Ⅱ）一书的作者斯洛勒（N. J. A. Sloane），他是本次会议的两位获奖者中的一个，是国际上当前在编码、组合、信息等多个领域中十分活跃的新秀。……斯洛勒在知道我所在的西南交通大学是在四川成都及峨眉山时，忽然想起问我是否知道在四川的一位在三十年代就写出了许多有很高水平论文的Chao Ko教授。我说是柯召教授，他所在的四川大学也正好在成都。这样，他就送我两张名片，其中一张上写了几句话，嘱我转送给您，并代为致意问候（名片附寄来）。他说，他很惊异，中国人那么早就已做出巨大的成就。

斯洛勒是美国贝尔（Bell）实验室的研究人员。他在请靳蕃转交给柯召的名片上写道：

> 送柯召教授：我一直在研究您的1935年以来的关于二次型分解的文章！太美了！①

① To Prof. Chao Ko: I have been studying your 1935 … papers on Quadritic form, Beautiful. Neil. J. A. Sloane, AT&T. Bell Laboratories.

四、曼彻斯特的数论新秀

柯召在学术上崭露头角，既源于他自身突出的数学才华和扎实的基本功，也源于当时曼彻斯特凝聚起来的数学群体：除了导师莫德尔外，当时的曼彻斯特大学聚集了一批数论新秀，他们当中除柯召外，还有爱尔特希（Erdös）、达文波特（Davenport）、马勒（Mahler）、拉多（Rado）等人，这些人后来都成了著名的数学家和国际数学界的领军人物。

爱尔特希（Paul Erdös，1913～1996），匈牙利数学家，犹太裔。1930年进入布达佩斯大学学习数学，1934年毕业并获得博士学位，同年10月赴英国曼彻斯特，从事为期4年的博士后研究，之后在世界各地不间断地进行学术旅行50多年，没有妻小，没有职业，没有其他嗜好，完全献身于对美妙的数学问题和新奇的数学技巧的追求之中，人们称他是“一个浪迹天涯的数学家”。爱尔特希是匈牙利科学院院士，荷兰皇家研究院院士以及伦敦数学会、美国数学会会员。爱尔特希的数学兴趣包括数论、集合论、组合数学、图论、概率论及其应用以及数理逻辑等，尤其在数论方面的工作最为突出，被誉为“一心迷恋于数的学者”。爱尔特希是一位多产的数学家，共发表1500篇论文与多部专著。1983年，他和柯召的同学陈省身一同获以色列政府颁发的沃尔夫奖。

达文波特（Harold Davenport，1907～1969），英国数学家。1927年毕业于曼彻斯特大学，又到剑桥大学学习了两年，并留剑桥大学工作。1932年在剑桥大学三一学院做研究工作；1937年任曼彻斯特大学助理讲师。1938年获剑桥大学理学博士学位。1941年任北威尔士大学学院数学教授；1945年任伦敦大学学院数学教授，1950年任数学系主任；1958年起任剑桥大学教授。1940年当选英国皇家学会会员，1964年当选瑞典乌普萨拉皇家科学院院士，1957～1959年任伦敦数学会主席。达文波特主要研究数论，在丢番图逼近与丢番图方程的解析理论、乘法数论、华林问题等方面都取得了重要成果。他在1954年获伦敦数学会贝维克奖，1967年获英国皇家学会西尔维斯特奖章。著有《高等算术》、《丢番图方程与丢番图不等式的解析方法》、《乘法数论》等。

马勒（Kurt Mahler，1903～1988）澳大利亚数学家。生于德国克雷菲尔德的一个犹太家庭，1923年入哥廷根大学学习，1927年获法兰克福大学博士学位。1933年希特勒上台后移居英国，任教于曼彻斯特大学直至1963年。期间，1940年被授予理学博士学位，1952年任教授。1963

年赴澳大利亚堪培拉高等研究所任教授，同时任教于澳大利亚国立大学。1948 年被选为英国皇家学会会员，1965 年被选为澳大利亚科学院院士。马勒主要研究丢番图逼近、超越数和数的几何。1927～1933 年，他发展了超越理论的新方法，给出了超越数的分类，并开创了 p 进域上的丢番图逼近的研究。在转移定理、二次型和多项式等方面也取得了不少成果。他一生共发表论文 200 多篇，并著有《p 进数及其函数引论》、《超越数讲义》等。

拉多（Richard Rado，1906～1989）德国数学家，匈牙利裔犹太人。1933 年获柏林大学博士学位，导师为舒尔（Schur）。希特勒上台时，他逃到英国，1935 年在剑桥大学完成第二个博士学业，导师为哈代。在剑桥大学做了一年的临时讲师后，1936 年任教于谢费尔德大学，1947 年到伦敦国王学院任教，1954 年任雷丁大学教授，直至 1971 年退休。当时，拉多虽然不在曼彻斯特大学任教，却因为共同的研究兴趣而进入了曼彻斯特的数论圈子。拉多研究兴趣广泛，在函数论、数论与组合论等领域有重要贡献，但主要集中在组合论领域，在 Hall 定理、Ramsey 定理、Rado 选择原则、拟阵分析、无限图及超图等方向均有贡献，他于 1972 年获伦敦数学学会久维克奖，1978 年当选为英国皇家学会会员，1981 年被授予柏林自由大学荣誉博士学位。爱尔特希评价说："我善于发现困难和有趣的问题；而拉多则善于推广它们并将它们恢复到本来的面目。"

* * * * * *

曼彻斯特的数论新秀们相处得十分融洽，他们兴趣相同，经常在一起探讨新问题。他们还频繁地在曼彻斯特大学、剑桥大学、伦敦大学之间往返，进行着各种各样的学术活动。柯召说："当时曼彻斯特大学有爱尔特希、达文波特、马勒等第一流的数学家，我得益匪浅。"

莫德尔与这批数论新秀形成了颇具特色的曼彻斯特数论学派，他们治学风格独具特色，其精髓在于：做学问精益求精，追求完美；尽可能使用基础的数学工具；不仅追求漂亮的结果，也追求高超的技巧和优美的证明。这在学术界影响很大，在柯召的学术工作中，处处都鲜明地显示着这样的风格。

柯召与爱尔特希的交谊尤深，从 1935 年他们相识到 1996 年爱尔特希去世的 60 余年间，他们之间的联系少有中断。1960 年爱尔特希第一次到中国进行学术访问，就是华罗庚和柯召促成的。多年来，两人共同探讨过许多重要问题，合写过多篇重要论文，至今传为佳话。

打桥牌是师生们共同的爱好。莫德尔的牌技很好，他时常开车把学生们接到家中玩桥牌，师生情谊深厚。柯召与爱尔特希、达文波特还是曼彻斯特桥牌队的成员（1935～1938）。他们一起去参加比赛，一起到老师家中去。

对曼彻斯特这一段美好的日子，柯召毕生难忘。

爱尔特希因柯召的关系爱上了中国围棋。他喜欢收集小玩意，围棋是其中之一。有一次，爱尔特希在柯召那里见到一副围棋，很好奇。柯召告诉他，那是中国的棋类，英文名称叫“GO”，并教他一些基本的规则。围棋的规则很简单，但变化多端，这对上了他的口味。从那时起，围棋成了爱尔特希主要的爱好之一。他下围棋的兴趣很浓，一有机会就找柯召摆上一局。多年来，在爱尔特希给柯召的信件中，以及他们在1960年和1986年的两次短暂的会面中，围棋和数学问题一样，都是必不可少的内容。

桥牌高手中不乏数学精英。1935～1938年，曼彻斯特大学桥牌队的四名队员中，有三位是崭露头角的数学新秀。由下到上依次为达文波特、爱尔特希和柯召

外国数学家为什么也会迷上中国围棋呢？《保罗·爱多士传奇》[①] 一书的作者布鲁斯·谢克特的看法是这样的：

> 爱尔特希和其他数学家们在研究所迷上围棋是很容易理解的。这个古老的亚洲游戏表面上看起来很简单，只是在一个19×19的矩形格子的交点处交替走黑石子和白石子（在研究所他们用图钉）。一局围棋，从本质上看，不过是一个图论问题。如果像哈代所写的，“象棋是数学的赞美诗”，那么围棋就是大合唱。在一次象棋比赛中，一台专门用于下象棋的“深蓝”超级计算机击败了世界冠军卡斯帕罗夫，但是对于围棋这样的娱乐项目，即使最棒的下围棋的计算机，甚至不能够击败一个优秀的业余棋手，起码在近期内不能做到。这也就是为什么围棋对于这些在研究所从事脑力劳动的人来说，是一个很好的娱乐活动的原因。

① Erdös在该书中的译名是“爱多士”，本书改用柯召拟定的译名“爱尔特希”，引用时作了相应改动。

五、浓浓报国意，依依惜别情

1937 年“七七事变”后，日本侵略军大举入侵中国，北平、天津相继沦陷。不久，战火迅速蔓延，遍及华北、华东和华中地区，大片国土陷于战乱之中。中国军民奋起抵抗日本侵略，“八年抗战”从此开始。

“抗战”爆发后，平、津、宁、沪、杭以及冀、鲁、晋、湘、鄂、粤、桂等地的大学纷纷内迁，许多名流、学者、专家和学校的师生员工们共赴国难，为了保存和延续中华民族教育的血脉，为了中华民族劫后的复兴，他们同心协力，历尽艰辛，迁往西南、西北大后方，在十分困难的条件下继续着大学教育，为国育才。柯召的母校清华大学和北京大学、南开大学迁到了昆明，于 1938 年 4 月组建了著名的西南联合大学，还有大批高等学校迁至四川办学，其中较多的高校迁至成、渝地区。

面对国内严峻的局势，海外的留学生们非常焦急，纷纷结束学业回国效力，共赴国难。

柯召在英国期间，与国内的老师和同学都有着密切的联系，对国内的局势也非常了解。他知道，高校内迁，办学条件必定更加艰苦，也更是用人之际。1937 年 8 月，他的清华同学陈省身已经回国到了西南联合大学，吴大任则回国到了武汉大学。柯召和同在英国的华罗庚等人联系时，总要谈论回国的事，大家都在准备着回国效力。柯召在回忆他们当年的情景时说：“当然，更重要的是日本帝国主义侵略我们，占了我们的地方。一个中国人，总不能在国难的时候无所作为，更不应该在国外待了。所以想回来贡献点力量。”

1938 年初，柯召决定回国，用他学成的知识报效祖国。

在英国，柯召和导师莫德尔、曼彻斯特的数论新秀们共同度过了三年美好的时光，一旦离别，自然是依依不舍。莫德尔先是一再挽留，但是，他在明白了柯召的心意后，也就表示理解了。

1938 年 7 月，柯召向老师同学告别启程回国。爱尔特希十分不舍，他陪伴着柯召从曼彻斯特到伦敦，一直送他上了轮船。告别时，爱尔特希再一次苦苦地挽留他。爱尔特希说：“柯，你再考虑考虑，留下来吧！”对好友的情意，柯召只能珍藏于内心深处，却不能应允。他是属于国家的，他要为国效力。轮船起航了。望着爱尔特希那渐渐变小、渐渐消失在雾中的身影，柯召不由得吟诵起一首唐诗：

李白乘舟将欲行，忽闻岸上踏歌声。
桃花潭水深千尺，不及汪伦送我情。

参考文献

布鲁斯·谢克特. 2002. 我的大脑敞开了——天才数学家保罗·爱多士传奇. 王元，李文林译. 上海：上海译文出版社

高峡. 1997. 哈代. 见：吴文俊. 世界著名数学家传记（下集）. 北京：科学出版社. 1308～1320

孙琦. 2000. 柯召文集序. 见：柯召文集编委会. 柯召文集. 成都：四川大学出版社. i～x

张奠宙，马国选，王善平等. 2001. 现代数学家传略辞典. 南京：江苏教育出版社

Erdös P. 2000. On Some Problems and Results in Elementary Number Theory. 见：柯召文集编委会. 柯召文集. 成都：四川大学出版社. 13～20

第二篇

风雨学海蜀道行(1938~1953)

1938 年 7 月，柯召回到祖国，经中英庚款董事会的推荐，来到四川大学任教授。他也许没有想到，他走的是一条难行的蜀道，而且，这一决定对他来说竟然是终身的。当时，四川的教育与科学事业非常落后，数学事业也处于刚刚起步的阶段，许多方面还是空白。他先后放弃了留在曼彻斯特大学、去西南联合大学和浙江大学这些精英聚集、科研基础较好的学校，决心在四川扎下根来，把四川的数学科学搞上去，赶上先进水平。为此，他付出了极大的代价，经历了无数的艰辛。

他毫不犹豫地在学海的蜀道中奋进，把回国后的岁月都献给了国家，献给了四川，达 60 多年。

第五章　29岁的川大数学系主任

一、川大和川大数学系

四川大学可直接追溯的前身是1733年创办的锦江书院、1875年创办的尊经书院和1896年创办的四川中西学堂。锦江书院是省立的四川地区最高学府，尊经书院也是全省官办的最高学府，这两个书院“为全川书院之首，规制崇宏，它无以比，名师较多，人才辈出”。

1902年以后，四川中西学堂几经演变和发展，于1931年与公立四川大学合并，组建为国立四川大学。国立四川大学是当时整个西南、西北地区唯一的国立大学。当时全国的国立大学共13所：北京大学、清华大学、北京师范大学、北平大学、暨南大学、同济大学、交通大学、武汉大学、中央大学、四川大学、中山大学、浙江大学、山东大学。

在四川大学初创时期的领导人中，骆成骧、吴玉章、张澜、王兆荣、任鸿隽、张颐等都是素有名望的学者和教育家，学识渊博而又极有见解，对四川大学的发展贡献很大。

抗日战争期间，四川是我国战时高等教育的中心地带之一。从1937年到1945年，随着民国政府迁都重庆，北平、天津、上海、南京等沦陷区的高等学校纷纷内迁西南、西北，其中先后有48所高等学校迁入四川，占全国108所高等学校的44%。这些迁川的高校主要集中在重庆、成都及其附近专县。大量高等学校集中于四川，促进了四川高等教育的发展。

“抗战”时期，国立四川大学因处于内地而得到了更好的发展，规模亦不断扩大。四川大学始终保持和发展了中国高等教育的传统，保持了自己的特色，保持了“西南最高学府”的声誉。它的学生人数一直居于全国高校前列，到“抗战”胜利时，已不亚于位居重庆的国立中央大学。

1985年，美国副总统乔治·布什（1989年任美国第41届总统）到成都访问，专门到四川大学讲演厅作了一场讲演。他说：“第二次世界大战时期，四川大学确实起了保持中国高等教育传统的作用。”

* * * * * *

1896年创办的四川中西学堂由四川省洋务总局管理，下设国文馆、洋文馆和算学馆，“分课华文、西文、算学”，开始实行新型的办学方式。四川中西学堂是四川大学的前身，算学馆是专门培养数学人才的学馆。所以，1896年算学馆设立之际，也是四川大学数学系始建之时。

1924年暑期，四川大学的前身之一成都高师开始启用“数学系”这个名称，距今（2010年）已有86年。

四川大学数学系始建初期，开设的数学课程不过是初等数学与微积分、解析几何、代数、近世几何等课程，都是大学一、二年级的基础课。到1927年，还达不到数学系本科的水平。

1927年，留德学者魏时珍（嗣銮）应著名教育家张澜之邀来到成都大学（四川大学前身），着手创建体现近代大学教育的数学系，开始转变四川大学数学系的落后面貌。他和留德数学家谢苍璃、留法数学家胡少襄等人共同努力，历时10年，才使四川大学数学系粗具规模，在教学上已经与国外一般大学数学系本科的格局大致相当。到1938年，四川大学数学系开出的专业课程有28门，这些课程包括了教育部1939年6月颁发的《理学院数学系必修科目表》列出的全部课程和《理学院数学系选修科目表》列出的大部分课程。

魏时珍（1895～1992），名嗣銮，四川省蓬安县人，1920年留学德国哥廷根大学，师从柯朗（R. Courant）习偏微分方程，1925年获得博士学位。1926年回国在上海同济大学任教。1927年应张澜之邀回川，在成都大学和成都高师任中华教育文化基金会特聘教授，并负责创建成都大学理学院和数学系。1927～1939年，历任四川大学理学院院长、数学系主任等。

魏时珍是最早向国内介绍相对论的学者之一。从1921年起，他在《少年中国》杂志上发表了他与爱因斯坦的两封通信，并在该刊连续发表了6篇介绍相对论的文章，在国内影响很大。他还是最早在当时世界数学中心德国哥廷根学派与中国数学界之间建立联系的学者。

柯召对魏时珍评价甚高，他说：

> 魏时珍教授和吴有训先生一起，被公认为最早介绍相对论到我国来的数理学家，为此，物理学会曾发过证书。……他在三十年代初曾交商务印书馆出版过一册专著《偏微分方程式理论》，是这一数学分支在我国的第一本专门著述，对以后该学科的发展影响很大。

魏时珍在四川的主要贡献是开创了大学的近代数学教育，延揽人才，创建良好的学术环境，进而使川大数学系成为发展四川数学事业的生长点。

到1938年，川大数学系的教学虽然已经粗具规模，但科学研究工作则几乎是空白，困难之处在于没有得力的专家。随着柯召和李华宗两位青年学者的到来，这个局面就开始转变了。

二、决定终生的选择

1938年7月，柯召回到了离别三年的祖国。三年来，国内局势变化很大，自日本全面发动侵华战争以来，祖国大部已沦陷，满目疮痍，令人心痛不已。

如果按照柯召的选择，也许他更乐意返回母校，到西南联合大学去。但他还是以国家的需要为重，慨然接受了中英庚款董事会的推荐，到了更缺乏人才的四川大学。柯召回忆说：

> 1937年曼大授予我博士学位后，莫德尔教授要我指导英人凯铁莱读硕士学位。一年后他获得硕士学位，我亦准备回国。当时莫德尔意欲留我在曼大，但在“抗战”时期，我还是婉言谢绝，整装回国。祖国已大部沦陷，只能从海防登陆，转入昆明。因四川大学张颐校长请中英庚款董事会推荐教授。中英庚款董事会要我去川大任教，故我从昆明飞成都来川大工作。

抗日战争爆发后，柯召1938年归国，来到成都任四川大学数学系教授

柯召也许没有想到，这一决定对他来说竟然是终身的。以后60多年的时光，他都献给了四川。为了发展四川的教育与科学事业，特别是数学事业，他付出的代价比在其他发达地区更大，经历的艰辛也比在其他发达地区更多。

四川大学创建的时间虽然很长，但它毕竟是在旧式书院的基础上建立的，又处于相对落后的中国西部，所以即使到了20世纪30年代，也还没有摆脱从旧式教育承袭来的局限性，中国传统文化的师资力量较强，而近代科技和外国文化的师资力量较薄弱，特别是理科相当落后。其中，最重要的原因是缺乏优秀的理科教师。张澜先生对此曾感叹道："蜀中不乏专长文史的国学名家，唯缺少在新兴自然科学和数理基础科学方面学识丰富的专家。"为此，四川大学校方积极求才，多方延聘学有所成的留学生来校任教。为国求才，为校求才，这是四川大学的一个传统。

1937年，时任代理校长的张颐与中英庚款董事会联系，要求给四川大学推荐理科教授。这一年，董事会向其推荐了柯召和李华宗两位数学教授，理学院院长魏时珍和数学系主任胡少襄看了他们的论文后都很满意，魏时珍高兴地对学生说："我们聘到了两位很好的教授。"

就四川大学数学系教师知识结构来看，数学学科的三大分支——代数、几何与分析中，只有分析的师资比较强，这显然是不平衡的。魏时珍是研究微分方程和数学物理问题的，其他教师的主要方向也都是方程和函数论，他们都是分析方面的师资。而代数和几何方面的师资力量相当薄弱，教学师资都不足，研究就更谈不上了。柯召的研究方向是代数领域，李华宗的研究方向是几何领域，他们的到来，正好弥补了数学系的不足，自然是极受重视的。

1938年秋季，四川大学数学系的学生发现，这学期新开了多门课程，柯召讲授的群论、代数数论，李华宗讲的黎曼几何，都是当时较为接近学科前沿的课程。细心的人还发现，他们即使讲授那些过去开设过的课程时，在教学内容上和教法上也都有很大的变化。学术上也有了新气象，课余时间，柯召和李华宗常常向学生介绍学科发展的情况及国外的一些数学名著，这些对于开阔学生的眼界是极为有益的。数学系的学生中，有从浙江大学转学到四川大学的朱福祖、胡鹏、杨从仁等。他们刚到川大时，对内地大学教育落后的状况感受更深，相比之下，柯召和李华宗带来的教学新气象对他们的鼓舞也更大。胡鹏说："那时我四年级，有机会听柯先生的群论课。……这年有收获，因为柯召、李华宗他们来了。"

不过，当时四川大学的办学条件还是相当差的，甚至校舍也分散在好几个地方。校本部在成都市中心的皇城，理学院在城南的南校场，农学院则在城东的望江楼附近，统一的校区才刚开始建设。柯召和李华宗住在靠近南校场的文庙街，条件也很差。那时物价飞涨，大学师生们的生活很清苦，与柯召和李华宗在英国的生活无法相比，但他们对这些艰难条件并不在意，他们潜心任教，努力工作，专心地培养学生。

位于成都市南校场的国立四川大学理学院

三、一场风波，把他推上系主任的岗位

1938年底，四川大学因更换校长产生了一场风波。这年12月19日，教育部"国拾贰5字4795号训令"令饬代理校长张颐立即移交校政，并任命程天放为四川大学校长。这在四川大学引发了一场"拒程"的风波。

这场风波的前因后果，还得从前任校长任鸿隽的改革谈起。

任鸿隽（1886～1961），字叔永，1886年出生于四川垫江。辛亥革命前赴日留学并参加同盟会，中华民国成立时，与吴玉章、杨杏佛同为孙中山的秘书。后赴美留学，在美期间组织现代中国最早的科学学术团体——中国科学社，并任社长。李四光、杨杏佛、赵元任、杨钟健、竺可桢、严济慈、张子高、袁翰青等都是该社社员。回国后，曾任教育部专门司司长、北京大学教授、东南大学副校长、中华教育文化基金会董事长兼干事长等职，是素有名望的科学家和教育家。

任鸿隽对四川的教育非常关心，也有一腔报效桑梓的情怀。1932年，国民政府行政院拟任命他为中央大学校长，但他辞而不就。1935年8月，教育部任命他为四川大学校长，任鸿隽当即欣然前往。上任后，任鸿隽在大力推行教学改革、提高教学质量、发展学术社团、活跃学术空气等方面，都有相当的革新，学校因之办得很有生气。人们对任鸿隽的贡献和人品评价都很高，当年四川大学理学院院长魏时珍评价他："有宏图大略之志，踏实苦干之才，重道义，轻权势，重学术，轻浮夸。"

任鸿隽的改革不可避免地触及一些人的利益，开罪了一些地方势力。

正当四川大学蒸蒸日上之时，任鸿隽却因反对势力的中伤、压力等众多原因于 1937 年 1 月坚决辞职，挂冠而去，为四川大学师生留下了几多遗憾。

关于任鸿隽对四川大学的贡献，胡适说道："他在川大的两年，真可以说是用全副精力建立了一个簇新的四川大学。我们深信，他这两年努力种下的种子，不久一定可以显现出很好的结果。"事实上，此后四川大学得以成为"抗战"时期中国"最完整的一所大学"，为国家民族作出了不可磨灭的贡献，确实得力于任鸿隽为学校树立的基本目标。在此意义上，他也成为四川大学的"精神之父"。

任鸿隽辞职后，教育部于 1937 年 6 月委派著名哲学家张颐代理四川大学校长。

张颐（1887～1969），字真如，又名唯识，四川省叙永县人。中国哲学界专门研究西洋古典哲学的先驱，是中国第一位牛津大学哲学博士获得者（1919 年），英国皇家学会会员。1926 年任厦门大学副校长，1929 年任北京大学哲学系主任，后就任中华文化教育基金董事会特聘教授。1936 年后任四川大学教授、文学院院长，1937 年 6 月代理四川大学校长。

张颐任代理川大校长后，承袭任鸿隽的办学方针，照样广纳名师，优礼聘请，使川大名流学者荟萃，蔚为大观，如美学家朱光潜、文学家林如稷、物理学家郑衍芬、数学家柯召和李华宗等，皆是此时到校的。学校的教学科研力量大为加强，发展很快，所以他本人也得到了多数师生的拥护。

1938 年 12 月，国民政府免去张颐的四川大学代理校长职务，宣布刚刚卸任的驻德大使程天放为校长，这在川大引起了一场不小的风波。

程天放的政治色彩很浓，在担任安徽大学校长和国立浙江大学校长时口碑甚差，任职不久就因两校师生的抵制而离职。川大有不少人担心，程天放的到来会使任鸿隽和张颐的办学方针难以继续实行，"学术自由"的大学环境也将不保。

在这样的气氛下，文学院长朱光潜、农学院长董时进和理学院长魏时珍发起了"拒程运动"。他们通过通电、宣言、运用私人关系以至公开罢课的方式要求中央收回成命，并获得了相当一部分学生的支援。

其实，拒绝中央任命的校长之类事件，在平、津、沪、宁等地的国立大学早已屡见不鲜，而四川大学则因长期处在边缘，相对"平静"得多。这次"拒程"是第一次拒绝中央任命的校长，持续 27 天后，终因中央政府的坚持而失败。

其实柯召对程天放的了解并不多，但他是支持"拒程运动"的，并在川大60余位教授致教育部的拒程电文上签了名。这一方面是因为他非常赞成任鸿隽和张颐的办学方针、学术自由的观点，另一方面则源于他对张颐的了解与信任。

“拒程运动”失败后，张颐等20多位教授离开了四川大学，其中有名教授朱光潜、张文裕，理学院长魏时珍和数学系主任胡少襄等。魏、胡二人是川大数学系的创建人，对川大数学系感情很深。他们辛勤工作十余年，才使数学系粗具规模，骤然离去，当然有一番难舍之情。庆幸的是，柯召和李华宗才华出众，这才让他们放下心来。就这样，在有意无意之间，柯召接过了接力棒。1939年7月，柯召担任了川大数学系主任兼教授。

魏时珍和胡少襄离开四川大学后，于1940年办起了“川康农工学院”，致力于培养应用型人才，为战后国家的建设与复兴预作谋划。柯召对魏时珍很敬重。15年后，他们又在川大数学系相聚，再度共事近40年。

参考文献

雷文景．2003-9-11. 艰难的人文时世——“抗战”时期成都华西坝逸闻录．天虎周刊
四川大学数学系．1996. 四川大学数学系系史资料．四川大学数学学院文档资料
四川大学校史编写组．1985. 四川大学史稿．成都：四川大学出版社
王东杰．2006-6-12. 任鸿隽在四川大学．四川大学报
张廷茂．1996. 百年名校——四川大学．成都：四川大学出版社

第六章　峨眉山上，诞生了四川数学事业的两个第一

一、数学系在峨眉山上重建

战时的后方也并不安宁。1938年以来，成都多次遭受敌机空袭。这年7月27日，日本飞机首次轰炸成都，少城公园（今称“人民公园”）、东御街、西御街、顺城街、九龙巷、盐市口，四处都是火光，四处都是被轰炸的残迹。11月8日，敌机空袭成都，在外北机场及外南机场投弹百余枚，在理学院附近的南门有人死伤。1939年6月11日，日机空袭成都，炸死200余人，炸伤600余人，毁房1215间。四川大学的师生在坚持教学的同时，组织了救护队，开展救护工作。

1939年春，四川大学校长程天放决定将四川大学校本部和文理法三院迁至峨眉山，以躲避日本飞机的空袭。

四川大学迁到峨眉山后，校本部和文、法两院设于伏虎寺，理学院设于保宁寺和万行庄，新生院设于鞠槽的将军府，教职员住报国寺等庙宇。数学系的教师大都住在保宁寺附近，稍为方便一点。

峨眉山是我国著名的游览胜地，佛教四大名山之一，峰峦叠嶂，飞瀑流泉，鸟语花香，风光秀丽。如果是游山玩水的文人雅士或者遁世而居的隐者居住，那自然是好地方。但是，在那里办大学就完全是另外一回事了。在任鸿隽、张颐时期，四川大学在教学科研和人才集聚方面都出现了生机勃勃的局面，发展势头可观。但是，搬迁至峨眉山却使学校远离西南的学术文化中心，失去了学术发展的社会环境，任、张时期的许多优势和有利条件都丧失殆尽。四川大学这时的发展进入了挫折时期。

迁至峨眉山后，生活条件很差。战时供应本来就不足，加之峨眉山交通不便，运输困难，问题更为突出。战时的峨眉山寺庙大都年久失修，破旧不堪，吃住都很差。当时学生中流传着的打油诗，对此曾有一番描述：

日日读书日日愁，豆花冰凉菜无油，
昨夜东风传消息，明日牙祭光骨头。
…………
上课讲义难，自修座位难，吃饭过时难，
睡觉臭虫难，夜晚灯光难。

其实，对于“抗战”时期的大学师生来说，生活上的困难尚可克服，对办学影响最大的是信息的极其闭塞。峨眉山距成都虽然只有100多公里，但那时的交通还很落后，成都出的报纸要三天后才能到峨眉山；听短波收音机是获取时事信息的重要途径，但是，即使在教授中，有短波收音机者也不过一两人而已。教学所需的图书文献奇缺，学术交流自然就更难了。

1939年7月，柯召正式接任数学系主任。9月，新学期在峨眉山开始了。这时，数学系年长一点的教师基本上没有到峨眉山去，加上因“拒程运动”而离开四川大学的教授们，老一点的骨干力量基本上都走光了，师资队伍元气大伤。在这样的条件下办数学系，实在是勉为其难。

回国一年来，对国内在十分困难的环境下办教育的种种艰辛、对爱国知识分子共赴国难的精神境界，柯召有了更深、更直接的感受。“抗战”期间，许多名流、学者、专家们历尽艰辛，甘愿在十分困难的条件下继续着中国的大学教育，那是因为他们都有一个共同的信念：为了保存和延续中华民族教育的血脉，为了中华民族劫难后的复兴，为了中华民族的富强，他们必须将今日的青年培育成为明日之栋梁，培养成为收拾河山的中坚力量。柯召明白，他回国效力，就必须在这个没有硝烟的战场上全力以赴。自己接任川大数学系主任，就是接过了发展四川数学、为国家培养优秀人才的重担，即使困难再大，也必须把工作做好。

29岁的数学系主任柯召

这年柯召29岁，正是少年壮志的年龄，有着一番“梦断关河”、“匹马戍凉州”的豪气。他开始独当一面，一步一步地去实践他的报国宏愿。

面对师资奇缺、图书文献奇缺、信息极其闭塞的局面，柯召的工作几乎就是数学系的重建。他主持数学系工作之后，在纷繁的重重困境中，首先抓的是师资建设与科学研究工作。他认为，要培养出有真才实学的人才，首先要建设好师资队伍，还必须抓科学研究工作和学生能力的培养。为此，他和李华宗带领着几位青年教师共同努力，在担负全部数学教学任务的同时，积极着手开展科研工作，同时积极地在国内外物色人才。柯召邀请比他早一年毕业的清华同学曾鼎禾来校执教，还去函英国邀请他的同学马勒来四川大学。马勒是一位优秀的学者，懂中文，是很理想的外国教授人选。他接受了好友柯召的邀请，可惜因第二次世界大战在欧洲爆发，交通中断，马勒未能成行。不过，教师阵容却因李国平等人的到来及一批青年教师的成长而大为加强了。

1939 年到来的教授有刚从法国回来的李国平和曾鼎禾；讲师有李修睦、助教有朱福祖、胡鹏、杨从仁、梁绍礼等。开出的专业课包括全部基础课和群论、数论、黎曼几何、函数论等选修课。柯召、李华宗、李国平分别讲授数学系的代数、几何和分析方面的主要课程。曾鼎禾讲授实变函数论、复变函数论、连分数论等课程。曾鼎禾是巴黎大学数理哲学博士，研究方向是概率统计，20 世纪 50 年代担任过南开大学数学系系主任。可惜他在峨眉山待的时间不长，没有参与研究工作。

二、形成四川的第一个数学研究群体

与国内发达地区相比，四川的数学教育与研究事业的发展都很滞后。20 世纪 30 年代，川大数学系经十多年的建设后虽然已粗具规模，但其侧重点主要在发展数学高等教育方面，尽管培养了一些人才，但数学研究工作比较零散，成果也不多，这制约了它的进一步发展。那时，川大数学系的作用在于它为四川数学事业的发展构建了一个生长点，并且起到了筑巢引凤的作用。这第一批凤凰当然就是柯召、李华宗和李国平了。他们在这个生长点上形成了四川的第一个数学研究群体。

在峨眉山期间，教学上虽然有不少困难，但还勉强可以克服。为了解决师资不足的困难，每个教师都要担任好几门课程的教学任务，没有教材就自己编写。在这样的条件下，他们甚至开出了国内过去还没有人讲过的专业课。例如，李华宗讲授黎曼几何一课时，介绍了当时还很新颖的嘉当的活动标形法。在国内介绍嘉当及其活动标形法，自编讲义，讲授黎曼几何这门课的数学教授，他大概是最早的一个了。1942 年，李华宗在毕业班开设过“旋量论” (theory of spinors) 一课，在当时也是一门新兴学科。

在那样困难而又闭塞的环境下开展科学研究工作就更加困难了，即使是数学这样的自然科学基础学科也不例外。事实上，开展数学研究工作虽然不用实验设备，但研究人员总还是需要了解当前的研究状况，掌握必要的文献，以及同行之间的交流切磋。在信息极端闭塞的峨眉山，与外界的联系又很不方便，这些都很难做到。值得称赞的是柯召和他的同事们大体上做到了。这主要应归功于由柯召、李华宗、李国平组成的研究群体。他们都是刚从国外回来的学者，对学科前沿有相当的了解，手边也带回了必要的文献，所以，有条件在闭塞的环境下开展一段时间的数学研究工作。三人同心协力，把数学系的研究工作搞得很有特色，既出了成果，又培养了人才。

李华宗（1911～1949），1911 年 5 月出生于广州市。1933 年毕业于广州中山大学天文数学力学系。当时该系的学生中以李华宗和与他同班的李国平最为杰出。1935 年，李华宗考取中英庚款公费到英国爱丁堡大学（University of Edinburgh）深造，师从斯楚克（D. J. Struik）攻读微分几何。1937 年获得博士学位，博士论文为《切触变换的微分几何学》（*On the differential geometry of contact transformations*）。1937～1938 年，李华宗在法国巴黎大学庞加莱研究院学习，主要听嘉当（E. Cartan）教授的课。1938 年暑假由巴黎回国，来到成都四川大学任教授，历时四年。李华宗是中国现代数学的开拓者之一，毕生从事数学教学和科研工作，为我国现代数学的发展作出了重要贡献。陈省身在 20 世纪 90 年代说："李华宗教授是一位富于开创性的微分几何学家，他的关于酉几何、辛几何及许多李群与微分几何的工作成于五十年前，现在已都成了热门的课题。"

李国平（1910～1996），幼名海清，字慕陶。1933 年毕业于中山大学天文数学力学系。大学期间受到赵进义、刘俊贤两位著名教授的栽培。毕业后即受聘于广西大学数学系任讲师。1934～1936 年东渡日本，在东京帝国大学读研究生。1937 年经熊庆来推荐任中华教育文化基金会研究员，派赴法国巴黎大学庞加莱（Poincaré）研究所工作。1939 年抗日战争初期回国，任四川大学数学系教授。李国平是我国著名的函数论专家，长期从事函数论研究，在整函数与半纯函数理论、解析函数逼近论、准解析函数理论等领域取得众多成果。1955 年与柯召同时成为中国科学院首批学部委员。

柯召和李华宗是同一年的中英庚款留学生，在英国期间交谊已经很深，李华宗与李国平又是老同学，三人汇聚在川大，成了莫逆之交。这一年，柯召29岁，李国平29岁，李华宗28岁，正是年轻有为的时期。他们志同道合，关系融洽，许多工作都是一起商定、一起去做的。柯召作为系主任，他的办学理念得到了大家的支持，工作开展起来自然就顺利多了。一时间，数学系办得很有生气。柯召给人的印象是有主见，做什么事都来得很快，工作效率极高。他把课程和讨论班都安排得井井有条。当时的助教胡鹏说：

> 那一年，李国平回国，直接到川大，形成了他们三人为核心的集体。柯召作系主任，雄心不小，想把川大数学系搞红火。他们在一起，我们很长见识。

他们三人的共同爱好是古典文学，但他们的性格和业余爱好却各有特色。李华宗衣着整洁，不苟言笑，工作严肃认真，整天都在读书写作，风雨无阻。他不大喜欢花时间和人来往，但对周围的人都很诚恳，特别是认真地帮助青年教师和学生们做学问，师生们对他都很尊重。柯召对他的评价是“品质很好”。李国平和柯召则显得活跃些，兴趣也很广泛。李国平爱好书法、绘画和音乐，喜欢做诗。柯召则喜欢下围棋和书法，拉一手很好的京胡。

峨眉山的夜色是美丽的。在夜月下，人们不时会听到阵阵的京剧唱腔，唱段内容要么是诸葛亮匡复汉室的剧目，要么是岳飞、文天祥抵御外侮的名段，那是数学系的青年师生们在抒发他们的情怀。战时的青年学人，在业余生活中也流露着忧国忧民的感伤，曲调总有几分苍凉。在空旷的山谷中回荡的高亢而流利的琴声，就是从柯召为他们伴奏的京胡中发出的。峨眉山虽然很艰苦，但师生们朝夕共处，一起做学问，一起抒发爱国情怀，生活却很充实。

* * * * * *

就当时的条件而论，柯召和他的同事们在峨眉山期间的研究成果既是得之不易的，也是高水平的。

1940～1942年，柯召共发表研究论文11篇。其中，与李华宗合写3篇，与朱福祖、王媛旃各合写一篇，个人完成6篇，分别发表在《伦敦数学会杂志》、《科学记录》（中国）、《数学学报》（中国）、《武汉大学理科季刊》等刊物上。研究内容涉及不定方程、二次型和矩阵代数三方面。

第一，关于指数型不定方程。1938年，爱尔特希提出这样的猜想：不定方程 $x^x y^y = z^z$，当 $x>1$，$y>1$，$z>1$ 时没有整数解。1940年柯召证明了：当 x，y 互质时该不定方程无解，但如果 x 和 y 有公共素因数，则上式有无穷多组解。

爱尔特希回忆说：

> 大约在1938年，我问柯，考虑如下的不定方程：
>
> $$x^x y^y = z^z,\ x \neq 1,\ y \neq 1,$$
>
> 我猜想，这个方程没有正整数解。但是，使我大吃一惊的是，柯给出了无限多个解，或许他发现了所有的解……柯证明，如果 $(x, y) = 1$，则无解，但是，当 $(x, y) > 1$ 时，该方程的解是
>
> $$\begin{cases} x = 2^{2^{n+1}(2^n - n + 1) + 2n}\,(2^n - 1)^{2(2^n - 1)} \\ y = 2^{2^{n+1}(2^n - n + 1)}\,(2^n - 1)^{2(2^n - 1) + 2} \\ z = 2^{2^{n+1}(2^n - n + 1) + n + 1}\,(2^n - 1)^{2(2^n - 1) + 1} \end{cases}$$

孙琦在一篇文章中写道："对这一结果，爱尔特希印象特别深刻。……1989年12月，我到美国加州参加美国西部数论会议，在会上做报告讲到这一结果时，爱尔特希刚好在场，他当即站起来对柯召这一结果赞叹不已。"

爱尔特希在许多会议上提到柯召的这个工作，认为是非常漂亮的结果，并且建议人们去研究该问题是否可能找到其他的解。可是60多年过去了，至今还没有什么新进展。1994年，盖伊（R. K. Guy）在他的名著《数论中未解决的问题》（第二版）中，将此问题列为不定方程中28个未解决的问题之一。

第二，关于二次型。柯召是中国二次型研究的开拓者，在英国留学时就有很优秀的成果。在峨眉山期间，他一方面继续深化这方面的研究，另一方面引导朱福祖和王媛旃进入这一研究领域。他们在某些二次型的不可分解问题和类数问题的研究中取得了有影响的成果。

第三，关于矩阵代数。柯召和李华宗合作的《Hamilton-Cayley 定理的进一步推广》一文后来被贝尔曼（R. Bellman）的专著《矩阵分析导引》（1960年）一书所引用。

由于柯召的影响，从峨眉山时期起，数论便逐渐成为四川大学数学系的特色学科之一，延续至今。

与四川大学数学系联系最密切的是1937年内迁四川乐山市的武汉大学数学系。峨眉山距乐山市仅30多公里，柯召的清华同学吴大任是积分几何专家，1939年回国后就在那里任教。武汉大学数学系的曾昭安、汤燥真、叶志、萧文燦、肖君绛等，都是著名的学者。两校数学家们过从甚密，共同在艰苦的条件下开展研究。当时，《武汉大学理科季刊》是"抗战"期间四川省内唯一能发表数学论文的刊物。1940～1942年，在该刊

上发表论文的有吴大任、李华宗、柯召、郭焕庭、陈省身、华罗庚、钟开莱、李国平、汤燥真、傅种孙、曾宪昌、蒲保明等。这些论文是国内数学家在“抗战”时期开展研究工作的一个侧影，也是川大数学系在峨眉山期间科研成果的一个记录。

三、培养出川大第一批研究型数学人才

柯召主持数学系后，在教学上作了成功的改革。他在承袭四川大学重视基础知识教育的优良传统的同时，对教学内容作了很好的充实和更新，让学生及早接触较为前沿的数学知识。更重要的是，他在培养学生的研究能力方面也做得非常成功。其中一个主要做法是开设“专题研究课”，师生在一起自由地进行研究讨论。这种“专题研究课”，就是现在的学术讨论班。

在今天看来，学术讨论班是很普通的事，不足为奇，然而在60多年前的四川大学，却算得上一件新鲜的事。事实上，讨论班这种培养学生的方式，对教师的要求更高。就当时四川大学的师资条件来看，并不是每个系都能做得到的。当然，教育观念落后是另一个原因。柯召曾经说：“在峨眉山时，讨论班是我搞起来的。当时，讨论班受到其他系的反对。他们没有人，搞不起来。”

在四川大学校史上有这样一段记载：

> 1938～1942年在峨眉期间，数学系每周设专题研究课，召集全系师生作集体研究，各人阐述自己的研究心得，共同讨论。这种专题研究十分有吸引力，有时学生变成先生，站在讲台上边写边讲，而教师则和同学一起静坐听讲……它造就了一批在数学上锐进不已的人才。

这个专题研究课便是由柯召发起的，参加的老师有李国平、李华宗等，学生有朱福祖、王媛旃等。他们在一起切磋学问，研究问题。柯召等教师与学生合作的论文，就是这个时期的产物。

峨眉山的专题研究课在人才培养方面的意义在于，它对学生进行了数学科学研究的熏陶与训练，使学生开阔了眼界，提高了能力，毕业生水平随之有了大的提高。

对于柯召到四川大学之前数学系的人才培养状况，胡鹏有这样的回忆：“川大数学系从开办以来到1938年，我是第八届，没有培养过任何一个搞数学研究的。因为教师本身就没有搞研究，培养研究型人才当然无从

谈起。”所以，柯召在峨眉山时期的教学改革，是川大数学系在人才培养上的一次转折，也是该系教学水平的一次大的提升。从那时起，四川大学数学系在教学上逐步形成了新的风格：让学生及早了解一些学科前沿知识，给予初步的科研训练，为他们的成长奠定坚实的基础。峨眉山期间培养的人才，是柯召回国来到四川大学数学系后培养出来的第一批人才，也是该系培养的第一批具有研究能力的优秀数学人才，他们是柯召和他的同事们在非常艰难的条件下锐意改革、精心育才的成果，其中有朱福祖、杨从仁、胡鹏、梁绍礼、王嫒旃等。那时，杨从仁和胡鹏是1939年毕业留校的助教，朱福祖是1940年毕业留校的助教。

后来，朱福祖、杨从仁、梁绍礼、王嫒旃等人离开四川大学，到国内其他大学任职。他们不仅在教学上拿得起，在科研方面也有突出的表现。川大数学系的声望因之得到大的提升，在国内有了一定的名气。事实上，川大数学系以往的毕业生主要是在四川省内从事数学教学工作，从那时起，才逐步开始向四川以外输送优秀毕业生，真正起到了国立大学数学系面向全国的作用。

朱福祖（1916～1999）后来任华东师范大学教授，在二次型和埃尔米特（Hermite）型算术理论的研究上颇有建树。20世纪80年代以来，朱福祖在这两方面做了许多重要工作，特别是他利用格的理论对正定幺模二次型的构作，受到柯召和爱尔特希的好评。朱福祖在人才培养方面也有出色贡献，“文化大革命”后，他培养出不少优秀的研究生，如江迪华（美国明尼苏达大学教授）、徐飞（中国科学院数学研究所研究员、“国家杰出青年基金”获得者、中国科学院“百人计划”入选者）、秦厚荣（南京大学数学系教授，教育部长江学者特聘教授，“国家杰出青年基金”获得者）等都已成为优秀的学者。

杨从仁（1915～1996）后来是河北大学教授，曾任河北大学副校长、河北省数学会理事长、天津市数学会副理事长等职。他对泛函分析中增生算子领域颇有研究。20世纪50年代，杨从仁翻译过多种俄文数学著作。其中影响最大的是他翻译的名作《泛函分析概要》（刘斯铁尔尼克、索伯列夫著），是中国第一本泛函分析学科的译著，该书不仅内容很好，而且译文文笔流畅，在那个时代，是非常受欢迎的泛函分析入门读物。

王嫒旃跟随柯召研究二次型颇有成就，1941年从四川大学数学系毕业留校，1943年到浙江大学数学研究所学习，后来任郑州大学副教授，却不幸英年早逝。

胡鹏后来任四川大学教授，梁绍礼后来任河北大学教授，他们在教学岗位上为国家培养了许多优秀的数学人才。

在这个研究群体中成长的人才，还有后来长期担任四川大学数学系主任的蒲保明。蒲保明（1910～1988），又名蒲保民，1937 年华西协和大学数理系毕业。1939 年 9 月，任中英庚款董事会科学研究助理和科学工作人员，在四川大学数学系和武汉大学数学系做研究工作。到四川大学后，蒲保明在李国平的帮助下研究半纯函数，完成并发表了第一篇研究论文，这是蒲保明数学研究生涯的起点。1947 年，蒲保明赴美国锡拉丘兹（Syracuse）大学研究生院数学系攻读学位，1948 年获理学硕士学位，1950 年获哲学博士学位。1951 年 2 月，蒲保明归国，任华西协和大学数理系教授。1952 年，蒲保明调到四川大学数学系，历任四川大学教授、数学系主任、数学研究所副所长，中国系统工程学会模糊数学与模糊系统学会第一届理事长，四川省数学会第一、二届副理事长。研究方向是函数论、黎曼流形、一般拓扑学及不分明拓扑学。

在峨眉期间，数学系不单在本系开出了高水平的专业课，为理科各系开出的数学公共课也是高水平的，学生的反映相当好。在理科学生的成才之路上，高水平的数学基础课为他们作了很好的铺垫。例如，微分方程是数学、物理、化学等三系合班的公共基础课，由李华宗讲授。李华宗教学认真负责，听课学生对他的讲课非常满意，他不仅条理清楚，深入浅出，而且言词简练，重点突出，并启发学生养成独立思考的习惯。当时听课的学生中，化学系一位学生陈荣悌感到得益甚多。陈荣悌 1941 年于四川大学化学专业毕业，1942 年考入内迁乐山的国立武汉大学研究生院，继续得到李华宗的帮助。后来，陈荣悌成为著名物理化学家、无机化学家和教育家，任南开大学教授，1980 年当选中国科学院学部委员（中国科学院院士）。

1941 年 5 月，理学院所在地峨眉山保宁寺，部分师生合影。二排：校长程天放（左九），理学院院长张洪沅（左十）、数学系主任柯召（右三）

参考文献

盖伊. 2003. 数学名著译丛：数论中未解决的问题. 第2版. 张明尧译. 北京：科学出版社

李工真. 2007. 灵魂的乐师，生命的哲人——深切怀念我的父亲李国平. 人物，(8)

朱福祖，李华宗. 1995. 中国现代数学家传. 第二卷. 南京：江苏教育出版社

第七章 辗转川康，人生低潮

一、国立西康技艺专科学校

在峨眉山时期，柯召和他的同事们把数学系的教学和研究工作都搞得十分红火。然而，在这个时候，四川大学校内的局面却发生了剧变。程天放任校长后，违背教学规律，按照“办学如办党”的方式管理学校，师生们对此已经很不满意。校内又出现了明显的派系之争，在人事安排上屡屡不公，导致了又一批教授的流失。

1941 年，理学院院长、理科研究所主任、化学家张洪沅和物理学家郑衍芬离开四川大学到了重庆大学，数学家曾鼎禾离开四川大学到了中央大学。那时，青年教师的生活条件相当差，一批青年教师也因程天放亲口答应给他们增加待遇却不履行诺言，愤然离开了川大，其中有数学系的助教胡鹏等人。

1942 年，柯召、李华宗和李国平都感到再这样下去就做不出什么成绩了，终于也离开了四川大学。这样一来，川大数学系的主力基本上流失殆尽。李华宗和李国平到了内迁乐山的武汉大学，朱福祖到了内迁四川宜宾李庄的同济大学，柯召则到了设在西昌的国立西康技艺专科学校，任教授兼教务主任。

国立西康技艺专科学校（简称“西康艺专”）创办于 1939 年，是由教育部指派原北洋大学校长、水利专家李书田率领一批沦陷区学者在原西康省省会西昌创办的。1940 年，农业专家徐孝恢接任校长。徐孝恢是四川华阳县人，与四川大学关系密切，由于他的礼聘，多位川大的教授到了该校。

西昌位于成都西南角，距成都约 300 多公里，属西康省辖制。[1] 国

---

① 1955 年，西康省撤销，包括西昌的凉山州等部分划归四川省，另一部分划归西藏自治区。抗日战争时期，这里算是后方中的后方。1940 年，蒋介石西昌行辕在西昌泸山为他建立了一所特宅。据传，民国政府有意将西昌作为第二个陪都，一旦重庆吃紧，可迁来西昌。

立西康技艺专科学校校舍分散在西昌郊区泸山一带的寺庙中，绵延十余里，条件十分艰苦。由于李书田校长和徐孝恢校长卓越的声望，许多学者被他们浓厚的科技救国、科技兴邦的意愿感召，不畏艰苦，来到这里工作，柯召便是其中之一。

西康艺专的专业设置都是应用学科，目的是为战后国家的建设与复兴预作谋划，培养最急需的人才。在抗日战争尚处于艰难的时期，爱国知识分子们以大局为重，只要是国家需要的事，即使不是自己的专长，也会非常认真地去做，这是他们的共识。柯召暂时把他的数学研究放下，答应到该校做教务长，也是基于这样的想法。

学校设有土木建筑、化工、机械、矿业、医学、农林、畜牧、园艺等10个专业，学制长短不一，有些长达5年（如土木建筑专业）。头绪甚多，柯召必须把较多的精力放在教务工作上，他还担负繁重的教学任务，主要是讲授微积分等数学基础课，科研则几乎停顿了。在这样的状态下，他没有条件做自己喜爱的工作，却又过度劳累，身心疲惫，日子过得非常艰苦，期间还大病过一场。

一年后，四川大学校长易人，学校又从峨眉迁回了成都。不久，柯召接受了校方的邀请，再度来到四川大学。

西康艺专有一件令柯召久久难以忘怀的事，那就是优秀的代数学家曾炯之病故于此。

曾炯之（1898～1940），原名曾炯，炯之是他的字，江西省新建县人。1926年毕业于武昌高等师范学校（武汉大学前身）数学系，1927年考取庚子赔款欧美公费留学生。1928年秋赴德国，入柏林大学。随后又考入当时世界数学的中心——哥廷根大学，师从埃米·诺特攻读抽象代数学，1934年获得博士学位，1935年7月回国。与他同时留德的有物理学家王淦昌和北京师范大学数学系蒋硕民等人。

曾炯之回国后，于1937年10月到西安临时大学任教授。后来学校的一部分改名为“西北工学院”，曾炯之始终随校辗转各地。1939年，曾炯之到国立西康技艺专科学校任教。他由于长期患胃病，在战乱时期根本谈不上调养，加之缺医少药，竟于1940年11月因胃穿孔在西昌逝世，终年43岁。

曾炯之是在国际上早期进入抽象代数学领域并作出了重要贡献的数学家，更是我国第一个从事抽象代数学研究学者。曾炯之关于可除代数的一个结论，被称为“曾定理”或“曾-兰定理”（Tsen-Lang theorem，S. Lang是独立发现此定理的另一位数学家），列入研究生教科书，成为经典的结果[①]。日本《岩波数学辞典》写进了两个“曾（炯之）定理”[②]，在《中国大百科全书·数学》的“代数学”条目结尾部分也集中介绍了他的工作及其意义。

柯召与曾炯之神交已久，他们彼此仰慕却没有机会见面。柯召早就听陈省身说过：“炯之为人直爽诚恳，没有人不喜欢他。”1939 年夏天，曾炯之来到成都，立即去会见柯召。这是他们的第一次见面，不幸的是，这也是他们最后一次见面。二人一见如故，柯召知道曾炯之来到四川西昌教书的事，感到很兴奋，立即热情地邀请他常来四川大学参加学术活动，帮助建设川大数学系。曾炯之也很高兴，他回国数年来颠沛流离，一直没有研究数学的机会，这次路过成都，见到早已闻名的柯召，还听柯召介绍了他们在峨眉山的简陋却又充满生机的学术群体的活动，不由心动。他们原以为，以后可以经常在一起切磋学问、研究问题，那无疑是人生一大快事，不料天不从人愿，一年以后，曾炯之在西昌逝世。当柯召来到西昌艺专时，炯之已作古两年，物是人非，令人伤怀。数十年后，柯召在回忆这段往事时，还屡屡谈到曾炯之，为他的早逝叹息不已。

二、二进川大，成都数学人才的整合

1943 年初，教育部任命黄季陆为四川大学校长，免去程天放之职。之后，学校的状况有很大改善。

在办学的理念上，较之程天放，黄季陆无疑高明得多。他对四川大学的情况比较熟悉，特别是对四川大学迁校峨眉造成的种种弊端和困境非常了解。所以，上任前他就以迁回成都作为他继任川大校长的前提条件。后来，黄季陆在谈到这件事时说：“在我奉命继长川大的时候，为了要替国家作育人才，便向教育部提出将川大搬回成都的意见，否则我就不愿接受川大校长的职务。”因为峨眉山“气候不佳，易生疾病，又加风气闭塞，聘请教授甚感困难，原有教授亦以日久生厌，纷纷思去”，“峨山风景固佳，然只堪为学佛玩游之地，若用以训练荷负建国重任的青年干部实不相宜”。“西南最高学府的川大，当时竟在神秘的山谷中残喘，就整个世界而言，这的确是与时代相背驰的。因为今天是科学昌明的世纪，不是以前那些讲诗词歌赋和八股文章所支配的时代，生长在这 20 世纪当中的青年，

---

① N. Jacobson，Basic Algebra Ⅱ，New York：W. H. Freeman，1989：669，772.

② 见该书的中译本：日本数学会：《数学百科辞典》，科学出版社组译，北京：科学出版社，1984 年，第 348、380 页。

都必须赶上时代潮流，与时代切切相关。”

1943年初，四川大学由峨眉山迁回成都。这时，柯召的清华同窗好友吴大任由武汉大学来到四川大学，任数学系主任。他到任后，立即给柯召去信，希望他回到四川大学来，重整数学系的旗鼓。在吴大任的极力促成下，1943年7月，柯召回到川大，任教务长兼数学教授。这年他33岁。

柯召返回四川大学后发现，一方面，数学系的人才流失相当严重，教师队伍已大不如前，远不如峨眉山时期，这让他很失望；另一方面，与柯召刚来到川大时期相比，又有许多优秀的数学人才来到成都，不过，他们不在四川大学，而是分散在内迁成都及附近专县的燕京大学、金陵大学、齐鲁大学以及光华大学成都分部等大学里，如齐鲁大学张鸿基，燕京大学曾远荣，金陵大学余光烺、张济华，金陵女子学院余介石等教授，稍年轻一点的学者有燕京大学的关肇直等，还有成都本地大学的教授如川康农工学院魏时珍、胡少襄，华西大学张孝礼等，人才却也不少。这又让柯召看到了希望。如果能把大家组织起来，应当是一支很有实力的队伍。

为了整合成都的数学力量，为了弥补四川大学人才的不足，柯召和吴大任开始出面与各大学的数学教师联络，筹备成立一个数学学术团体。

1937年抗日战争全面爆发后，中国数学界的学术组织——中国数学会发生了重大变动。中国数学会总会设在上海的一名董事顾澄投靠日伪政权，出任其教育部次长，并继续使用中国数学会的名义活动。此事引起后方各地数学会会员的愤慨，决定与日伪控制的“中国数学会”脱钩，将原中国数学会更名为“新中国数学会”，独立活动。苏步青回忆说：“抗战时期，顾澄倒向日伪政权，在那里当‘教育部次长’，在沦陷区继续用中国数学会的名义活动，我们在大后方不承认它，所以有了新中国数学会。”陈省身回忆说：“另取一名，可以不受上海中国数学会的约束，可以独立活动，所以就叫新中国数学会。”

疾风知劲草。更名新中国数学会后，柯召的老师姜立夫和熊庆来毅然受命，相继出任第一、二届理事会理事长（1940～1943，1944～1948），带领后方各地的数学家共赴国难。基于这样的背景，柯召和吴大任与成都的数学家们商定，成立新中国数学会的下属组织——成都分会。

1944年6月，四川大学、华西协和大学与上述高校的数学教师一起，成立了新中国数学会成都分会。这是四川省第一个数学学术团体，它为成都地区的数学工作者之间的联系与交流提供了帮助。

新中国数学会有过两个分会：重庆分会和成都分会，分别成立于1943年和1944年。新中国数学会成都分会成立后，在成都的数学家之间的联系更多了，还举行过三四次学术报告会。这对于川大数学系本应有较大的帮助，但由于战乱的局限，在当时它对川大的帮助却很有限，倒是“抗战”胜利后，上面提到的数学家中有多位留下来到四川大学任教，大大加强了川大数学系的师资力量。当然，那都是柯召第二次离开川大以后的事。

回到四川大学的柯召，极力设法恢复前几年兴旺的学术气氛，可是进展却并不如意。“抗战”六七年，时局艰辛，成都虽然有较好的人气，但人们却要花费相当大的精力去应付窘迫的生活。1943～1945 年在内迁成都的燕京大学任教的陈寅恪先生就曾有“日食万钱难下箸，月支双俸仍忧贫”之叹。[①] 名教授的生活尚且如此困难，人民生活之艰辛可想而知。

为了生活，柯召自己也在四川大学附近的中学兼课。教师们很难像峨眉山时期那样心无杂念、专心致志地研究学问，学术讨论会也搞不起来。困惑之时，他时时怀念峨眉山的岁月，怀念好友李国平和李华宗。故人云散，总感觉有几分落寞，工作中，有时又被一些纷繁的人际关系弄得头痛不已，无可奈何之际，竟然生出一阵阵心灰意懒的情绪。1945 年 2 月，柯召再次离开四川大学，随即到四川省宜宾市，在友人家闲居，暑期以后，应宜宾县立中学之聘，任该校数学教师。这一年多的时期，是柯召有生以来第一次，也是唯一一次较长时间遁世而居，过调养生息的日子。

柯召离开四川大学的消息很快被学界的朋友传开。1945 年 8 月抗日战争胜利后，内迁西南的高等院校纷纷准备回迁，缺少人才的大学当然希望能够聘请到柯召这样的优秀学者，一时间，有 10 多所准备回迁的大学热情地向他发出邀请。柯召思之再三，决定接受浙江大学的聘书。除了浙江大学本身的吸引力外，思念故乡也是柯召应聘浙江大学的重要原因。

参考文献

李惠玲，曾炯之．1995．中国现代数学家传．第二卷．南京：江苏教育出版社

李书和，董荫乔，王英春等．2003．享誉中外的李书华、李书田兄弟．见：李书和，孙志升．历史名人与秦皇岛．北京：中国文联出版社

四川大学校史编写组．1985．四川大学史稿．成都：四川大学出版社

杨乐，李忠．1996．中国数学会 60 年．长沙：湖南教育出版社

张有余．1997．新中国数学会始末．数学的实践与认识，27（3）：281～288

左森．2004-4-29．献身教育事业的李书田．今晚报．http：//www.jinwanbao.cn/

---

① 陈寅恪是著名国学家，享受双俸待遇（每月薪俸＋学术研究补贴费）。

第八章　加盟重庆大学数学系

一、张洪沅把他“请”到重庆大学

1946年8月，柯召携家从宜宾出发，乘船前往重庆。他打算在重庆稍事停留后便去杭州，到浙江大学任教。

来四川不觉已有七个年头，这期间他虽然为办学育才做了一些工作，也有一些研究成果，但与自己的愿望相比，却又并不如意。内地的大学毕竟起步更晚，在学术气氛、师资力量、办学环境等诸多方面，较之当年的清华和南开尚且不如，要想提高一步，进入先进水平，那更不是一件容易的事。不过，他将要到浙江大学去了，到那里以后可以避开杂事，专心于数论研究和培养人才，那才是自己最愿意做的事。想到这些，柯召竟有一种解脱的感觉。

船行江上，两岸秀丽的川江景色又勾起了柯召对巴山蜀水的眷恋。峨眉山下，柯召和李华宗、李国平志趣相投、莫逆于心，一起研究问题的情景，还有同几位青年助教和学生朝夕共处，大家一同开学术讨论会的热闹气氛，都令人备感温馨。四川的确是一个人杰地灵的好地方，培育了不少栋梁之材。柯召熟悉的许多友人，都是留学海外成绩斐然的四川籍学者。他们学成回国后，为了改变家乡的落后面貌，放弃了自身的发展，回到四川，在种种困境下开创四川的教育与科学事业，颇有杜鹃啼血、精卫填海的精神境界。柯召刚到四川大学时就听说，为了这个愿望，任鸿隽不当中央大学校长而毅然决然地来做四川大学校长，吃了不少苦头的事。说起来，自己回国后，也是因为四川更需要人才，才决定来川大的。如今即将离开四川，他品味到的却也是一番壮志难酬的滋味。对这片土地，他心里又有几分难舍和歉然。

到了重庆朝天门码头后，时任重庆大学校长的老朋友张洪沅立即前来看望，邀请柯召上岸小叙一番。柯召没有想到，这个邀请竟然改变了他的后半生。

张洪沅（1902～1992），出生于四川省华阳县（今成都市）。清华大学化工系毕业，美国麻省理工学院化学博士，化学工程专家。抗日战争爆发后回到四川，任四川大学中英庚款董事会讲席教授、化学系主任、应用化学研究室主任、理学院院长等职。1942 年 2 月任重庆大学校长。张洪沅是一位有见识的学者型校长。他上任后很注意延揽知名教授、学者以扩充教师队伍，重庆大学的师资力量因之强大了许多。

在四川大学时，张洪沅和柯召交谊甚厚。特别是在峨眉山期间，他是理学院院长，柯召是数学系主任，工作上也相处得很好，他对柯召的能力和学识非常了解。作为重庆大学校长，于公于私，当然都希望柯召到重庆大学去。不过，柯召已经决定去浙江大学了，怎样才能让他改变主意留下来呢？张洪沅不得不出一个“下策”。

张洪沅对柯召说：“好几年不见了，你得玩玩再走吧。”

柯召让夫人留在船上看行李，准备随张洪沅上岸去小叙一番再走。

夫人对他说：“那你快去快回吧。”

“嫂夫人，大哥要留下住几天，我们叙叙旧，你也上来算了。”张洪沅接着说。

就这样，张洪沅把柯召全家请上岸来，行李也叫人搬上岸来代为保管。

张洪沅向柯召介绍了重庆大学这几年的情况，他直截了当地进入主题，希望柯召留下来，帮助建设重庆大学数学系。

其实，留下来到重庆大学，也可以施展自己的才能，为发展四川的数学事业作贡献，这正是柯召当初来四川的目的，没有什么不妥之处。为难之处在于，柯召是很讲信用的人，既然已经接了浙江大学的聘书，那怎么能反悔呢？他婉言谢绝了张洪沅的美意。

张洪沅只好启用“下策”，把柯召的行李留住不放，继续劝他留下。柯召当然明白老朋友的一片苦心，重庆大学也的确更需要人，他不忍再推辞，便答应了去重庆大学。柯召和张洪沅商定，他留下来干几年，把重庆大学数学系搞好后再走。

二、重庆大学数学系

重庆大学数学系始建于 1932 年，当时称为“算学系”，是始建于 1929 年的重庆大学理学院下设的数、理、化三个系之一。何鲁是创建人，段调元是首任系主任。

重庆大学算学系建立后，与数年前成立的四川大学数学系相呼应，开启了四川的数学高等教育事业，进而形成了以成都和重庆两地为中心，向全川乃至向我国西部地区辐射的格局，延续至今。

1936年，重庆大学算学系与物理系合并为数理系，潘璞任系主任。1940年，数理系分为数学与物理两个组。1947年，数理系分为数学系与物理系，胡坤陞任数学系主任。

1946年柯召到重庆大学时，数学教授有何鲁、段调元、郭坚白、谢昌璃、胡坤陞、柯召等。何鲁、段调元、郭坚白、谢昌璃是老一辈的数学教育家，在中国数学界声望很高；胡坤陞是与柯召同时到重庆大学的，他们是第二代很有成就的数学家。两年后，原中央大学教授周雪鸥留美归国，也来到了重庆大学。那时，重庆大学数学系的教师阵容颇为可观。

何鲁（1894～1973），字奎垣，四川广安人。中国数学会前期第一届董事会董事（1935）。1912年从清华获得官费赴法国留学，1919年获得里昂大学硕士学位。回国后任南京高等师范学校、东南大学、中央大学教授、中央大学数学系主任、安徽大学校长。1932年任重庆大学教授兼理学院院长。1956年院系调整时，调北京师范大学数学系任一级教授，后调中国科学院科学出版社任总编辑。1973年逝世。

何鲁为人正直，不畏权贵，却又胸怀坦荡，乐于助人。20世纪20年代何鲁在东南大学时，一位青年教师附和一些人排挤何鲁，曾使得何鲁非常被动。后来何鲁到了重庆大学，那位青年教师遇到困难，也到了重庆，向何鲁求助，何鲁不计前嫌，热心地推荐他到某大学教书。柯召曾以这一件事为例，表达了他对何鲁人品的敬重。柯召赞扬说："何鲁先生心胸开阔，以德报怨，品格非常高。"

段调元（1890～1969）和郭坚白（1895～1959）都是留法学者，重庆大学算学系的创建人。谢昌璃（1897～?）是德国哥廷根大学硕士，川大数学系的创建人之一，1944年到重庆大学任教授。

胡坤陞（1901～1959），字旭之，四川乐山人，我国变分学研究的先驱。1924年南京高师数学系毕业后，在东南大学（1925）、清华大学（1926～1928）任教。1929年考取清华留美研究生赴美国芝加哥大学，师从变分学理论奠基人布里士（G. A. Bliss）研究变分学，1932年获博士学位。回国后在清华大学任教，不久后到中央大学任教授，并担任数学系主任多年。1946年起任重庆大学教授。1947年任重庆大学数学系主任。1952年起，任四川大学数学系教授。

周雪鸥（1902～1975），安徽滁县（今滁州市）人。1924年南京高师数学系毕业，1927 年起在中央大学任教，1943～1947 年由中央大学保送至美国俄亥俄州立大学研究院研究。1948 年 8 月到重庆大学任教授，自 1952 年起，任四川大学数学系教授。研究方向是积分论和常微分方程。

在重庆大学数学系的教授中，何鲁、段调元、郭坚白和谢昌璃是与熊庆来、姜立夫同时代的数学家。他们是中国现代数学的先驱，为开创中国现代数学的局面贡献甚大。在他们的辛勤经营下，重庆大学数学系已粗具规模。但他们面临的状态类似柯召刚到四川大学数学系时的情形，即教学上已具一定水平，却没有条件开展科学研究。柯召和胡坤陞都是科研上很有成绩的教授，此次到来正可发挥他们的长处。

三、重庆大学数学研究所

1946 年 8 月，柯召来到重庆大学数理系任教授，并担任重庆大学数学研究所所长。在这里，他高兴地见到了他在清华大学时的老师胡坤陞。胡坤陞于 1933 年回国后，应熊庆来之邀到清华大学算学系做专任讲师，那时柯召、陈省身、吴大任等都是学生，他们与这位年青的老师相处得很好，多年来一直保持着很好的印象。陈省身曾说，胡坤陞“学问渊博，是不求闻达的纯粹学者”。抗日战争时期，胡坤陞随中央大学内迁重庆，做数学系主任。“抗战”胜利后，中央大学迁回南京，胡坤陞不愿离开四川，便留下来到重庆大学做教授。

在重庆大学建立研究所无疑是张洪沅校长颇有远见的一项措施，其目的是支持有条件的学科开展科学研究和培养研究生，提升学术水平。重庆大学最早成立的研究所是化工、数学和电机三个研究所，时间大致在抗日战争胜利后不久。1953 年全国高等院校院系调整后，张洪沅随化工系调至新成立的成都工学院，数学系调至四川大学，电机系留在重庆大学，它们都是所在学校的优势学科。

重庆大学数学研究所与数理系的教师队伍颇多交叉，并不分开。只不过前者侧重于研究，后者侧重于教学而已。柯召主要从事代数和数论方面的研究，讲授近世代数、线性代数、群论、数论、矩阵论等课程。胡坤陞主要的研究方向是变分学，讲授的课程主要是分析方面的，包括函数论、变分学、微分方程等。重庆大学数学研究所的导师有柯召和胡坤陞，招收过一届研究生。

柯召深知，开展科学研究必须要有最新的数学文献作为支撑。“抗战”

胜利后，与国外联系的渠道逐渐恢复，柯召便主动向国外联系，为重庆大学数学系订购了多份重要的数学杂志。还有好几种著名数学杂志是国外赠送给柯召个人的，他也全部转赠给了重庆大学。经过柯召的努力，重庆大学数学系的数学文献逐渐得到充实，科研工作也逐渐开展起来。1953 年柯召离开重庆大学后，重庆大学还经常收到国外寄给柯召的数学杂志。

重庆大学校园内的柯召塑像

在重庆大学生活的七年之间，柯召培养了一批优秀的数学人才，他们中有重庆大学数理学院教授李平渊、计算机研究所所长陈庭槐、原西南师范大学校长陈重穆以及西南师大数学系教授张昌铨等。李平渊和张昌铨是柯召的研究生，陈重穆是本科生。陈重穆在柯召的指导下完成了数论方面的毕业论文，后来他致力于代数方面的研究，成为研究有限群的专家。

据李平渊教授回忆：

> 柯召教授有两个最突出的教学特色：一是他始终走在科学前沿，不管什么时候，一直采用着最新的书籍，不断保持着先进性；二是他对讲课内容非常熟悉。
>
> 讲课若遇到问题，便当堂研究，这样学生便可很清晰地看到他的研究思路，了解他的研究状态。知识不是最重要的，重要的是能将自己的研究精神传达给更多的人。这是最能显示他的教学水平的特点。

柯召和胡坤陞两位教授对重庆大学的数理专业的发展产生了深远的影响。

柯召、胡坤陞和周雪鸥的私交甚笃。他们三人的性格各有特色，而两两之间又有很多共同之处。柯召和胡坤陞都酷爱专业，随时随地都能非常投入地钻研问题。柯召和周雪鸥性格活跃，兴趣也很广泛；胡坤陞则性格沉静，不多言语，加之视力极差，常喜静坐冥思。工作之余，柯召和周雪鸥爱好围棋和桥牌，他们二人对局时，胡坤陞常常在旁边静观，三人各有各的乐趣。

也许是长期从事科学研究工作养成的习惯，即使是娱乐，他们也喜欢钻研个明白。柯召的研究生李平渊说："生活中的柯召教授特别喜欢打桥牌与下围棋，而且他们打桥牌都有专业教材，只要遇到问题，就会研究个透彻。平时的生活中只要遇到感兴趣的小问题，他就会用数学的思想去想个明白，这种研究精神是永远都不会过时的。"

1947～1949年，社会动乱，物价暴涨，货币贬值，人们生活非常清苦。[①] 大学的教师们为维持生计，不得不轮流在多所学校讲课。据当时在重庆大学的一位教师回忆，重庆大学的待遇并不高，而且发的薪金是法币、金圆券之类的纸币，贬值很快。为了生活，他除重庆大学的本职外，还兼了5个学校的专任教师，其辛劳可想而知。本来柯召回国时手中尚有一些外币，那是在英国时从生活费中节省下来的。回国不久，缺少外汇的商务印书馆便找上门来，跟他商议以国内货币兑换他的外币，以用于向国外购买纸张印刷教科书。柯召理解商务印书馆的困难，也知道这是一件利于教育的好事，便很爽快地答应了。当时兑换的国内货币倒是不少，可是过了几年，到了生活紧张时，兑换来的钱已大大贬值，成了废纸，没什么用处了。好在当时柯召已经很有名气，聘请他讲课的学校甚多。他曾在重庆蜀都中学、国立中央工业专科学校等校兼课。

重庆是有名的山城，出门非坡即坎，交通很不方便。柯召整天奔跑赶课，劳累不堪，所得也只能勉强糊口。在这样的条件下，柯召虽然没有放弃学术研究，却也无法静下心来做更多的工作，因此，那段时间的研究成果不多。

四、院系调整，三进川大

1949年，国民党败走台湾，中华人民共和国成立。人们在庆祝新中国诞生的同时，期盼着国家能从此摆脱苦难，迎来民族的兴旺发展。

---

① 抗日战争期间，特别是1947～1949年物价暴涨、货币贬值的情况，今天的人们很难想象。下面的几个统计数据，有助于我们的理解。法币是1935年起由国民政府发行的法定货币。100元法币的购买力，1937年可买两头牛，1945年可买两个鸡蛋，1946年可买六分之一块肥皂，1947年可买一个煤球，1948年可买五分之一两大米，1949年可买五十万分之一两大米。抗日战争期间，以1937年6月为基期，至1945年8月日本投降，法币发行增加394倍，物价上涨1585倍。而三年内战期间，仍以1937年6月为基期，至1948年8月，法币发行增加45万倍，重庆物价上升150余万倍，上海物价上升490余万倍。1948年8月19日，法币改金圆券。到1949年6月22日，短短10个月，黄金涨了4.8亿倍，银元涨了5亿倍，大米涨了9亿倍，其他物价上涨的幅度，也与金、银、大米不相上下。

1951 年 9 月 3 日，九三学社重庆分社成立，全体社员合影。前排：税西恒（左三），谢立惠（左四）；二排：王际强（左二），柯召（左三），四排左一为徐僖

1950 年，柯召开始担任重庆大学副教务长，这年，他经友人谢立惠介绍加入了九三学社，1952 年当选为九三学社中央委员，政治活动与行政工作都多了起来。

谢立惠（1907～1997），电子学家，教育家，中国科普事业先驱，西南师范大学的创建人，中国九三学社创始人，成都电子科技大学的重要奠基人。1931 年毕业于中央大学物理系。1946 年任重庆大学物理系主任。“抗战”期间，受国民政府军令部军事技术室之邀，参与中国第一台雷达的研制，负责总体设计。1951 年参与筹建西南师范学院（1985 年更名为西南师范大学），1952 年出任西南师范学院首任院长。1958 年出任新中国第一所电子信息高等学府成都电讯工程学院（1988 年更名为电子科技大学）院长。

新中国成立初期，重庆大学的领导机构是校务委员会。何鲁任主任，谢立惠、金锡如任副主任。下设机构之一是教务处，金锡如任处长，柯召和王际强（重庆大学工学院教授）任副处长。

共和国成立初期的大学校园里，师生们的热情都很高，大家深信国家从此将进入和平建设的阶段，将摆脱落后逐渐富强起来，教育与科学也将有一个大的发展。为此，柯召以极大的热情投入当前的工作，哪怕只是一些教务行政工作，他也做得非常认真。教务处的规模甚小，仅有一个大办公室、几个工作人员、几张桌椅板凳而已。副教务长的工作虽然不算多，但什么事都得自己动手。柯召曾把自己家的客厅开辟为制作考卷的场地，在印刷招生考卷时，除了几个有关工作人员外，其他人，包括自己的家人，一律不得入内，三顿饭都是从门口递入。柯召办事之严谨认真，由此可见一斑。

1953 年，全国的高等学校进行了大规模的院系调整。重庆大学理学院撤销，并入四川大学，柯召等数学系和物理系的大部分师生迁入四川大学。由重庆大学调入四川大学的有数学、物理、化学、中文、外文等系。计有学生 221 人，教师 38 人。其中，数学教授有柯召、胡坤陞、周雪鸥三人。

对柯召而言，这次的院系调整意味着一个新的起点，他的科学和教育事业由此将进入第二个高峰。

参考文献

高希尧，何鲁．1995. 中国现代数学家传．第二卷．南京：江苏教育出版社

莫由，许慎．1987. 中国现代数学史话．南宁：广西教育出版社

任南衡，张有余．1995. 中国数学会史料．南京：江苏教育出版社

郑起东．2007-7-14. 通货膨胀史话（4）．http：//economy. guoxue. com/artide. php/13020

重庆大学校史编写组．1984. 重庆大学校史．上册．重庆：重庆大学出版社

周茜．2005. 柯召在重大——采访李平渊教授．重庆大学数理学院新闻社文稿

第三篇

历尽崎岖结硕果(1953~1970)

1953年至『文化大革命』前这段时期，是柯召科学研究和教育事业上的第二个高峰期。一方面，1953~1965年的13年，是柯召一生中持续不断地从事数论研究最长的一个时段，也是他的研究成果达到一个新高度的时段。著名的柯氏定理和爱尔特希-柯-拉多定理，都是这一时期的成果。在柯召的带领下，四川大学成为国内不定方程领域的研究中心。另一方面，一连串的政治运动，特别是『文化大革命』，又给他带来极大的冲击。可贵的是，他以顽强的意志渡过了浩劫，走过了那一段坎坷的道路。

第九章　建设新川大

一、形成有特色的数学系

1953 年 9 月。柯召调回四川大学任教授。这是他第三次来到川大，从 1945 年离开到现在回来，已经过了整整八年。八年来，川大和川大数学系都有很大的变化，既令人产生物是人非的感触，却也有今非昔比的气象。

四川大学数学系不愧为四川数学事业的生长点，它的确是有生命力的。在经历了 1938 年和 1942 年两度师资严重流失的损失后，1945 年抗日战争胜利以来，它又逐渐恢复了生机。相当一批优秀学者来到这里，其中有赵进义、张鸿基、曾远荣、张鼎铭、赵淞、杨宗磐等老一辈学者，也有由川大数学系毕业，刚崭露头角，后来颇有建树的青年数学家，如杨从仁、陈杰、周学光等。

据 1950 年 3 月的统计数据，当时川大数学系有教师 27 人（其中教授 11 人），学生 80 人。不久，教师阵容又有较大变动，离开和来到的教师都比较多。一方面，原有的教师中，除张鼎铭和赵淞留在四川大学外，大部分学术骨干都离开了。其中，赵进义到北京工业学院，曾远荣到南京大学，杨宗磐先到天津北洋大学，1952 年到南开大学，杨从仁到东北师范大学，陈杰到北京大学，周学光到南开大学，等等。另一方面，又有柯召、胡坤陞、魏时珍、蒲保明、周雪鸥等优秀学者和一批青年教师来到四川大学数学系，这才使得川大数学系继续保持较强的师资力量。

1953 年全国高等院校院系调整后，四川大学成为教育部部属重点大学。那时候，四川大学数学系的条件虽然还远逊于国外，但比之过去已经好了许多。这时的川大数学系共有七位教授：柯召、胡坤陞、张鼎铭、蒲保明、魏时珍、赵淞、周雪鸥。他们组成了一支学术水平和教学水平均属上乘的学术队伍，而且，这支师资队伍保持了较长时期的稳定，没有大的变化。因之，上述七位教授的教学科研特色便逐步演变成为川大数学系的特色。

在研究工作方面走在前面的是柯召、胡坤陞、张鼎铭和蒲保明。

柯召和他领导的数论研究最为活跃，不但有好的研究成果，青年人才的成长也是最快的。在20世纪五六十年代，川大数学系每年统计的科研成果中，数论成果总是最多的，甚至超过一半。

张鼎铭（1900～1985），是著名的积分方程专家，剑桥大学博士，其博士论文《论线性积分方程奇值与特征值的分布》，被视为线性积分方程特征值理论的奠基性成果，回国后，继续积分方程研究，并培养研究生。

胡坤陞是著名的变分学专家，来四川大学后，招收过研究生，也有一个颇具雄心的研究计划。可惜他身体不好，1959年去世了。他的研究因后继无人而中断。

张鼎铭和胡坤陞的研究领域均属数学三大系统之一的分析系统，泛函分析是该系统的重要部分。川大数学系的泛函分析研究因他们而成为特色学科之一。

蒲保明与柯召是在1939年四川大学迁至峨眉山时认识的。1952年大规模的院系调整时，蒲保明调到四川大学数学系，任教授兼系主任。他回国后没有搞微分几何，研究方向转向点集拓扑学，到了60年代，拓扑学逐渐成为川大数学系的特色学科之一。

魏时珍主要从事偏微分方程的教学与研究，招收过一届研究生。他是中国数学界的元老，可惜因历史问题没有机会做更多工作。不过，由于国家对发展应用数学的重视，以及柯召的学生陆文端转行研究偏微分方程，川大数学系的偏微分方程研究因他们的努力而发展成为特色学科之一。

到1963年，上述4个学科方向都有很好的发展，在柯召的支持和努力争取下，它们都被列入了国家科学发展规划。

在教学方面，柯召讲授过代数系列的大部分基础课。他授课的特色是非常严谨，板书写得很整齐，语言流畅，内容精炼。他讲课的节奏很快，所以，学生听课必须精力集中，这对学习好的学生帮助特别大，而学习差的学生则会感到吃力。

在其他教授中，侧重于教学工作比较突出的教授是赵淞和周雪鸥。

赵淞（1896～1971），20世纪30年代在北京大学数学系任教，1941～1971年任四川大学数学系教授，1950年8月至1952年任四川大学数学系主任。赵淞教学经验丰富，待人平和，乐于助人。这一优点特别受到师生们的好评。在川大数学系，上数学分析习题课的助教如果备课遇到难题，常常会去请教赵淞，总能得到他及时的帮助。

周雪鸥主要从事常微分方程研究和教学工作，招收过一届研究生。周雪鸥很健谈，语言生动，长于表达，教学效果特别好，对提高数学系的教学质量起到了积极的作用。

在以柯召为首的七位教授的带领下，四川大学数学系的教学科研水平都大有起色，学术空气甚浓，逐步形成了自身的学科特色。与此同时，研究工作和人才培养工作都走上了健康的迅速发展的道路。

二、智引学生上道，巧译苏联教材

20 世纪 50 年代初期，人们为中国结束了长年的战乱、迎来和平的日子而欢欣鼓舞。就知识分子而言，他们企盼的是在一个和平的环境里发挥自身的才能，研究学问，培养人才。他们热切期望投身到科技兴国、教育兴国的事业中，去做实实在在的工作。

1953 年柯召由重庆大学调回四川大学。他在担任高等代数等本科基础课教学的同时，很快便组织起一个数论讨论班，引导青年教师进入研究领域。参加讨论班的青年教师有陆文端等人。

在培养学生的研究能力方面，柯召有自己的一套办法。

1955 年，与青年教师陆文端（右二）、几何教师景淑良（左二）等合影，陆文端是柯召 1953 年回川大后培养成才的第一位青年教师

他说："我尽力把自己的知识毫无保留地传授给年青的同志，即使是研究问题中的一些中间成果或是一些不成熟的想法，我也及时告诉他们。"陆文端说："好些问题都是他先研究一点点，交给我们接下去研究。"

事实上，柯召对于刚入门的初学者，总是先选定一些研究题目，由他带头和大家一起讨论。当解决问题的途径有了眉目时，他就退出来，放手让青年人自己去做。这样做的效果比较显著，不久之后，青年教师们就能独立工作，做出成果，开始发表研究论文。就这样，四川大学数学系逐步培养出了一支数论研究队伍。当然，他们首先涉足的不定方程和矩阵代数研究，正是柯召带领他们进入的研究领域。

到 1954 年，四川大学数学系的教学计划和教材与欧美的体系已基本相同。大的变化始于 20 世纪 50 年代中期。当时，全国掀起了全面学习苏联的热潮，高等教育也全面照搬苏联的模式。1954 年，四川大学数学系全面采用莫斯科大学数学力学系的教学大纲和计划，重新制定了一套新教学计划。教材较多采用翻译苏联的数学书籍。在这方面，柯召也做了大量的工作。他相继翻译出版了三部苏联数学教材：《线性代数基础》（马力茨夫著，上海，商务印书馆，1953 年）、《高等代数教程》（库洛什著，上海，商务印书馆，1953 年）、《矩阵论》（甘特马赫耳著，高等教育出版社，1955 年）。

柯召对俄文并不很熟。译书时，自己拿一本俄汉字典，先在不认识的俄文单词下面标出中文字义，再仗着深厚的数学功底去理解原文的意思，然后配上译文，就这样在短期内翻译出了这三部著作。

柯召翻译出版苏联数学教材，还有一些独创的方法。因为出版社等着出书，为了赶时间，他请人先把俄文原文抄写在笔记本上，每两行原文之间都留下足够的空白，自己则在空白处把译文添上。译文配好后，再由他的夫人和女儿帮着抄写文稿。这使工作效率大为提高，及时完成了翻译任务。

客观地说，在匆忙的情况下，柯召翻译的文字并不是很完美，但它们的数学意义却是完全准确的。这三部教材的优点在于内容很新，并且及时解决了当时缺乏好教材的困难。所以，这三部书在国内的影响很大。它们是大学数学系代数类课程的主要教材，被当时全国各大专院校普遍采用。许多人讲，当年就是从读这几本书开始入门的。

柯召学习外语的方法，对学生也颇有帮助。他在讨论班中总是选用最好的原文专业书和文献，一边研讨数学内容，一边学习外语。陆文端说，

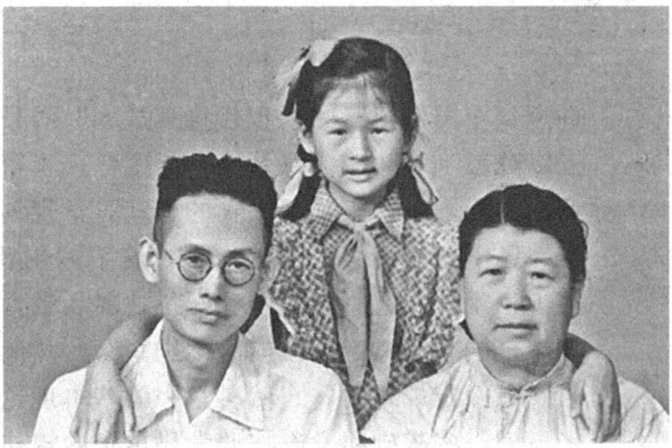

20 世纪 50 年代初期全家福，1953 年柯召任四川大学数学系教授兼副教务长

他在柯召带领下念德文文献，外语和数学都学到了，从此树立了信心，他去苏联学习后，用同样的方法，迅速读懂了意大利文的数学论文，并很快做出了成果。

三、口角黄消乳燕飞——全面发展、人才辈出的数学系

尽管柯召的工作面很宽，但他最重视的还是数学科学的发展。在“向科学进军”的日子里，柯召为四川大学数学系的发展做了大量工作。在他的努力下，根据国家数学科学规划的目标，川大数学系进入了有计划发展的轨道，人才培养工作也开始有了成效。

1956 年 1 月，中共中央在北京召开了关于知识分子问题的重要会议，周恩来代表中共中央作《关于知识分子问题的报告》，郑重宣布知识分子的绝大部分“已经成为国家工作人员，已经为社会主义服务，已经是工人阶级的一部分”，指出“科学是关系我们的国防、经济、文化各方面的有决定性的因素”，提出“我们必须急起直追，力求尽可能迅速地扩大和提高我国的科学文化力量，而在不太长的时间里赶上世界先进水平”。报告

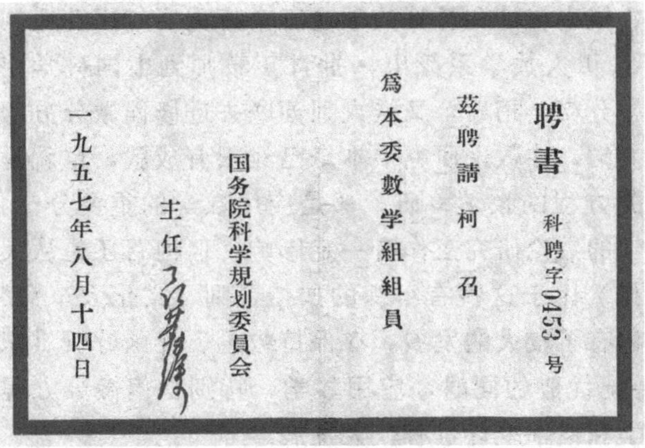

聘書

科聘字0453号

茲聘請柯召

爲本委數学組組員

国务院科学規划委員会

主任

一九五七年八月十四日

国务院科学规划委员会给柯召的聘书

向全党全国发出了“向现代科学进军”的号召。会后不久，中央批准成立了以陈毅（不久改为聂荣臻）为主任，李富春、郭沫若、李四光、薄一波为副主任，张劲夫任秘书长的国家科学规划委员会，并立即调集全国各门类、各学科数百名科学工作者，着手编制我国1956～1967年科学技术发展远景规划。这一切，使我国科技界和教育界的广大知识分子受到极大鼓舞，全国立即掀起了“向科学进军”的热潮。

在拟定规划时，自然科学中的基本理论研究也被列入重大项目，由于考虑到一些基础科学有按照学科本身的规律发展、相对地不直接依赖于生产实际的特点，又作了基础科学——其中包括数学——的学科规划。数学学科规划中规定：“要以尽可能高的速度把数学中一些重要的、急需的、对国家经济与国防建设有密切关系的空白或基础非常薄弱的部门——包括计算数学、概率论与数理统计、微分方程论——大力发展起来。”

参加编制这个科学技术发展远景规划的数学家有几十位，柯召是其中之一。应当说，在此之前，我国数学家的研究工作基本上是按各自的兴趣进行的，而编制科学规划则把全国数学界的代表人物汇聚在一起，研究我国数学科学的整体发展战略。与会人员了解了中国数学发展目标的全局之后，对自己学校的数学研究应当如何发展也就心中有数了。

在这样的形势下，从1955年起，川大数学系的学科发展进入了新的轨道。一方面，对传统的研究方向有很好的继承，继续保持着学科优势，教授们大都恢复了研究工作，不断有研究论文发表。他们之中，最活跃的是柯召和张鼎铭。另一方面，对经济建设有重要作用的应用数学分支受到扶持，一批新人逐渐成长起来。在这方面，柯召做了大量工作。

在中国数学界，从学习苏联先进经验到拟定数学学科规划，很重要的一个观念就是重视数学的应用工作，柯召对此非常赞同。为此，他在四川大学提出要发展微分方程、概率统计和计算数学这三个有重要应用性质的数学分支。1954～1956年，川大数学系派出一批青年教师到中国科学院等处进修，学习这三个数学分支，稍后，又派人到苏联去进修偏微分方程和力学等。柯召的学生陆文端，在数论研究中本来已经很有成就，也就是在那时转行，去从事偏微分方程的教学科研，那是应用数学的重要分支。尽管陆文端转行对四川大学的数论研究工作有一定影响，但柯召还是从大局出发，接受了这样的安排。由于这些有组织的扶持，到“文化大革命”前，川大数学系的学科特色有了较大的发展。在保持数论、泛函分析（积分方程）、拓扑学等学科传统优势的同时，应用数学，特别是偏微分方程的力量大为加强，计算数学和概率统计也有较大发展。

培养人才的工作也有新的进展。四川大学数学系20世纪50年代的毕业生中，出现了不少优秀人才，佼佼者如岳景中、郭大均、张同、江嘉禾等。

1955年毕业的郭大钧，四年级时在《四川大学学报（自然科学版）》创刊号上发表了他的第一篇论文《二级斯梯节积分的一些性质》。这是该刊创刊号上唯一的一篇学生论文，在四川大学引起很大反响。郭大钧自己回忆道：

> 在四川大学读书时，对我影响最大的有两位教授，一位是赵淞教授，当时的系主任，教我的高等微积分课。他编写的讲义内容少而精，他讲课概念特别清楚，推理严密，对我打好基础起了关键作用，我很尊敬他，又很感激他。另一位是柯召教授，当时的教务长。……在校期间，柯老师教我们班的《高等代数》课。柯老师渊博的学识和在学术上的卓著成就使我十分敬佩，他对青年人才的关心和爱护给了我很大的鼓舞。

可惜的是，当时“左”的思潮已渐渐占了上风，郭大钧毕业时，柯召、张鼎铭等教授非常希望他留校发展，但却因多方面的反对未能如愿。当时一位负责学生分配的干部张某，认为这样的人才还是留在大学为好，在职权范围内给予关照，将他分配到太原工学院。一年后，郭大钧调至山东大学，逐步成长为一位优秀的数学家和教育家，在非线性泛函分析领域卓有贡献。

1956年毕业的张同说：

> 我当时是柯老师课程的课代表，协助处理一些杂务，与老师有更多的接触机会，也受到老师更多的教益。1956年春天开始写学士论文，柯老师给了我一个矩阵论的题目，我很快就做出来了。老师很高兴，毕业前夕，与我联名在《川大学报》上发表了那个结果。我想，也许就是由于这篇论文，毕业后我被分配到科学院数学所工作。到数学所后，我选择了研究偏微分方程。我的第一篇研究偏微分方程的论文所用的数学工具，正好就是矩阵。这篇论文帮助我顺利地走上数学研究之路。

后来，张同的研究工作取得优秀成果，在美国出版了三本专著，四次获得科技成果奖。

岳景中和江嘉禾都是1956年毕业的，被分配到中国科学院数学所拓扑组，在吴文俊的指导下走上研究的道路。岳景中成长很快，不到两年时间，在代数拓扑研究中已有不俗的成绩。可惜的是，在1958年开展的“拔白旗、插红旗”批判专家路线的政治运动中，岳景中和陈景润成了数学研究所"最顽固的小白旗"，受到很大的冲击。数年后岳景中病故，成了一颗过早陨落的新星。对此，《陈景润传》中有如下描述：

> 这场运动的结果是：以华罗庚为首的专家和青年骨干业务人员都靠边站了，研究室被取消，代之以军队制的"指挥部"。陈景润和岳景中成了"最顽固的小白旗"。陈景润是华罗庚的门生，岳景中是著名数学家吴文俊的学生，在代数拓扑方面做过很好的工作。"白旗"是要拔的，"大白旗"暂时不好动，"小白旗"则毫不留情地拔下来了。陈景润调往大连的科学院东北分院的化学所，岳景中调往长春光机所。……最不幸的是岳景中，他在长春光机所"改造"，后来回到数学所，被检查出患了鼻咽癌，经治疗无效而英年早逝。

岳景中到长春后，曾在长春光机学院任课。学生们对他娴熟而又认真的教学风格印象很深。现任复旦大学神经生物学研究所所长的杨雄里院士当时正在那里做进修生，他回忆说：

> 我深深感谢授予我知识权杖的老师们，他们循循善诱的敬业精神常常予我以不息的动力。特别清晰地记得岳景中老师，他完全不参考讲稿对 Bessel 等数理函数完备的演绎令人钦羡，当我在课后向他指出推演过程中的瑕疵时，他从善如流的态度和从厚厚镜片中透出的亲切眼神至今难以忘怀。

江嘉禾参加工作以来，一直从事"多值映像的不动点理论及其应用"等课题的研究，发表过多篇研究论文，同时也注意科普工作，发表百万字以上的数学诠释性文章及数学译作。江嘉禾的知识面宽，文字功夫特别好，在数学研究之外，也从事纯语言学的研究，著有《法语动词用法》（商务印书馆，1985 年）一书。在数学家中，这样的学者是不多见的。

1956 年前后，柯召在重庆大学时的学生陈重穆来到四川大学数学系做进修教师，在柯召的指导下研究数论。后来，陈重穆的兴趣转向群论，他在群的构造理论的研究中取得了系统的成果。"文化大革命"后，陈重穆所在的西南师范大学逐步成长为国内的群论研究中心之一。

据《数学学报》的数据统计，该刊 50 年（1936～1986）间发表 5 篇以上研究论文的作者有 93 位。这 93 位作者中，包括上面介绍的 5 位四川大学数学系培养的学生。

在教学岗位上表现出色的四川大学数学系毕业生也不少，1956 年毕业的李心灿是其中之一。李心灿毕业后到北京航空航天大学任教，曾任该

四川大学第二教学楼，20世纪50～90年代为数学系所在地。柯召在这里工作了40多年

校应用数理系第一任系主任、全国政协委员，被评为“北京市特等劳动模范”、“航空工业部有突出贡献的科技专家”、“全国优秀教育工作者”，并获全国五一劳动奖章。

李心灿编著、主编、合著和合译了数学著作和教材20部，有三部教材获奖，其中“普通高等教育‘十五’国家级规划教材”获北京市教学成果一等奖和精品教材奖，一部“普通高等教育‘十一五’国家级规划教材”在2008年被评为全国高等教育精品教材，他负责和主讲的“高等数学”在2009年被评为国家级精品课程。

1953～1958年，在柯召培养的学生中，优秀者如陆文端、张同等，都因开辟其他数学分支，没有继续数论研究。所以，直到1960年，数学系1956级开设数论专门化、柯召重新培养的一批新人逐步成长起来后，四川大学数学系的数论研究队伍才真正建立起来。

招收研究生也是从1955年开始的。1955年四川大学数学系招收了6名三年制研究生，1957年学习苏联，改为招收四年制副博士研究生，共4名。1959～1965年招收研究生12名。前两届的9名研究生的学习方向是积分方程、变分法、常微分方程和偏微分方程，都属分析系统，数论方向未招收研究生的原因，可能与当时过分强调应用数学有关。1959年，柯召才开始招收研究生。1963年数论研究被纳入国家科学规划后，柯召又招收过两届研究生共4名。

在谈到柯召对四川大学数学系的贡献时，胡鹏感慨地说：“在人才成长环境不那么好的情况下，把一个单位搞好，个人的作用显得更大。”

四、重任在肩的学术领导

在这一时期，各界对柯召的学术水平和工作能力有了更深的了解，对他的期望也随之加大，他相继担负了多种学术职务和社会职务。

1954年，中国数学会成都分会成立，柯召任理事长。当时还没有四川省数学会，所以，中国数学会成都分会实际上是四川省较早的数学学术团体。该会开展过多次学术活动和数学普及活动。

1954年，柯召当选为第一届全国人大代表（他连续当选为第一到第七届全国人大代表）。

1955年，中国科学院开始实行学部委员制，柯召被任命为中国科学院数理化学部委员（1993年底，中国科学院开始实行院士制，中国科学院学部委员改称“中国科学院院士”）。

1956年5月，九三学社成都分社正式成立。四川省有了九三学社的第二个市级组织（第一个市级组织是九三学社重庆分社）。柯召任成都分社第一届主任委员，后来又连续担任了第二、三、四届主委。

1958～1986年，柯召任四川省科协副主席（第一、二届）。

这时，柯召已过不惑之年。他现在是学术界的领军人物之一，需要做的事已经不限于自己的教学科研工作，而是为中国数学科学的发展出力，为四川省、四川大学的发展出力，使之在整体上有一个大的发展。

五、主管科研，创办川大学报

回到四川大学后，柯召担任副教务长，分管全校的科研工作。1954年10月，四川大学教务处下设科学研究科。当年寒假制定的《四川大学科学研究工作暂行办法》规定，教务处关于科研工作的职责共有10条，主要是：编制全校科研工作计划和总结；审定校内各单位科研计划并检查执行情况；组织校内科研工作经验交流、成果出版和学术讨论会；协助各单位对外联系科研工作；推动学生科学小组的工作。

1956年，学校制定了《四川大学科学研究工作十二年规划》（1956～1967）。该规划共确定了自然科学和社会科学方面的7个领域，共174个项目，并从中选出了14个重点攻关方向。这14个重点攻关方向中，有柯召领衔的数论研究、胡坤陞领衔的变分法研究、张鼎铭领衔的积分方程研究、蒲保明领衔的拓扑学研究，共4个数学类攻关方向。

1956年3月，四川大学召开第一次科学讨论会，科研气氛渐趋活跃。到1963年底，四川大学共召开了5次科学讨论会。第五次科学讨论会报告论文267篇，数量和质量都有显著提高。

1956年12月，学校决定将科学研究科从教务处独立出来，成为科学研究部，柯召任该部主任。科研部下设科研科、出版科，原有职权范围又有扩大，增加了对师资培训、研究生工作及学报出版工作的管理。各系设分管科研的副系主任和专（兼）职科研秘书。

1956年春，学校制定了《四川大学十二年（1956～1967）发展规划》初稿，其中要求，12年后教师100%参加科学研究，柯召是制定该规划的主要成员之一。

柯召主张大学教师一定要搞科研。他认为，除了科研成果本身的价值外，科研工作对于提高教师自身的学识和能力、对于充实更新自身的知识至关重要，这是一个教师能培养出优秀学生必须具备的条件。

为了确保四川大学师生的研究成果能及时发表，在柯召的极力促成下，《四川大学学报》（以下简称“川大学报”）于1955年创刊。1956年，《四川大学学报》按文、理科分版，柯召担任《四川大学学报》（自然科学版）编委会召集人（主编）。在他的主持下，这个刊物为及时发表四川大学师生的研究成果起到了重要作用。

以数学论文为例，柯召鼓励他的学生把研究论文投向川大学报，陆文端、孙琦、魏万迪、郑德勋、李德琅等在数论和组合论等领域的许多优秀成果，都是在该刊发表的。

柯召自己也在川大学报上发表了大量高水平的论文。特别是他研究卡特兰猜测取得重大进展的论文，也是1962年首先在川大学报发表的。后来，因为这个成果价值很大，在吴文俊院士的竭力劝说和推荐下，他才应《中国科学》之约，于1964年在该刊上发表了这篇论文的英文稿。论文在《中国科学》发表后，果然引起了国际数学界的重视，引发了一系列后续工作。柯召说，他的论文首先投川大学报，“是为了提高川大学报的质量，希望世界上搞数论的人都来注意川大学报，甚至订阅川大学报”。

在今天看来，柯召为了办好川大学报，把他的好文章全投给川大学报，是做出了很大牺牲的，他的论文在高级别的学术刊物上发表并不困难。当时的川大学报在国外很难见到，而且论文都使用中文，国外数学家看不懂。他们了解川大学报的数学成果，一般是阅读美国《数学评论》（*Math. Review*）上刊登的川大学报论文的英文摘要，时间还要滞后一两年。对于外界了解柯召的成果而言，那当然是有障碍的。不过，柯召的做法在提高川大学报的质量和影响力方面，的确见了成效。久而久之，川大学报在数论的不定方程研究等方面逐渐形成特色，成为这一领域研究人员不可缺少的刊物。

川大学报在数论研究上的特色，还表现在国内外一些著名数论学家主动向它投稿，以及国内外数论学家与数论研究文献对它的关注上。

早在1958年，波兰著名数学家辛侧尔（A. Schinzel）就在川大学报上发表了关于不定方程 $x^x y^y = z^z$ 的经典论文，那也是川大学报创刊后发表的第一篇外国科学家的论文。1962年川大学报发表了刚崭露头角的陈景润的论文；1995年，发表了美国著名计算数论专家Pomerance关于置换多项式的论文；加拿大著名不定方程专家Granville与孙琦合作，在川大学报发表关于有限域上对角方程的论文，等等。

1964年，柯召和孙琦在川大学报发表的一篇论文中提出的“关于单位分数表1的问题”，由于在其他数学分支中得到应用，被国际上称为“柯-孙猜测”（Ko and Sun conjecture）。1992年，他们的学生张明志在川大学报发表的关于Carmichael数的论文被Alforld，Granville和Pomerance的重要论文引用，Alforld那篇论文①证明了有无限多个Carmichael数，于1994年发表在 *Ann. of Math* 上。另外，在2003年出版的盖伊（R. K. Guy）的名著《数论中未解决的问题》（第二版）中，柯召和他的学生有6篇发表于川大学报的数论论文被引用。

《四川大学学报》（自然科学版）还发表了不少物理、化学、生物学等领域的高水平论文。例如，中国科学院学部委员方文培教授，是著名的杜鹃花科、槭树科专家，被英国李约瑟博士称为“中国最杰出的植物学家”。方文培从川大学报创刊号起，就多次把高水平的论文投给该刊发表，其中包括报道他和他的学生们在四川发现的杜鹃花新品种的多篇论文。

《四川大学学报》主编柯召教授

长期以来，特别是在“文化大革命”以前国内科技期刊不多的情况下，川大学报为四川大学学术中心的形成和青年学者的成长创造了条件，对外界了解四川大学的研究工作起了很好的作用。例如，1959年，中国科学院出版了《十年来的中国科学——数学（1949～1959）》一书，对10年来我国的数学研究成果进行了系统总结。在由陈传璋撰写的《积分方

① W. R. Alforld, A. Granville, C. Pomerance, There are infinitely many Carmichael numbers, Ann. of Math. 1994, 140 (3): 703～722.

程论》一文中列出了18篇有价值的研究论文，其中有7篇是在川大学报发表的（张鼎铭6篇，胡坤陞1篇）。

“文化大革命”结束后不久，《四川大学学报》（自然科学版）就迅速恢复活力，在及时报道本校的重要研究成果方面走在了前面。例如，它于1977年发表了蒲保明、刘应明研究模糊数学的重要论文。模糊数学奠基人查德等人把它归属为该领域的最高水平的工作，将该文的英文稿推荐给世界著名数学杂志《数学分析与应用》（*J. of Math. Anal. &Appl.*），于1980年发表。川大学报为及时发表这一重要成果作出了贡献。

生物系从事茶毛虫和草原毛虫病毒杀虫剂研究的刘世贵教授，1982～1988年先后获得国家教委科技进步奖二等奖，四川省科技进步奖一等奖、二等奖各一次，三等奖两次，他在川大学报发表的9篇论文，是申报这些科技成果奖的重要部分。

参考文献

沈世豪．2007. 陈景润传．厦门：厦门大学出版社

数学学报编辑部．1986. 1936～1986年的数学论文作者索引．数学学报，29（6）

第十章 不平坦，科学路

一、寻求数学的应用却不随波逐流

“反右派”运动后的1958年，全国掀起了以大炼钢铁为中心的“大跃进”和“人民公社化运动”，大学里除了相应地经历了“双反”、“交心”、“红专辩论”等一系列政治运动外，还开展了教育革命，其要点是贯彻“教育为无产阶级政治服务，教育与生产劳动相结合”的教育方针。1958年，四川大学数学系创办计算数学专业和力学专业。1962年这两个专业下马，计算数学专业被改为数学专业的一个专门组方向而保留下来。

就当时的气氛而论，教育革命在教学科研上的主要观点是强调理论联系实际，在具体做法上则是批评乃至否定基础理论研究和系统的书本知识教育。

1958年秋，四川大学数学系开始了“搜集和解决生产实际问题”的群众性科研活动。教学活动停止了，大批学生离开课堂，前往生产实际部门，去搜集和解决他们遇到的数学问题。

就当时的气氛来看，学生们虽然只学了一些入门的专业知识，但人们并不怀疑他们是否真正有能力解决生产实际中的种种数学问题。其实，一旦到了生产部门，学生们能够解决的数学问题只是少部分而已。而且，踏踏实实地真正解决重要的数学问题还需要花费较长的时间，付出较多的精力，这在短时期是难以做到的。为了尽快报出成绩，便出现了各种各样的浮夸风气。

例如，那时的一位数学系领导曾撰文称：

> 二十九天中解决了166个生产中的有关数学方面的问题，使数学系的教学工作和科学研究工作的方向发生了根本的变化，出现了一个崭新的局面。这是党的教育方针和社会主义科学道路的伟大胜利。……在这166个问题中，有27个是在生产上具有较重大价值的问题。……（解决）成都铁路管理局向同学们提出的

“马角坝车站避难线”问题，可使宝成铁路的列车每日对开数增加到6倍；（解决）四川城市建筑设计院提出的厂房建筑中的“薄壳拱顶方程的建立”问题，使厂房建筑节约钢材20%～30%，甚至50%；（解决）四川石油管理局提出的“构造点深度换算表的制造”问题，使地质勘探工作大大地缩短计算时间，每天平均就可提高功效105倍，每月可提高功效3150倍。……

我们当然没有必要去考证当时宣告解决的那些“生产中的数学问题”的真实价值如何，单从“每天平均就可提高功效105倍”来看，怎么可能推算出“每月可提高功效3150倍”呢？这是一个小学生也不应该算错的“生产中的数学问题”。浮夸之风由此可见一斑。

对待数学的应用，柯召一直是赞成的。但是，一方面，他不赞成的是把应用与理论对立起来，甚至否定理论研究的观点。他很清楚，应用数学其实是离不开基础理论的。如果否定了理论知识，又拿什么去联系实际呢？另一方面，他更不赞成急功近利、过分追求眼前成果的做法。对于当时的潮流，柯召没有力量去抵制，但他并不随波逐流，他把精力用在寻求数学应用的新方向上，期望实实在在地做出成果，那当然不是一朝一夕的事。天道酬勤，十多年以后，柯召成为我国数学研究领域一个新的应用数学分支——组合论的开拓者，开辟了数论对密码理论应用的新方向，并且在国防应用数学领域做出了重要成绩。这些工作实现了他当时的夙愿，证明了他当时的观点和做法都是正确的。

二、戴伯行支持柯召坚持研究数论

1958年，在批判“资产阶级教育思想和学术观点”、批判“……教学、科学研究不联系实际，不结合生产”的大跃进时代，从事基础理论研究者感受到的压力颇大，对他们的指责话语多半是：“从文献中来又回到文献中去，仅仅干着拾遗补缺、推广加深的工作”；“与政治、与生产建设隔绝，除了满足个人追名逐利的欲望而外，实际上是黯淡无光”，等等，这让人很难堪。在这样的气氛下，柯召却坚持着他的数论研究，从未间断。

柯召之所以能这样做，除了因为他是国务院科学规划委员会数学组成员，了解国家的科技政策，以及上面谈到的柯召自己对科学研究的基础和应用的深刻认识之外，还与当时四川大学的校领导戴伯行对他的鼓励支持关系甚大。这种相互支持为日后四川大学数学系的异军突起奠定了人才培养和学术积累的基础。

1958～1962 年，戴伯行[①]任四川大学代理校长。他热爱教育事业，尊重知识分子，关心青年学生，对教师和学生都非常关爱，很受师生爱戴。1957 年“反右派”运动时，为了减少运动对人造成的伤害，他以令人难以想象的大胆态度保了许多可能被划为右派的人。当时，负责数学系研究生工作的干部向他汇报研究生的“鸣放”情况后，戴伯行并没有批评研究生那些言论，却含蓄地说：“研究生是我们培养的对象。”他身边的工作人员更明确地补充说：“戴校长的讲话你们懂了吗？研究生是我们培养的对象，你们要拯救他们。……开会叫他们检讨一下就行了。”数学系有位研究生就是这样被保下来的。

1958 年“大跃进”时，数学系一些青年教师去劝老教师改行搞应用数学，周雪鸥那时已经改行去搞常微分方程了。在外界的极大压力下，柯召内心也很矛盾，戴伯行知道后对柯召说：“群众的意见你要正确对待，但你绝对不要改行。”戴伯行的话坚定了柯召坚持基础理论研究的决心。

1962 年 12 月 10 日戴伯行逝世。柯召在悼念他的文章中说：“他曾经是一位优秀的数学教师。从他亲口讲给我听的他自己的教学经验中，我获得了很多宝贵的东西。有一度我曾经有改变科学研究方向的想法，他知道后，就劝我不要放弃原来的工作方向。”在戴伯行的支持下，柯召坚持了他的数论研究方向，终于取得了出色的成就，数论研究也自然地成为四川大学数学系的学科特色之一。

在四川大学，柯召毕竟是一个很有影响的代表人物。在数学系，他的研究方向能够得到支持，那么，拓扑学、泛函分析等数学基础理论分支的研究也就站得住脚了。1959 年，数学系已有 7 个讨论班在开展学术活动，并多次举行学术报告会，除基础理论分支的讨论班外，还新组织了“计算数学”和“运筹学”讨论班。

1959 年，郑德勋成为柯召回四川大学后招收的第一位研究生，主要研究方向是二次型；1960 年，数学系四年级开设数论专门化，学生有孙琦、魏万迪、谢盛刚等，孙琦和魏万迪毕业后留校；1963 年，李德琅由数论专门化毕业后留校，郑德勋研究生毕业后留校。在柯召的率领下，他

---

① 戴伯行（1904～1962），河南新县人。1926 年肄业于开封中州大学数理系，做过中学教员。1937 年到延安，历任抗大二分校、七分校教务处主任，西北军政大学副教务长、西南革命大学成都分校副校长，是一位经验丰富的党内教育家。1953～1956 年任四川大学党委书记，1958～1962 年任四川大学代理校长。

们组成了一支数论研究队伍，主要从事不定方程和二次型的研究。

柯召主张科研工作要持之以恒，不能停顿，他说，“研究工作不怕慢，只怕站”。他长期参加并指导有多名中青年教师参加的数论讨论班，鼓励大家敢于向难度大的问题挑战。所以，这支队伍成长很快，后来成为四川大学数论研究的中坚力量。第一届数论专门化毕业的谢盛刚分配到中国科学院数学所，跟随华罗庚从事解析数论研究有成，后来到中国科学技术大学数学系任教授。

柯召在1964年和1965年还各招收了两名研究生。1965年招收的研究生王志坚担任过苏州科技学院应用数学系主任，研究方向是图论，曾获铁道部“有突出贡献的中青年专家”、“全国铁路优秀科技工作者”、“苏州市优秀知识分子”等称号，是苏州市第十、十一届政协委员。

三、“开展基础理论研究是理直气壮的事”

对科学研究中基础理论研究和应用研究的看法和定位问题，在当时是颇受关注的方向性问题。在强调应用科学对国家建设和发展的重要性方面，在扶持应用科学并投入较多人力方面，人们的认识并无大的分歧，然而对基础理论研究重要性的认识却分歧甚大。重视基础理论研究，认为它对国家长远的持续发展至关重要的观点并不占上风。较多的看法是可有可无，极端者则持否定态度。

1953年，华罗庚作为中国科学院访苏代表团成员，与苏联著名数论专家维诺格拉多夫院士会见，维诺格拉多夫说：“在一个研究所里，只有拓扑学而没有微分方程，很不好。只有微分方程而没有拓扑学，还可以。”① 当时认为，微分方程属应用数学范畴，而拓扑学是纯粹的基础理论分支。所以，维诺格拉多夫的说法是典型的基础理论研究可有可无的观点。不过，在苏联，这种观点虽然很流行，但似乎也只是说说而已，他们的基础理论研究还是搞得很好的。

1956年中国在制定国家科学发展远景规划时，对基础科学有“按照学科本身的规律发展、相对地不直接依赖于生产实际”的特点仍然有所考虑，对数学等基础科学单独制定了发展的规划，对数学的基础理论发展也作了相应的安排。在同年颁发的第一届国家自然科学奖中，华罗庚的项目《典型域上的多复变函数论》和吴文俊的项目《示性类及示嵌类的研究》

① 华罗庚，关肇直，段学复等：《十年来的中国科学——数学（1949～1959）》总论，北京：科学出版社，1959年，第138页.

获得一等奖，1957年吴文俊在获得国家奖以后曾经对记者发表谈话说："我希望年轻人来参加拓扑学工作，希望大学开这门课程。"① 这两项成果都是纯粹的基础理论研究的优秀成果，可见当时国家对基础理论研究是很看重的。

但是，到了1958年，对基础理论研究持否定态度的风气逐渐占了上风。柯召虽然在戴伯行的支持下坚持了数论研究，可是他并不满足。他认为："开展基础理论研究，是理直气壮的事。"

对于柯召来说，他的目标是让整个四川大学的科学研究工作健康发展，那么，基础理论研究就必须有一席之地。所以，他需要得到的并不仅限于对他个人从事数论研究的支持，而是对四川大学科学研究工作中整个基础理论研究工作的支持。对于前者，有戴伯行校长的支持就够了，而后者无论如何离不开国家政策的支持。柯召的可贵之处就在于，他的观点、他的目标从来都是明确的。在"左"的思潮占上风的气氛下，他虽然无法做更多的工作，但他的思想从来没有动摇过。一旦有了机会，他总会抓住有利条件，把他的目标推进一步。

1961年，中央提出"调整、巩固、充实、提高"的八字方针。颁布了《科研十四条》、《高教六十条》等文件。这两个文件对基础学科的研究与教学工作都给予了正面肯定，对恢复教学科研秩序作了明确规定，并发挥了良好作用。1962年在广州召开了全国科学会议，批评了许多"左"的做法。这些变化意味着，柯召可以做更多工作的机会来了。

1963年，柯召参加了制订国家科学发展十年规划的工作。他极力让各方面的领导和专家了解四川大学数学系的学科特色以获得支持。在他的争取下，四川大学数学系基础较好的数论、拓扑学和泛函分析三个研究方向，以及国家需要重点发展的偏微分方程方向被列入该计划。列入国家科学规划意味着，上述研究方向不仅得到国家多方面的支持，也在学校取得了"合法"的地位。从而，即使在"左"的思潮活跃的政治运动时期，四川大学数学系的基础理论研究工作也占有了相对稳定的一席之地。

1963年1月，教育部召开了一次直属高校科研会议，会议纪要指出："在科学研究工作较有基础并且承担较多科学研究任务的学校，经过教育部批准，可以配备必要数量的科学研究专职人员编制，或在校内设置科学研究机构。"同年，教育部批准给四川大学27个专职科研人员的编制，从

① 华罗庚，关肇直，段学复等：《十年来的中国科学——数学（1949~1959）》总论，北京：科学出版社，1959年，第147页.

青年教师中选拔一批人专门从事科研工作。这实际上是四川大学设立研究机构的雏形，数学系共有6个专职科研人员，其中数论方向2人，即魏万迪和李德琅。专职科研人员岗位的设立，对于推动四川大学的科学研究起了积极的作用。

这时，四川大学数学学科发展的特点是：研究工作纳入国家规划；以数论、拓扑学和泛函分析研究为特色的格局逐渐形成；老一辈数学家在科研工作中仍然起主要作用，但已培养出一批优秀的中青年人才，他们已走向全国发挥作用。

四、“柯召就是质量”

在20世纪五六十年代的四川大学，柯召不仅在科研上很突出，在教学上也做了不少工作，讲授过数学系的大部分基础课和多门选修课，声望很高。柯召讲课十分生动，富有启发性。他对学生要求很严，学生必须课前作准备，否则听课就很困难，作了准备收获就很大。这种教学风格，特别受优秀生的欢迎。1954年以来，他多次担任数学系基础课“高等代数”的教学。

柯召对知识教育的客观规律有自己的见解。“大跃进”时期，学校因为“大炼钢铁”等运动的冲击，教学秩序很乱，许多专业课的教学任务都没有办法完成。这时候，国内某大学发明了一种叫做“单科独进”的教学方法，顾名思义，就是用较短的时间以突击的方式集中上完一门课。这一方法立即在全国各地推广应用。当时，柯召、胡坤陞、赵淞和周雪鸥等教授在数学系二年级担任基础课的教学，他们用单科独进的方式，一个多月的时间就把一学期的课讲完了。尽管他们从备课到讲课都非常认真，但教学效果并不好，自己也感到很无奈。现在看来，原因其实很简单，学生处于高度疲劳的状态，又没有时间去消化老师教的知识，当然学不好。不按照知识教育的客观规律办事，是没有人能做好的。

当时，柯召是校务委员会常务委员，副教务长。1959年5月，学校校务委员会对“教育革命”进行总结，柯召在会上实事求是地发表了自己的看法。终于，这次会议否定了单科独进的教学方式，认为：“同一时间学习的头绪过多或过少都不够好。如果课程门数太少或单科独进，就不能解决课程间的联系问题。同时，课程内容势必高度集中，容易造成学生的疲乏，师生紧张，不易巩固，特别是在低年级学生的基础课中，由于基础理论不足，必然更感困难。”

柯召上基础课的特点是非常认真。对他而言，那些数学基础知识早已烂熟于胸，但他一定要备课。他那时的助教沈仲琦说："1965年，我给他辅导65级的高等代数，他备课很认真，教学也很认真，生病时也坚持去上课。"柯召认真教学的另一个特点是很注意掌握学生的情况。在他留下的大量笔记中，他的女儿见到了一份教学工作笔记，对他班上学生各自的学习状态、学习特点等都有详细的记录。

1963年，教育部成立了数学等五个教材编审委员会，柯召受聘担任数学教材编审委员会委员。他和同事们还按教育部的安排，提供了全国统编教材《高等代数》的教学大纲，供编写学校参考。

1960年4月，四川大学柯召等三位先进工作者出席了四川省文教群英会。同年6月，四川大学柯召等两人出席了全国文教群英会。

* * * * * *

柯召的办学理念与成功的教学方法，本应对四川大学的教学工作产生积极影响，但是，在政治运动频繁的岁月，却因温建平①校长的一句话："柯召就是质量"，惹起了一场风波。

1962年5月，温建平调任四川大学代理校长兼党委副书记。温建平热爱教育事业，为了办好四川大学，他到任不久，就迫不及待地拜访了学校的知名学者和老教授以熟悉了解情况。他回忆说：

> 当时搞社会主义教育运动，在农村是依靠贫下中农，有个口号，或者是方针，叫"扎根串连，访贫问苦"。我要办好这所西南最高学府，让它同北大、复旦、南开、南京大学那些一流水平的综合大学并驾齐驱，必须依靠本校的名学者、老教授。我无须扎根串连，但必须访名问老，亦可借此增长见识，熟悉情况。

温建平按照他的"访名问老"计划，在不到一个月的时间里，先后走访了20余位老教师和全部10个系的系主任家庭。他拜访的人中，有数学系的柯召、周雪鸥、蒲保明、张鼎铭。随后，他又去看望了被错划为"右派"的原中文系主任张默生。这些做法在当时是颇有风险的。温建平说：

> 此番访名问老，在川大一些人的眼里是异常举动，许多流言蜚语由此产生，诸如"现在学校的领导是两套马车"，"新校长一

① 温建平（1916～1995），山东招远人，是20世纪30年代参加革命的一位优秀的老共产党员。中华人民共和国成立后，担任过辽宁省委宣传部副部长、外交部国际司副司长等职。1957年8月，调往南京师范学院（现改为南京师范大学）任党委书记兼副院长，1962年调任四川大学代理校长兼任党委副书记。1979年调任北京语言学院（今北京语言大学）院长。

上任就急忙去拜望他的右派老师[①]了”……

戴伯行和温建平这两位校长都很想把四川大学办成名牌大学，他们对四川大学的专家和老教师都很看重，对师生员工都很关心爱护，对“左”的东西都很反感，这是他们共同的优点。但他们处理问题的风格却大不一样。对“左”的东西，戴伯行的抵制比较委婉，在难以抵制时就把重点放在设法减少它对人造成的伤害方面；温建平的抵制方式则常常是直截了当的，在“四清”和“文化大革命”中，温建平因之受到很大的冲击。在他受指责的种种罪名中，有一项就是他说“柯召就是质量”。

到四川大学后，温建平的第一步目标是想先把数学系和历史系办好。他说：

> 任校长伊始，就下定决心，理科以数学系为重点，文科以历史系为重点，根据这两个系所具备的特殊优越条件，充分发挥其优势，首先把这两个系办好，然后逐步将川大办成一所具有自己特色与风格的高等学校，使其跻身于全国重点大学的先进行列而无愧疚。

柯召的心愿就是要把四川大学办好，把数学系办好。这与温建平所见略同，温建平对柯召当然就特别看重了。1962 年底，柯召被任命为四川大学副校长，他们之间的接触更多，了解也就更深了。因“柯召就是质量”这句话惹起的风波，就是在这一时期发生的。

温建平说，他有一个准则，每周至少有三次去课堂听课。一天，他从历史系听课下来回办公室，一路思考着教学中的问题。

> 不觉已经来到办公大院八字门前的环形小广场上，蓦地听见左前方有人对我高声呼叫：
>
> “温校长，我正到处找你呢！”
>
> 我被这呼声从沉思中唤醒，抬头只见一位校刊编辑，正从八字门口迎着我走来，手中握着一份报纸清样。他把清样递到我面前，并说：
>
> “这是今天要付印的校刊（学校党委机关报）大样，刚才丁书记已经审查过，还要请你再看看。”
>
> 我接过来，就地站住，展开一看，只见在头版中间边栏上，在一块红笔方框框里，一篇署名柯召的短文被圈掉了。我粗略地

---

① 温建平在山东烟台读中学时，张默生是该校校长。

看了一下内容，是有关改进教学方法、提高教学质量的几点建议，完全符合党的教育方针和党的知识分子政策，便向这位编辑同志说道：

"为什么要把这篇文章删掉呢?"透出一点质问的语气。

"他这篇文章质量不高。"他回答。

我盯了编辑一眼，并严厉地说："什么叫质量? 柯召就是质量!"

我这句话的本意是：有许多事情，尽管党委和校系的干部一再传达、说服、动员，有些教师还是不以为意。但经过这些权威人士一提倡、一宣传，就会在很多高级知识分子中发生反响。由柯召提出改进教学以提高质量，会产生很好的效果。但是刚才我的这句话是带着激动的情绪唐突出口的，又没作任何解释，在下级工作人员听来，自然很不顺耳。当时他唯唯遵命，但心里很反感——这是此话随即传开并给我招致误解、歪曲、诽谤和批评后，我方深刻感到的。

"文化大革命"时期给温建平贴的大字报中，也有相关的内容，我们不妨摘录一段。

标题：抵制党的阶级路线

62年秋，党委审批一批青年教师担任教研室正、副主任时，温说："柯召说得对，以后教研室的主任，应当由教授、副教授担任，要有学术带头人，这样才能培养出有真才实学的教师队伍。"而教授、副教授多半是资产阶级知识分子。

温建平尊重柯召等老专家的意见，主张在校刊上刊登柯召有关改进教学方法、提高教学质量的建议，他说"柯召就是质量!"这句话的目的，也是希望提高四川大学的教学水平，提高四川大学的教学质量。这在今天看来，并无不妥。可是在当时的大字报中，都被歪曲了原意，成了指责、打击温建平的依据。

对于这些大字报，温建平愤愤然却又无可奈何地说："我不想，也不必对大字报中的具体材料进行澄清和辩解，因为那与实际情况出入不大，关键是认识……"

五、爱尔特希访华，他们联手的经典之作

在20世纪五六十年代，柯召的工作总是紧张繁忙，少有舒缓的机会。

1960 年爱尔特希第一次访华时，柯召和他的会聚，却是一段温馨的时光。

这是一次期望已久的聚会。当年他们在曼彻斯特同窗三年，1938 年伦敦一别之后，已经过了 22 年。1938 年 10 月，柯召离开英国不久，爱尔特希也离开英国到了美国普林斯顿。1956 年爱尔特希当选为匈牙利科学院院士。那段时期，他的大部分日子都是在匈牙利度过的。柯召回国后，他们虽然保持着联系，却也因战乱时期时局的变化而时断时续。中华人民共和国成立后，爱尔特希和柯召常常经由匈牙利联系，匈牙利和中国都是社会主义阵营的国家，所以他们的通信条件改善多了，没有受到政治因素的影响。相比之下，中美学者之间的通信就不那么容易了。爱尔特希在美国时，照样与中国数学家通信，从不在意美国政府的态度。那时中美两国还是对立的，他曾因为和华罗庚通信被贴上了“共产主义者”的标签。1954 年 4 月，美国政府因为这个原因，拒绝他离开美国后再入境。这一限制直到 1963 年才取消，还是他们的老同学达文波特帮的忙。

1960 年，按照中国政府与匈牙利政府交换的协议，爱尔特希接受中国的邀请访华。他从布达佩斯赶到莫斯科，接着到列宁格勒进行学术访问，又返回莫斯科，然后取道伊尔库茨克和乌兰巴托，来到北京进行学术访问，并会见他的老朋友柯召和华罗庚。

柯召专程从成都赶到北京与爱尔特希见面。他们重叙友情，畅叙阔别 20 多年来的生活、事业和见闻，互相介绍他们共同的老师、朋友的近况。但主要的话题还是他们共同爱好的数学问题

柯召陪同爱尔特希游北海、上天坛，观看著名舞蹈家赵青主演的芭蕾舞剧《宝莲灯》。但是，不管什么时候，他们交谈的话题总会扯到数学上去。爱尔特希看到天坛优美的建筑时，兴奋地对柯召说：“你看，这些建筑师很有数学头脑。但丁曾说：‘圆是最完美的图形’，天坛的建筑就使用了大量的圆，太完美了。”观看《宝莲灯》时，爱尔特希看到赵青舞动着长长的彩袖和彩带，就向柯召低声问道：“你看得出那飘动的彩带在三维空间中画出的是什么曲线吗?”后来，柯召对人说：“其实，他根本没有去欣赏舞蹈，是在想他的数学问题。”

那次难得的会聚，给二人都留下了美好的记忆，他们长久地回味着那些温馨的情景。之后，爱尔特希在世界各地与同行开会时，总会拿出一张明信片请在一起开会的数学家们都在上面签名，然后寄给他的中国老朋友。柯召从收到的一张张明信片中，及时了解了爱尔特希的行踪。

柯召的女儿说：“我那时读大学，喜欢集邮，爱尔特希每到一个地方就寄来一张明信片，也许是数学家的审美观不一样吧，那些明信片都特别

难看。”

柯召的学生孙琦说：“解放后，他们仍保持联系，爱尔特希时常有信来，提一些问题。六一、（六）二年，我们讨论班上常常讨论那些问题。”

那一次相聚的精彩之处还是数学。万哲先院士回忆说：“那时，正是中国搞政治运动紧张的时候，华老把爱尔特希接来，由柯老陪同住北京饭店。一般外国人来京，一定出去玩玩，但爱尔特希和柯老不出去玩，在一起专心研究，做得昏天黑地，头脑发胀，最后想出了爱尔特希-柯-拉多定理。”

他们合作完成的这个定理是组合论中的一个里程碑式的成果，一经发表，就引起了热烈的响应，被誉为“瞬时之间就成为经典的结果”。在下一章，我们还要对此作专门介绍。

参考文献

布鲁斯·谢克特.2002.我的大脑敞开了——天才数学家保罗·爱多士传奇.王元，李文林译.上海：上海译文出版社

华罗庚，关肇直，段学复等.1959.十年来的中国科学——数学（1949～1959）：总论.北京：科学出版社

柯召.1962.痛悼我的良师益友.人民川大（四川大学校刊）

莫由，许慎.1987.中国现代数学史话.南宁：广西教育出版社

四川大学史稿编委会.2006.四川大学史稿：第二卷（四川大学 1950～1993）.成都：四川大学出版社

孙经先，郭大钧.2002.中国现代数学家传.第五卷.南京：江苏教育出版社

温建平.1995.学府风涛：一个大学校长的手记.北京：北京语言学院出版社

杨先材.2001.中国历史：中华人民共和国卷.北京：高等教育出版社

张宗仁.1958.四川大学数学系贯彻党的教育方针，收集和解决生产问题的基本情况和点滴体会.四川大学学报（自然科学版），(2)：1～12

第十一章　铸剑十年，自成一家

一、不定方程的研究中心

1953年回到四川大学后不久，柯召就开始了他对数论的系统研究。其间，虽然经历了各式各样的政治运动与干扰，但他的研究工作从未间断过。1953～1965年的13年，是柯召一生中持续不断地从事数论研究最长的一个时段，也是他的研究成果达到一个新高度的时段。在柯召的带领下，四川大学成为国内不定方程领域的研究中心。

不定方程是数论的一个分支，它有悠久的历史与丰富的内容，源远流长。不定方程，是指这样一类具有有理系数的代数方程或代数方程组，其解的范围是正整数、整数、有理数或代数整数等。通常假定，不定方程的未知数个数大于方程的个数，这样的方程可能没有解，也可能有多个解。这就是“不定”的含义。

例如，研究方程 $x^2+y^2=z^2$ 的整数解，就是一个不定方程问题。我国古代著名的商高定理：“勾三股四弦五”，给出了这个不定方程的一组整数解：$(x, y, z)=3, 4, 5$。

又如，著名的费马大定理，可用不定方程来这样表述：设 $n>2$，则不定方程 $x^n+y^n=z^n$ 除开 $xyz=0$ 的解外，没有其他的整数解。

早在公元3世纪，古希腊数学家丢番图（Diophantus）在他的著作《算术》一书中，就研究过若干不定方程，所以不定方程又称为丢番图方程。在数学发展的历程中，许多数学大师，如费马、欧拉、拉格朗日、高斯、库默、希尔伯特等，都从事过不定方程的研究。这一数学分支里许多问题的难度与深度都相当高，要攻克这类难题，往往要求人们去创造新的数学概念和工具，并刺激相关数学分支的诞生与发展，从而大大丰富了数论学科的内容。

20世纪下半叶，不定方程领域更有重要进展。例如，著名的希尔伯特第十问题已获得解决。此问题是：对任何整系数多项式 $f(x_1, \cdots, x_n)$，能否找到一种判别法，以判定不定方程 $f=0$ 的可解性。这个问题于

1970年得到了否定的回答。此外，还有一些古老的猜想被解决了，特别是，英国数学家威尔士（Andrew Wiles）证明了费马大定理。尽管如此，从整体上来讲，一方面，关于高次的多元不定方程，迄今只有少数特例被人们搞清楚了，还有着广阔的未知领域；另一方面，不定方程与数学的其他分支，如代数数论、代数几何、组合数学等有着密切的联系，在有限群论和最优化设计中，也常常提出不定方程的问题。而且，不定方程的问题通常是很具体、特殊的，在其研究中发展起来的方法常常是很有用的。这就使得不定方程这一古老的数学分支仍然持续地吸引着许多优秀数学家的注意，成为数论中的重要研究课题之一，经久不衰。

从1955年到1965年的10多年间，柯召和他的学生们对数论中的不定方程进行了系统的研究，涉猎了不定方程的各个主要领域，取得了许多重要的研究成果。《四川大学学报》（自然科学版）从1955年创刊到"文化大革命"前夕的1965年，每一期都发表有柯召本人的数论论文，累计53篇，还发表了不少由他的学生们完成的数论论文。其中，不少论文从结果到方法在国际上都很有影响，具有重要的学术价值。

1955～1965年我国学者发表的不定方程领域的研究论文中，有90%左右是柯召和他的学生完成的，其中特别突出的有陆文端、郑德勋、孙琦、魏万迪、谢盛刚、李德琅等。这一时期四川大学成为国内这一领域的研究中心，《四川大学学报》（自然科学版）成为这一领域研究人员不可缺少的刊物。

10多年来，柯召以不定方程的研究为重心，取得一系列重要成果。其中特别值得称道的是对二次型的系统研究、研究卡特兰猜想的重大进展，和组合论中极值集论的开创性成果——爱尔特希-柯-拉多定理。

二、开拓中国的二次型研究

二次型，就是以域K的元α_{ij}为系数的变量x_1，…，x_n的二次齐次多项式，它的数学表达式为$Q(x_1, \cdots, x_n) = \sum \alpha_{ij} x_i x_j$，$1 \leqslant i \leqslant j \leqslant n$。当$\alpha_{ij}$为实数时，它就是中学生熟悉的二次齐次多项式，称为实二次型。

二次型理论，特别是二次型的算数理论，是源于二次不定方程研究而发展起来的研究领域。由于它的丰富成果和广泛的应用，二次型及高次型的研究已发展成为一个独立的数学新分支。

从20世纪30年代起，柯召在二次型研究领域做了一系列重要工作。50年代，他和他的学生们对二次型进行了更加系统、更加深入的研究。

内容涉及表二次型为线性型平方和的问题、二次型的不可分解问题，以及二次型的等价分类问题等。他因之成为中国二次型研究的开拓者。

表二次型为线性型平方和的问题，就是将整系数正定二次型表示为若干个线性型的平方和的研究。1938 年和 1940 年，柯召就有两项重要贡献，1957 年，他在表整系数恒正二次型为 5 个整系数线性型的平方和的问题上取得了新的成果。

二次型的不可分解问题是指，如果一个 n 元整系数正定二次型 f 不能表成两个整系数非负二次型之和，就称 f 是 n 元不可分解型。1938 年，柯召和匈牙利数学家爱尔特希证明：当 $n>5$ 时，均存在不可分解型。柯召进一步的几个工作则证明：当 $n\geqslant12$ 时，除开 $n=13$，17，19，23 外，均存在 n 元不可分解型。1958 年，柯召证明了不存在 13 元不可分解型，使这一问题的研究又进了一大步。

二次型的等价分类问题，是指关于定出幺模 n 元正定二次型的等价类数 $C_{n,1}$ 的问题。前人证明了 $n\leqslant7$ 时 $C_{n,1}=1$；而 $n=8$ 时 $C_{n,1}=2$。1938 年，柯召证明了，当 $n=9$，10，11 时 $C_{n,1}=2$。1958～1960 年，柯召利用对于自守变换个数的计算，使这一问题的研究取得大的进展。他得出 $C_{12,1}=C_{13,1}=3$，$C_{14,1}=4$，$C_{15,1}=5$，$C_{16,1}\geqslant8$，并且给出了各类的代表型和它们的自守变换的个数。

这些从 20 世纪 30 年代开始的工作，随着时间的推移和科学的发展，磨炼得愈发醒目。如前面讲到的，1988 年在日本召开的国际信息理论会议上，两位获奖人之一——美国贝尔实验室的斯洛勒（Sloane），由于研究编码理论的需要，读了柯召 1938 年有关二次型的论文，高度评价了柯召的工作。

现在，二次型理论在诸如编码理论、组合论、信息科学等领域有重要应用。它已成为许多现代数学和新型科技的基础，它的成果至今仍有重要的学术价值。例如，在赫尔（Hall）的名著《组合论》中，就大量用到了二次型的结论。

三、不定方程的卓著成果

柯召在不定方程的研究方面有卓著成果，其中最具代表性的工作是对指数型不定方程、三次不定方程和连续整数性质的研究成果。

（一）指数型不定方程

1938 年，爱尔特希猜想，指数型不定方程 $x^xy^y=z^z$ 无大于 1 的正整数解。1940年，柯召用极其精湛的初等方法证明：当x，y互素时，此问题无解；但当x，y的最大公约数$(x，y)>1$时，此问题有无穷多组解。

爱尔特希对这一美妙的结果赞叹不已。事实上，此方程有无其他的解？此方程有无奇数解？爱尔特希曾悬赏征求解答，但这两个问题至今仍未解决。

1957年，柯召又讨论了类似于上述方程的另外几类指数型方程：$x^y y^x = z^z$，$x^y y^z = z^z$和$x^x y^z = z^y$，证明了在$x>1$，$y>1$，x和y的最大公约数$(x，y)=1$时，都没有整数解，但在$(x，y)>1$时各有无限多组解存在，并求出了x，y，z的一些参数表达式。同年，柯召和他的学生陆文端又得出了一些其他的参数表达式。1964年，柯召和孙琦又把前述结果推广到了一类多元指数型不定方程上，证明了此方程有无穷多组解，并给出了一类解的参数表达式。

（二）莫尼赫问题的解决

解三次以及三次以上的不定方程，往往很困难，特别是在三个变元以上的情形，至今还没有有效的方法来处理它们。

1960年，爱尔特希访问北京时，给柯召带来了当时在数论界广泛流传，但也使数学家们束手无策的莫尼赫问题。

莫尼赫（W. Mnich）问题：是否存在这样的三个有理数，它们的和为1，它们的乘积也是1，即不定方程$x+y+z=xyz=1$是否存在有理数解。这等价于：三次不定方程$x^3+y^3+z^3-xyz=0$，有无满足条件$xyz\neq 0$的整数解。

这个问题在很长时间内曾使数学家束手无策。1960年，柯召用其扎实的代数数论的功底证明了，后一方程无满足条件$xyz\neq 0$的整数解，从而回答了莫尼赫问题。

近年来，该不定方程已推广到各种代数域，引出了一系列深刻的结果。

四、卡特兰猜想的重大突破：柯氏定理和柯召方法

数论的大部分内容是研究整数的性质和规律。其中，关于连续整数的性质和规律往往以不定方程的形式表现出来。柯召在这方面有一些深刻结果，他关于卡特兰猜想的重要结论便是其中之一。

1842年，比利时数学家卡特兰提出了一个著名的猜想：8和9是仅有

的两个大于 1 的连续整数，它们都是正整数的乘幂。这个猜想可用不定方程的语言来叙述如下：

不定方程 $x^m-y^n=1$（$m>1$，$n>1$）除开 $x=3$，$y=2$，$m=2$，$n=3$ 外，没有其他的正整数解。

其实，在 1842 年之前，就有关于卡特兰方程的一些特例的研究结果。1738 年，黎翁·希伯莱斯（Leo Hebreaeus）解决了 $x=3$，$y=2$ 的情形；接着，欧拉解决了 $m=2$，$n=3$ 的情形。

人们攻克卡特兰猜想的关键进展，是对这样三种情形分别加以证明：①偶数情形之一，这时 $n=2$；②偶数情形之二，这时 $m=2$；③奇数情形，这时 m 和 n 都是奇数。柯召的贡献，就是证明了第二种情形。

卡特兰的这个猜想提出不久，1850 年由勒贝格（V. A. Lebesque）解决了偶数情形之一，即 $n=2$ 的情形。而另一种偶数情形，即 $m=2$ 的情形，却无法解决。过了 70 多年，1921 年，纳盖尔（V. A. Nagell）解决了 $m=3$，$n=3$ 的情形，1932 年，赛尔伯格（S. Selberg）解决了 $m=4$ 的情形，都不算大的进展。柯召说：

> 一百多年来，许多数学家进行了研究，都未得出解答。他们便建议先从较弱一些的两个问题来打开缺口。一个是：有没有 3 个整数，它们大于 1 的正整数次幂正好是 3 个相邻的整数？另一个是：除开 2 和 3 以外，有没有两个整数，他们之中一个的平方与另一个的大于 1 的某个整数次幂正好是相邻的整数？
>
> 我从二十世纪五十年代末期开始，对这两个问题进行研究。终于在 1962 年，从否定的方面作出了证明。

在柯召上面谈的两个问题中，前一个问题又称为弱型卡特兰问题，后一个问题是勒贝格未能解决的另一种偶数情形，即 $m=2$ 的情形。柯召对后一个问题证明了在 $n>3$ 时，方程 $x^2=y^n+1$ 无 $xy\neq 0$ 的正整数解，从而解决了偶数情形中剩下的困难情形，即 $m=2$ 的情形。这无疑是研究卡特兰猜想的重大突破。

1976 年，泰德曼（R. Tijdeman）对卡特兰猜想作了原则的解决。他把问题归结为一个有限步的计算机验证问题。然而，因为计算量太大而无法验证。

2000 年，瑞士青年数学家米哈依列斯库（P. Mihăilescu）利用代数数论中关于分圆域的一个深刻定理，解决了奇数情形的卡特兰猜想（偶数情形是勒贝格和柯召解决的）。到此，这个有 160 多年历史的数论难题得以完全解决。米哈依列斯库的论文于 2003 年发表。[①] 文中，他在回顾攻克卡特兰猜想的历程时，特别提到的两次重大进展，就是 1850 年勒贝格的贡献和 1962 年柯召的贡献。

英国数学家贝克尔（A. Baker）是菲尔茨奖得主，在他的名著《数论入门》[②] 中，对卡特兰猜想的历史有一个全面的介绍。谈到柯召的工作时，他说：1850 年勒贝格（V. A. Lebesque）解决了 $n=2$ 的情形……1932 年，赛尔伯格（S. Selberg）解决了 $m=4$ 的情形，1962 年（原文误为 1967 年），柯召解决了 $m=2$ 的情形，柯召的工作"涵盖了赛尔伯格的结果"。

实际上，柯召和赛尔伯格研究的都是卡特兰猜想中勒贝格未能解决的另一种偶数情形，解决 $m=4$ 的情形只是前进了一步，解决了 $m=2$ 的情形才是完全解决。柯召的工作是勒贝格之后 112 年研究卡特兰猜想的重大突破，距赛尔伯格取得部分进展的时间也有 30 年。

2004 年，梅策恩基勒在美国数学会通报上撰文综述卡特兰问题的历史。[③] 文章在描述历史上的几个里程碑时谈到了柯召的工作，作者是这样介绍的：

> 那么，关于 $m=2$ 的情形会怎么样呢？这在长时间里一直是一个谜。直到 1962 年凯塞尔（Cassels）发表了一个结果，证明方程 $x^2=y^n+1$ 的可能的解必须是 x 大于 $10^{3\times10^9}$。中国数学家柯召已经证明了这个方程是无解的消息还没有传到数学界。这个证明为人所知是在 1964 年，它发表在《中国科学》上。

这里需要说明的是：第一，柯召论文的中文稿是 1962 年在《四川大学学报》（自然科学版）上发表的，英文稿是 1964 年在《中国科学》上发表的。所以，外国数学家直到 1964 年才知道柯召的成果。第二，柯召的结论是证明了方程 $x^2=y^n+1$ 无解，而凯塞尔的结论只是在证明这个方程无解的道路上前进了一步，柯召的成果才是一个完满的解答。

王元院士认为，虽然卡特兰猜想现在已经得到解决，但证明用到的知识较多，亦较复杂，柯召的结果除了是一个历史记录外，还是一个漂亮的初等数论定理。

---

① Preda Mihăilescu, A Class number free criterion for catalan's conjecture, J. of Number Theory 99, 2003: 225~231.

② A. Baker, A Concise introduction to the theory of numbers, Cambridge University Press, 1984.

③ Tauno Metsänkylä, Catalan's Conjecture: Another old Diophantine problem solved, Bull. Amer. Math. Soc. 41, 2004: 43~57.

莫德尔在他的专著《不定方程》中，把柯召关于方程 $x^2-1=y^n$ 的结果称为柯氏定理。需要特别指出的是，柯召在证明这个定理时，提出了用计算雅可比符号来研究不定方程的方法。后来的工作表明，这是一个很有效的新方法，后人称为柯召方法或柯氏方法，它引出了一系列深刻的结果。例如，1977 年特尔加尼亚（Terjanian）对偶指数费马大定理第一情形的证明，以及 1983 年罗特凯维奇（Rotkiwicz）在不定方程研究中取得的一系列重要结果，都用到上述的柯召的方法和思想。特别是特尔加尼亚对偶指数费马大定理第一情形成立的证明，可以说是几十年来用初等方法研究费马大定理最好的结果之一。

1979 年 12 月 10 日，法国数学家特尔加尼亚请陈景润带信给柯召，特别说明他取得成果的主要想法得益于柯召的方法。信的内容如下：

亲爱的柯召教授：

我荣幸地寄给您一份我关于费马问题的论文。其中，关键之处是对雅可比符号的一个计算，那是由您 1965 年发表在中国科学上的论文“On the diophantine equation $x^2=y^n+1$”而想到的。在那篇论文中，您作了类似的计算。我的论文的定理 2，可以用同样方法推广如下：

…………

谨致敬意，

Gui Terjianian

（G. 特尔加尼亚）

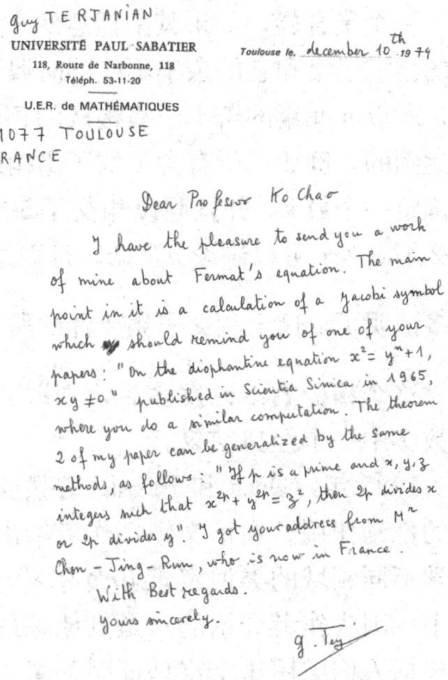
Guy TERJANIAN
UNIVERSITÉ PAUL SABATIER
118, Route de Narbonne, 118
Téléph. 53-11-20
U.E.R. de MATHÉMATIQUES
31077 TOULOUSE
FRANCE

Toulouse le. december 10th 1979

Dear Professor Ko Chao

I have the pleasure to send you a work of mine about Fermat's equation. The main point in it is a calculation of a Jacobi symbol which should remind you of one of your papers: "On the diophantine equation $x^2=y^n+1$, $xy\neq 0$" published in Scientia Sinica in 1965, where you do a similar computation. The theorem 2 of my paper can be generalized by the same methods, as follows: "If p is a prime and x, y, z integers such that $x^{2p}+y^{2p}=z^2$, then $2p$ divides x or $2p$ divides y". I got your address from Mr Chen-Jing-Run, who is now in France.

With Best regards.

yours sincerely.

G. Ter

特尔加尼亚请陈景润带给柯召的信

关于另一个与连续整数有关的不定方程，柯召在 1963 年还得到一个完满的结果，用直观的话来说就是：对于正整数 h，不存在 $2h+1$ 个连续整数，它们的前 $h+1$ 个数的 n 次方之和等于后 h 个数的 n 次方之和，这里的 n，是大于 2 的正整数。

五、极值集合论的一个里程碑：爱尔特希-柯-拉多定理

在组合数学这门学科中，图只是组合学家研究的基本结构之一。这门学科的另一个重要分支就是对于集合系统的研究。集合系统中最常见的就是某个 n 元集合的某些子集所成的族。这个领域里的极值问题，其目的在于决定或估计一个集合系统中满足某些条件的集合的最大数目。例如，这个领域的结果最早是德国数学家 E. Sperner 在 1928 年得到的。他的结果被称为 Sperner 定理。

1961 年，柯召和他的好友爱尔特希、拉多联名发表了一篇论文。文中给出了一个计算有限集相交子集族的子集个数最大值的定理，即爱尔特希-柯-拉多定理，简称 EKR 定理。它的意思是：

一个集合族，如果其中任意两个集合都相交，就称为相交族。因为 n 元集的任意子集和它的余集不能同时属于由 n 元集的若干子集构成的相交子集族，所以 n 元集的若干子集构成的相交子集族最多有 2^{n-1} 个。这个上界是可以达到的，例如，所有含 1 的子集构成的子集族就是相交子集族。但是，如果确定一个数 k，并且假设相交子集族的所有子集的大小都是 k，又会发生什么情况呢？可以假设 $n\geqslant 2k$，否则这个问题是平凡的。艾尔特希、柯召和拉多证明了，这个相交子集族的的所有 k 子集个数的最大值是 $\binom{n-1}{k-1}$。

这个精辟的结论发表后，立即引发了一系列后续的研究工作，成为组合数学中一个经典结果。

1983 年，Deza 和 Frankl 曾撰文专门谈论此定理发表 22 年来对组合论的推动作用。在该文中，作者给出了爱尔特希-柯-拉多定理移植到组合数学不同领域的类似定理和爱尔特希-柯-拉多定理的一些新推广，共 30 余个。因为作者介绍的只是其他综述文章还没有详细介绍过的新结论，也不包括人们应用这个定理证明的新结论，所以仅仅是部分信息。从这样一个不完全的介绍中，我们也充分感觉到了这个定理的重要影响。

由 Fields 奖得主 Timonthy Gower's 主编的数学名著《普林斯顿数学指南》中，介绍了对二十世纪最后一二十年纯粹数学研究中最重要的成果和最活跃的领域。其在“极值组合学与概率组合学”条目中，介绍了 EKR 定理及后世数学家的一个优美的证明后说：原来的证明比这个证明复杂，但它很重要，因为它引入了一种被称为**压缩**的方法，还可以用来解决许多其它的极值问题。

爱尔特希本人也说过："我被引用得最多的定理多半是我和柯、拉多的定理。"由此可见，此定理引起的后续工作是相当多的。

爱尔特希-柯-拉多定理为什么会产生如此热烈的反响呢？中国科学院数学所王建方教授说：

> 爱尔特希-柯-拉多定理是1961年发表的。当时还没有信息科学这个背景，人们只是从这个定理自身的深刻性来看，给予了很高评价。
>
> 组合数学对数学的影响，特别是对离散数学的影响非常大。进入信息时代，信息科学技术对人类社会各个领域都产生了巨大影响。信息科学中的系统多为离散系统。伴随着信息科学技术的发展，人们要处理的系统，其规模愈来愈庞大，愈来愈复杂，集成化就成了一个重要方向。集成化就是要把一个大系统化为若干个小系统的集成。这导致了集合的分解，即把一个集合化为其子集的系统，也就是超图。而爱尔特希-柯-拉多定理就是一个极值超图定理。
>
> 在信息科学技术高速发展的今天，爱尔特希-柯-拉多定理定理更加显示出，而且会愈来愈显示出它的重要性和光辉。

王建方教授还说：

> 柯老对组合数学做出了杰出的贡献。特别是爱尔特希-柯-拉多定理，它是组合数学中一个非常有名的定理，组合数学界人人皆知。很多文献都给予了高度评价，《组合数学手册》[①] 称这个定理是极值集合论的一个里程碑（The Erdös-Ko-Rado theorem has proved to be a milestone in extremal set theory. *Handbook of Combinatorics*，North-Holland，1995，p. 2187）。《组合数学手册》给出了一个很权威的评价。

《组合数学手册》是当今最有影响的一部组合数学名著，学术界对它的评论是"组合学领域一本极具水准和举足轻重的著作"。该书由R. L. 葛立恒（R. L. Graham）、M. 格罗侧尔（Martin Grötschel）和L. 洛瓦斯（Lászlo Lovász）三位组合学领域最杰出的数学家共同编著。葛立恒曾做

① R. L. Graham，M. Grötschel，L. Lovász. Handbook of Combinatorics. North-Holland，1995：2187.

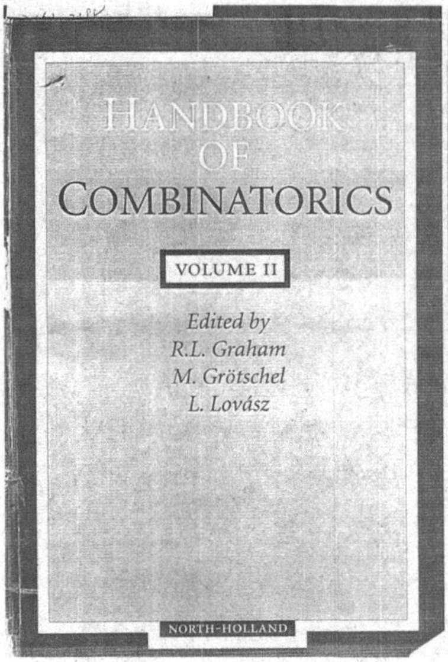

《组合数学手册》封面

过美国数学会（American Mathematical Society）和美国数学协会（Mathematical Association of America）主席、AT&T 实验室首席科学家、美国艺术与科学学院院士，是离散数学在全世界迅速发展的主要设计师之一；格罗侧尔是德国数学家、美国国家工程科学院外籍院士，因在离散数学和计算机科学方面的成就荣膺冯·诺伊曼理论奖等多个杰出奖项，2007～2010 年任国际数学联盟的执委会秘书长；洛瓦斯是匈牙利科学院院士、瑞典皇家科学院外籍院士，在离散数学和计算机科学方面做了大量划时代的工作，1999 年获得沃尔夫数学奖，2007～2010 年任国际数学联盟的执委会主席。

《组合数学手册》共介绍了中国数学家的三项贡献，即柯召对组合数学的上述贡献；陈景润在筛法方面的贡献（大偶数表为一个素数及不超过两个素数的乘积之和）；华罗庚与王元在格点方法上的贡献（专著《数论在近似分析中的应用》，并将该专著列为格点方法在高维数字积分之应用的主要文献。

Graham 能说流利的中文，葛立恒是他自己翻译的中文名字（较多文献的中文译名是“格拉汉姆”）。1989 年，葛立恒和匈牙利科学院外籍院士弗兰克尔（P. Frankl）合作撰写了一篇专门讨论爱尔特希-柯-拉多定理的论文，用来祝贺柯召八十寿辰。文章特别指出：

> 爱尔特希-柯-拉多定理是组合数学中最重要的一个结果，这个定理开辟了极值集合论迅速发展的道路。（The Erdös-Ko-Rado theorem is a central results of combinatorics which opented the rapid development of extremal set theory, Old and New Proofs of The Erdös-Ko-Rado theorem. 四川大学学报（自然科学版），1989，36（专辑），247～257）

这个定理受到高度评价的另一个原因还在于，它的证明难度很大。《组合数学手册》在谈到这点时指出：这个问题当 $r\leqslant\frac{1}{2}n$ 时更困难，但它被爱尔特希-柯-拉多定理解决了。柯召的研究生陈永川说：“我在美国麻省理工学院读博士时，听泰德曼（Tijdeman，组合数学的领袖之一）说：爱尔特希-柯-拉多定理是非常难的一个结果，要高智商的人才能做出来。”

另一方面，与解决其他数学家发现的重要问题不同，这个问题是他们自己发现的，而且是从另一个初露端倪的数学新领域里的发现的问题。这自然也“要高智商的人才能做出来”。

爱尔特希-柯-拉多定理体现的数学优美性也是令人称道的。M. 爱格纳（曾任德国数学会主席）等人的著作《数学天书中的证明》，是一本开阔数学视野、欣赏数学智慧的杰作。该书将此定理作为具有高超的思想、精妙的见解和出色的洞察力、如有神助的佳作之一加以介绍（详见本章参考文献）。

对这个重要定理，人们感兴趣的另一个问题是：早在 1938 年，柯召和爱尔特希就初步得到了这个结论，为什么 23 年后才发表呢？

的确，1938 年柯召还在英国时，就与爱尔特希一起构想出了这篇论文的雏形，1938 年 3 月 27 日，爱尔特希在给匈牙利数学家图冉（P. Turán）的信中曾提到此事，他说：

> 借助于柯的想法，我得到了那个组合问题在 $r=1$ 时的结论。

不过，$r=1$ 只是部分结果。因为完全证明的难度较大，一时不能解决。柯召离开英国后，他们对这个问题的研究也就暂时搁置起来。1960 年，爱尔特希来中国访问，柯召和老朋友又继续当年未完成的研究工作，他们再度合作，共同研究了这个组合论中的“交集问题”。工作基本完成后，爱尔特希便回国了。爱尔特希回国后又向拉多（R. Rado）谈起这篇论文，并经拉多修改后才于 1961 年联名发表。

这项研究被搁置的另一个原因多半与当时数学界对组合论的认识不足有关。爱尔特希传记的作者布鲁斯·谢克特认为，在 20 世纪 30 年代，“大多数数学家瞧不起图论，把它视为‘拓扑的平民窟’，组合论则被降为更不受重视的旁支”，“这篇文章写于 1938 年，但部分地因为当时数学界对组合论缺乏兴趣，所以迟至 1961 年才得以发表，成为一篇‘瞬时之间就成为经典的结果’”。

20 世纪后半叶，在计算机科学和信息科学的推动下，组合论有了迅猛发展。所以，爱尔特希-柯-拉多定理一经发表，立即受到多方关注，产生了热烈反响，很快就成为经典结果，并长久地推动着这门学科的发展。

由于上述成就，到了 20 世纪 70 年代中国开始发展组合论学科时，柯召很自然地成为发起人之一，并对此后该学科的发展作出了重要贡献。

六、柯召的治学风格

了解了柯召的学术成就之后，人们自然会对他做学问的方法和长处感兴趣。其实，柯召的治学风格也是自成一家、独具特色的。那是他承袭中国的传统文化，结合自己的工作环境，逐渐总结经验而形成的风格。他的研究论文给人最鲜明的印象是简洁、清晰、易懂以及高超的技巧，体现了数学的美感。

柯召的学生孙琦回忆说：

> 他善于用简单的初等方法来解决问题，甚至是一些很难的公开问题，这是需要很深的功力才能做到的。他关于正定二次型表平方和的研究，以及不定方程 $x^2=y^n+1$ 和 $x^xy^y=z^z$ 的研究等，都充分体现了这样的风格。
>
> 1990 年初，我因写传记一事去信向柯老师请教，在他的回信中有这样一段话：“我喜欢袁枚的一首诗‘但肯寻诗便有诗，灵犀一点是吾师，夕阳芳草寻常物，解用都为绝妙词’。对科学研究确有此种境界，肯下功夫，总会有收获，灵感之来源于刻苦，能灵活应用，可以得出很好的结果。”这真是深切的体会！我们以他的“关于方程 $x^2=y^n+1$，$xy\neq0$”一文为例，该文仅仅用到初等数论中二次剩余、Jacobi 符号等最基本的内容，“夕阳芳草寻常物”却得到了很好的结果，创造出非常有用的柯召方法，“解用都为绝妙词”。能够取得这样的成就，正如柯老师所说的“灵感之来源于刻苦”。
>
> 凡是与柯老师有过较多接触的人都会感觉到，他天赋很好，记忆力、理解力、洞察力都很强，同时也非常勤奋和刻苦。
>
> 他那为数学事业献身的精神，他那勤奋、刻苦、严谨的治学精神和简洁、清晰、易懂的文风更值得我们后辈学习和继承。

柯召治学精神的特点可以概括为执著、严谨、高效和惜时。

关于做学问的心得。柯召说：

> 我的一些数学结果，是在晨起时，或午睡醒来时，偶然得出的，或者可以说是突然得到的，似有灵感。其实这种现象，进行科学研究工作，常能遇到。宋人（作者佚名）有一首小诗：“镇日寻春不见春，芒鞋踏遍岭头云。归来偶过梅花下，春在枝头已十分。”是很好的说明。只要努力总会有收获。所谓灵感，是‘踏遍’的结果。清人袁枚有诗：“但肯寻诗便有诗，灵犀一点是吾师，夕阳芳草寻常物，解用都为绝妙词。”亦是此意，主要在‘但肯’二字上。他还进一步提出‘解用’二字，颇值玩味。但是，‘解用’亦植根于‘但肯’上。不肯下功夫，就会一事无成。

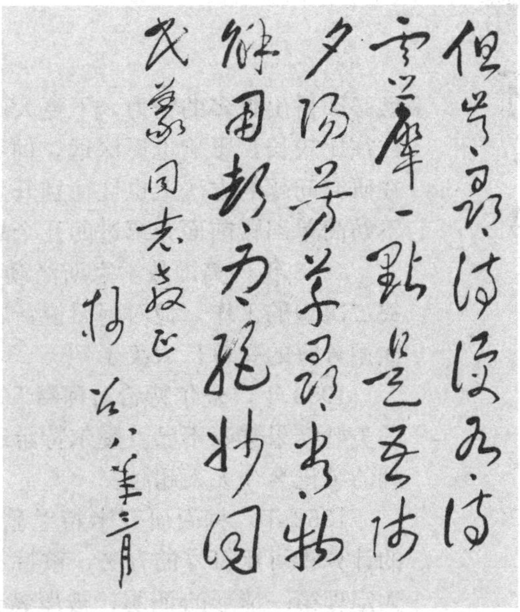

柯召手书清人袁枚诗

上面的一席话，无疑是柯召做学问的精妙写照。没有对数学科学“但肯寻诗”的浓烈兴趣，就没有“镇日寻春”的执著追求；没有“芒鞋踏遍”的一番工夫，就没有偶然的灵感，没有绝妙的解用。

柯召对数学的浓烈兴趣与执著追求，常常达到入迷的境界。他的生活很有规律，如果上街，一定先逛书店。20 世纪五六十年代，星期日他常和夫人与女儿一起到城里的春熙路去，那是成都的商业区，四川最大的外文书店也在那里。夫人与女儿去商店购物，柯召就去逛外文书店。有一次，大家约好中午 12 点钟到一个餐馆就餐，可是夫人和女儿等到下午 1 点钟以后，柯召还没有来。原来他在外文书店的楼上看书入了迷，午餐的事，早已被丢到了九霄云外。夫人笑着说：“你的心被魔鬼叼走了。”这个魔鬼并不神秘，就是他喜爱的数学。

柯召曾引荀子《劝学篇》中的名言“无冥冥之志者，无昭昭之明。无惛惛之事者，无赫赫之功”作为他的座右铭，意思是既要有执著专一的态度，也要有持之以恒的努力，如此点滴积累，方有大成。

柯召做学问的第二个特点是治学严谨。在研究问题、分析问题或推演数学公式时，柯召从来都是非常严密、一丝不苟的，这是他长年精心从事研究工作而形成的优点。这里，我们不妨用两个例子来说明。

胡坤陞是柯召的老师，他对柯召严谨的治学态度十分欣赏，也十分信任。有一次，《四川大学学报》（自然科学版）请胡坤陞评审柯召的一份论文，胡坤陞说：“不必审了，柯召的论文绝不会有错。”

另一个例子也很有趣。有一次，柯召在研究一个难度较大的数论问题时，听说国外有人发表论文解决了此问题，他感到很惊异，立即把那篇论文找来看。当他看到该文并没有用到他不熟悉的数学工具时，便产生了怀疑。仔细推敲一番后，柯召很快就发现该文推导中的错误，从而断定此问题仍然没有被解决。

柯召严谨的治学风格，还体现在他做学问精益求精、追求完美的风格上。他的论文不仅追求漂亮的结果，也追求简洁、优美的证明。他研究的问题即使得到了证明，也还要反复推敲修改，力求简洁、完善。虽然这样做必须付出更多的精力，下更大的工夫。但由于这份投入，论文的生命力往往比较长，影响也更深远。柯召论文的精妙之处不仅在于结论的创新，在研究问题的方法上也往往别开生面，很有新意。为了印证这一点，我们不妨简单回顾前面介绍过的几个故事：

1988 年，美国数学家斯洛勒（Sloane）高度评价了柯召 50 多年前有关二次型的工作。他对柯召说："我一直在研究您的 1935 年以来的关于二次型分解的文章！太美了！"

1990 年，爱尔特希对柯召 50 年前研究指数型不定方程 $x^x y^y = z^z$ 得到的美妙结果赞叹不已。爱尔特希还悬赏征求进一步的解答，但柯召当年得到的结论至今无人超越。

1962 年，柯召研究卡特兰猜想的结论被莫德尔称为柯氏定理，给出的计算雅可比符号的方法，被特尔加尼亚（Terjanian）用于对偶指数费马大定理第一情形的证明；被罗特凯维奇（Rotkiwicz）用在不定方程研究中，取得了一系列重要结果。即使卡特兰猜想解决以后，柯召的成果仍然有着独特的魅力。王元院士认为："虽然卡特兰猜想现在已经得到解决，但证明用到的知识较多，亦较复杂。柯召的结果除了是一个历史记录外，还是一个漂亮的初等数论定理。"

柯召做学问的第三个特点是效率很高。他担负有重要的社会工作和行政职务，却能在学术研究上不断做出成果，这与他工作能力强、效率高有直接关系。他天赋好，记忆力、理解力、洞察力出众，常常能从纷繁的问题中抓住关键之处，在工作间歇的许多短暂的时间里，他能很快地投入思考，专注地研究问题。这种高效率的风格，既有先天的因素，也是他善于从学习和研究中积累经验而形成的。

当然，对于研究工作来说，利用短暂的时间思考关键问题与集中较长时间思考全局并梳理问题是互相配合的，都不可缺少。晚上较为安静的时间，他的研究就是后一种状态。当他向一些难度大的问题挑战时，常常顽强拼搏，工作到深夜。孙琦说："据我所知，当年他研究卡特兰（Catalan）问题和莫尼赫（W. Mnich）问题时，常常工作到深夜两点，就是出差途中在火车上，也抓紧时间做研究工作。"所以，高效率也是建立在勤奋和刻苦的基础上的。

柯召与夫人和女儿有两张全家福照片，摄于 20 世纪 60 年代初期和中期。比较这两张照片，也能看出他在成功后面的巨大付出。几年之间，女儿明显长大了，夫人没有什么变化，却戴上了眼镜。可在前一张照片里，柯召却带有几分倦容，显得更苍老。60 年代初期，生活差、工作忙对身体固然有影响，但影响更大的是高强度的脑力劳动，因为那正是柯召研究卡特兰猜想等问题得到重大突破的关键时期。夜以继日的探索消耗了他的大量心力，真是“为伊消得人憔悴”。

全家福（1960～1962年）

全家福（1964～1965年）

柯召的另一个成功经验是惜时如金。他非常善于利用时间，在20世纪五六十年代，他随时把科研中的问题带在身边，常在旅途中独自思考，有的论文的关键之处就是在火车上构思出来的。为了让学生体会这个成功经验，他曾以欧阳修的名言——略带诙谐的“读书三上法”来鼓励青年人，希望他们读书写作惜时如金，抓紧时间做学问。“读书三上法”常略称“三上”，出自北宋文学大家欧阳修。他的文章《归田录》中写道：

> 钱思公虽生长富贵，而少所嗜好。在西洛时，尝语僚属言：“平生惟好读书，坐则读经史，卧则读小说，上厕则阅小辞。盖未尝顷刻释卷也。”谢希深亦言：“宋公垂同在史院，每走厕必挟书以往，讽诵之声琅然闻于远近，亦笃学如此。”余因谓希深曰：“余平生所作文章，多在三上，乃马上，枕上，厕上也。”盖惟此尤可以属思尔。

这段话的白话译文如下：

> 钱思公虽然出身富贵，但很少有别的爱好。在西京洛阳时，曾对官府中的下属官员说：“（我）平生只喜欢读书，坐着就读经史，躺着就读各类杂记，上厕所的时候就读小辞，都从未有片刻不拿书的。”谢希深也说：“宋公垂也一样，在

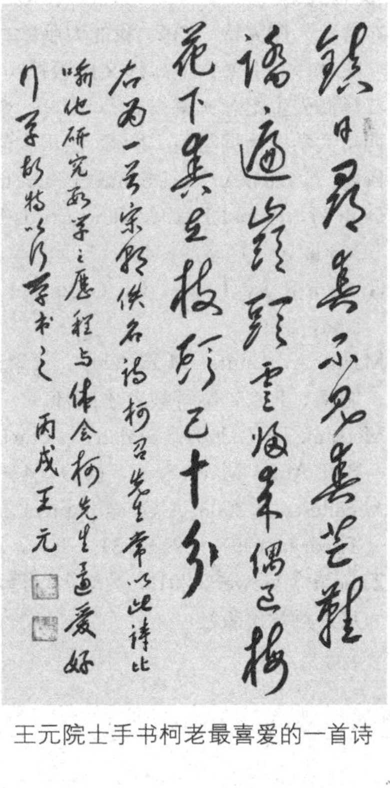

王元院士手书柯老最喜爱的一首诗

史院，每当去厕所，一定夹着书前往。琅琅的诵读声，远近都能听见，他的好学就像这样。”所以我告诉希深说：“我生平所写的文章，多是在‘三上’时做的，就是在马上时、床上时、厕所里时做的。只有这时才可以构思罢了。”

工作之余，柯召有广泛的业余爱好。他从不浪费时间，却总能抽出时间休息。棋牌、书法、戏剧是他长期的爱好。他的棋友中有中国围棋协会的名誉会长廖井丹，以及知识界的许多围棋爱好者。

柯召年轻时就喜欢拉京胡。在清华读书时，在峨眉山任数学系主任时，直到五十年代初期回川大的日子里，工作学习之余，他或拉京胡以自娱，或为喜欢唱几段京剧的同事、学生伴奏，生活因之增添了不少乐趣。后来因为怕影响别人，就没有拉了。晚年时，女儿曾建议他拉拉京胡以调剂生活，他因为怕影响邻居，不愿意恢复这一爱好，这是他多为别人着想的可贵之处。

柯召的治学心得，受到数学家广泛的赞赏。在本书撰写过程中，王元先生特意用行草书写了柯召比喻他的治学心得体会的一首诗，赠给本书。

参考文献

布鲁斯·谢克特．2002．我的大脑敞开了——天才数学家保罗·爱多士传奇．王元，李文林译．上海：上海译文出版社

江泽涵先生纪念文集编委会．1998．数学泰斗世代宗师．北京：北京大学出版社

四川大学史稿编写组．2006．四川大学史稿．第二卷．成都：四川大学出版社

Baker A. 1984. A Concise introduction to the theory of numbers. Cambridge University Press

Deza M，Frankl P. 1983. The Erdös-Ko-Rado Theorem 22 years later. SIAM. J. Discr. Math.，(4)：419～431

Graham R L，Lovász L，Grötschel M. 1995. Handbook of Combinatorics. North-Holland，2187

Martin A，Gunter M Z. 2009. 数学天书中的证明．第三版．冯荣权，宋春伟，宗传明译．北京：高等教育出版社

Metsänkylä T. 2004. Catalan's Conjecture：Another old Diophantine problem solved，Bull. Amer. Math. Soc.，(41)：43～57

Mihăilescu P. 2003. A Class number free criterion for Catalan's conjecture. J. of Number Theory，(99)：225～231

Timonthy Gowers. 2014. 数学名著译丛：普林斯顿数学指南．第二卷．齐民友译．北京：科学出版社

第十二章 “文化大革命”中的沉与浮

一、“四清”，惊涛下的四川大学

1962年9月中共八届十中全会后，中共中央决定在全国城乡发动一次普遍的社会主义教育运动。“社教”运动也称“四清”运动，即“清政治、清经济、清思想、清组织”的政治运动，目的是抓阶级斗争，“反修防修”。1963年11月，该运动转向在全国较大范围分批铺开。

当时的川大校长温建平说：

> 这场原来称作“农村社会主义教育”的“四清”运动，发展到城市，发展到高等学校，本来也在意料之中，但没有想到这么快，这么早就降临到我们四川大学。我听说，中共中央宣传部是把北京大学定为高校“四清”试点单位的。1964年11月初，中宣部组织起的二百五十余人的工作队才开进北大，而此时，这场运动已在我们川大开展了两个月。在开展“四清”运动这一点上，川大走在前面了，超过了北大。
>
> 1964年9月7日，省委文教书记杜心源率领一个二百多人的“四清工作团”，声势浩大地开进四川大学。
>
> 10月31日——所谓“不平常的星期六”这天，川大四清工作团团长杜心源，在学校大操场召开的师生员工全体大会上作“四清”动员报告。他把川大说成是“一团漆黑”、“乌合大学”。郑重宣布要以“抓中间、吃透两头”——也称作“中间开花、吃透两头”——作为这次运动的总方针。……更确切点说，就是从中层干部开刀，突破缺口，发现问题，然后凭借这些问题，顺藤摸瓜，向上去抓学校领导干部，向下去抓基层人员。
>
> …………
>
> 早已被工作团定为运动重点的历史系，在工作团进来后半个月时间，就公开宣布其干部、教师的百分之四十“有问题”，这

个比例数以后又逐渐上升到百分之五十九。

按理说，“四清”工作团的运动重点是中文、外文、历史、物理四个系，数学系不在其中，应当好过一些，但学校发生的一系列事件却使得整个川大的气氛都非常紧张。先是物理系的一个学生因运动带来的恐惧从30多米高的烟囱上跳下身亡；接着，外文系的总支书记因有“企图越境外逃的迹象”被抓了起来；外文系的学生中又抓出了一个反革命组织“浪漫派”；化学系一位青年教师因为听大报告时在地上乱画，被人揭发说是写的反动标语，打成了现行反革命，等等。

温建平说：“这一桩桩令人惊心动魄的事件，使我醒悟：在川大，‘四清’运动不是一场‘山雨’，而是一股灾难性的惊涛。”

运动开始不久，数学系的总支书记在向工作团长杜心源汇报情况时说，数学系没有什么问题。这话立即遭到杜心源的严厉申斥：“没有问题就是有问题。”这句话表明，“四清”工作团就是认定四川大学“有问题”才来的。所以，你说没有问题，那么你就有问题。不久，全校80多个中层干部都被揪“上楼”了（当时的术语，停职隔离审查叫“上楼”，结束审查检讨过关叫“下楼”）。数学系的总支书记便因“有问题”被隔离审查，“上楼”了；8个月之后才结束审查，他又“没有问题”，“下楼”了。

数学系确实抓不出什么工作组认为有分量的问题来。工作组“抓中间”的结果，就是把总支书记和一位副系主任作为运动对象反复批判，扣的帽子虽然很大，却没有什么能令人信服的内容；对群众则采取人人过关、重点批判的“自我教育”方式，弄得人人自危。温建平说的“柯召就是质量”这句话受到严厉批判；柯召领导的数论组被称为是“独立王国”，柯召为勉励青年人抓紧时间做学问而向他们推荐的“读书三上法”，也被上纲为对青年人的“和平演变”加以批判；工作组还从青年教师中抓了一个典型来批判个人主义，原因是这位教师用稿费做了一套毛呢质地的衣服。

四川大学校史称：

> ……在一年的运动期间，在不同范围（校、系和科室；大、中、小会）因不同名称（阶级立场、政治方向、方针政策、工作作风、学术观点、政治历史、经济管理、思想道德等）受到不同程度的冲击和批判的有几百人。其中有部分人定为性质严重，问题较多，并被整了书面材料；有些人还受到这样那样的处分。

四川大学的这场运动于1965年11月结束，历时一年零两个月。其间，教学科研工作几近瘫痪。柯召和他的数论组的研究工作由此进入低潮。7个月后“文化大革命”开始，四川大学又陷入新一轮的政治运动中，研究工作也就完全停顿了。

二、十年浩劫

给国家带来极大灾难的“文化大革命”，始于1966年5月16日。那一天，中共中央政治局通过的《中国共产党中央委员会通知》（即《五一六通知》）中发出了开展“文化大革命”的号召，“文化大革命”由此在全国急速地展开。

1966年6月5日，四川省委派出了工作组到四川大学，与四川大学党委共同宣布“停课闹革命”，四川大学的“文化大革命”运动由此开始。川大校史中说：“刚刚从省委在学校试点的‘四清’运动的冲击中缓过气来的干部和教师，又被推向内乱的漩涡经受折磨。许多干部被作为‘走资本主义道路的当权派’受到揪斗，不少老教师被当作‘反动学术权威’遭到批判，一些人被抄家，一些人被拘禁，有的遭受人格侮辱，有的被迫害致死。”

其实，“文化大革命”本身就是以往政治运动的延续，特别是“四清”运动的延续，即使更加激烈，人们也多少有点思想准备。而“文化大革命”中的打、砸、抢、人格侮辱等暴力行为，则是人们意想不到的。对于年迈体弱的老教师，这些暴力行为给他们造成的伤害尤显沉重。差可告慰的是，周围的人们毕竟是善良的，他们或明或暗的关怀，在帮助老先生们减轻痛苦、渡过这场浩劫上起了重要作用。

“文化大革命”初期，数学系的老教授们几乎都被抄了家，接着是关进牛棚，随时被拉到各种形式的批斗会上“挨斗”或者“陪斗”。在大大小小的批斗会上，最常用的手段是挂黑牌及下跪乃至殴打。数学系个别很“左”的人，常常强迫“挨斗”的人跪在横放的木椅的两条腿上，时间稍长，就会特别难受。老教授中，柯召、魏时珍、张鼎铭、周雪鸥等都吃过这种苦。尤以张鼎铭和魏时珍受的冲击最大。

张鼎铭出身贫寒，又不参加任何政治组织，按理说成不了运动对象。但他生性率直，敢于说一些与运动唱反调的话，因而招致更大的伤害。“文化大革命”初期，尽管“挨整”的人已经很多，但仍然流行着一句套话：“一小撮，只占百分之五。”张鼎铭却在一次公开场合直言：“一次运动百分之五，二十次就是百分之百了。”闻者无不为他的大胆捏一把汗。

张鼎铭在挨批判时也要“跳出来”为自己辩解，这就招致更多的批斗，被打得遍体淤血。张鼎铭曾有自杀的念头，是他女儿的苦劝和周围干部教师的理解保护，帮他渡过了难关。

魏时珍是因为过去名气太大，经历复杂，又做过青年党的中央委员，所以每次运动都在劫难逃，“挨斗”的次数特别多。那时，魏时珍已是70多岁的老人，有一次，他和一些人被弄到大礼堂旁跪着“挨斗”，批斗会结束后，他的双腿已经麻木，别人都走了，他却再也站不起来了。这时，一个路过的女学生小心地把他扶起来，活动一阵血脉后，他才艰难地走回家去。令人感慨的是，后来，魏时珍常常提到帮助他的那位女学生，却不记得“挨斗”的其他情景了。

6月6日，工作组进入四川大学的第二天，柯召、徐中舒等“资产阶级权威”的家门口就贴满了大字报，揭发他们“反党反社会主义”的罪行。面对这来头不小的风暴，自身难保的温建平校长，担心的却是柯召的处境。第二天一早，他急忙打电话请柯召的夫人到办公室，劝她“冷静”、“沉住气”、要“抱欢迎的态度”，等等。这又成了温建平新的“罪行”，说他“对敌人亲”。

不久，运动迅速升级，柯召等4名数学系教师进入被红卫兵管辖的劳动学习组，接受强制劳动。

自1968年3月起，在经历了关牛棚以及各种形式的批斗会后，生活上的困难又接踵而至。柯召的住房被学校收走，换成两间很小的房子。其中一间堆满了柯召视为珍宝的书籍，另一间生活用房不过十来平方米，拥挤不堪。存款被冻结，每月300多元的工资也被扣发，按家庭人口每人每月15元的标准发给生活费。这样一来，柯召除去供养他远在温岭、瘫痪在床的母亲骆明和还在读书的女儿每人15元的生活费用外，他和老伴两人的生活费每月仅30元。柯召和他的夫人很孝顺母亲，更不愿老人为他们担忧，每月一拿到生活费，夫人就去邮局寄钱。婆婆其实知道他们的困境，来信说，“你们不要给我寄钱了，我足够了”，但他们从不减少寄给老人的生活费。

在这段时期，他们生活得相当艰苦，煮饭的蜂窝煤炉子又经常熄灭，有时只能烧点柴火热东西吃，弄得满屋是烟。为了渡过当前的难关，手边的一点钱主要用来买食物，以保证眼前的基本生活。装衣服和被子的木柜被贴上封条，天气很冷时，柯召和他的夫人冻得瑟瑟发抖，却不能使用木柜里的衣被。

日子就是这样一天天地熬过去的，这样的困境大概持续了两年多。邻居是外系的青年教师，对他们很友善，常常给他们一些帮助，这带给了他们一丝温馨。

“文化大革命”初期还发生了一件让柯召茫然不解的事，那就是重庆大学校长郑思群之死。

1966年8月，正当柯召被这场迅猛发展的“文化大革命”弄得不知所措、莫名其妙的时候，他听到一个十分意外的消息，重庆大学校长郑思群自杀了，这使他大为震惊。郑思群怎么会有问题呢？柯召更加不解了。回想起来，柯召对新中国的第一印象，就是郑思群给他带来的。

1949年12月初，重庆刚解放，市区周围还不时传来阵阵枪炮声。一天，一位身着戎装、身材瘦高的军人带着一名警卫员，只身到柯召家拜访，向他介绍了共产党的政策和建国方略，告诉他国家非常重视知识分子，希望他信任共产党，积极投身教育科学事业，为国家建设出力。这个军人就是郑思群，他的言谈给人的印象是真诚、令人信任而且卓有见识。后来柯召才知道，郑思群是当时并不多见的知识型军级干部，15岁入党，三次赴日留学，回国后在八路军和二野中任要职，担任过二野女子大学副校长、副政委等职，对教育事业很熟悉。1952年郑思群从西南军政委员会文教委员与西南人民革命大学总校教育长的岗位调任重庆大学领导。他工作非常投入，生活俭朴，不摆架子，绝不骂人，在重庆大学师生中的声望很高。

郑思群调任重庆大学领导后，和柯召共事一年多，二人有了更多的接触和了解。在以后的岁月里，柯召一直努力工作，把全部精力投入教育科学事业，这与郑思群当初的信任和期望不无关系。

朝鲜战争爆发时，柯召的儿子柯孚中是重庆大学数学系的学生。柯召以满腔热情支持儿子参军，不料儿子竟长眠在异国他乡。消息传来，柯召心里非常难过，整整三天不言不语。也是郑思群非常细心的关怀慰问，帮助他从悲伤中走出来。自那时起，他和郑思群的友情更深了。

就个人而言，“自问平生无大过”，这一点柯召是坦然的，但郑思群的不幸，以及周围发生的一连串从未见过的怪事，都令人十分困惑。这些令人痛心的事何时是尽头呢？长此以往，国家怎么办？教育科学事业又该怎么办呢？柯召真的感到茫然了。

三、“棚友”之间的安慰

“文化大革命”中，凡是被认为有问题的人，通称为“牛鬼蛇神”。因为使用了这样一个词，把“牛鬼蛇神”们拘禁起来隔离审查，就称为“关牛棚”。“棚友”，则是关在牛棚里的人们之间的戏称，有点苦中寻乐的味道。

1968 年 3 月以后，批斗会后打人的事件渐趋频繁，打人的主要是一些思想极端的红卫兵学生。在极“左”思潮盛行的气氛下，造反派里不赞成打人的教师和红卫兵头头，也只能在批斗会结束后立即做出训斥的口吻，叫挨斗的人“快点滚回去”，其真实用意在于让他们尽快离开现场，避免在批斗会后遭受殴打。对此，挨斗的人心里是明白的，也感到宽慰。然而，这种保护毕竟是很有限的，打人之风还是愈演愈烈，终于闹出人命来了。

数学系有几个动不动就打人的红卫兵学生，他们不时要勒令一些被划为“牛”字号的教师去“交代问题”，稍不如意就是一阵毒打，自行车链条和铁锹都是他们打人的工具。这年七八月的一天，他们把数学系两位教师宣化五和姚志坚弄到学生二宿舍去交代问题，自然是训斥加殴打。宣化五曾在国民党的军校教过书，“肃反”时受过审查，所以每次运动都受冲击。他身体不好，不堪折磨，竟然被这几个红卫兵学生打死了。

事发后，广播上勒令数学系的“牛鬼蛇神”们到二宿舍报到，实际上是叫他们去抬死人。好在被点名的人要么没有听见，要么有所耳闻，也不敢去。第二天，一个造反派教师头头宣布说：“宣化五不听革命小将的，被打死了。……你们同样下场。……”

这件事在“挨整”的人群中引起了很大的震动。柯召是被广播点名的人之一，心里惴惴不安，甚至忧虑恐惧，这种暴力场面他毕竟从来没有见过。在那个非常时期，这种祸事落到谁的头上都是可能的，也都是不堪设想的。倒是姚志坚还能沉得住气，他看出了柯召的忧虑，便安慰他说：“老柯，你不要怕，这好歹也是条人命，他们未必不怕上面清查。老宣死了，也许他们会收敛一些。”柯召是明白人，他知道这些话只是自我安慰而已，接下来会出现什么事，谁的心里都没有底。不过在这样的境遇下听到一些安慰的话，心里也觉得好受些。

其实，姚志坚哪能看得清局势，他自己也很紧张。这话既是他对柯召的安慰，也是对自己的安慰。庆幸的是，事情的发展倒真如姚志坚所说的那样。当时负责治安的成都警备司令部派人前来处理此事，并作了调查记录。那几个打人的红卫兵也是色厉内荏，他们也怕被清理。这之后，打人的事果然有所收敛。

姚志坚（1916～1997），说起来也是一位极不走运的老先生。1958 年

“双反交心”时，姚志坚对“肃反”运动发了些牢骚。学校把他作为有错误但不划“右派”的教师上报省委，不料打字员出了错，把他的名字打在划“右派”的名单中，这个名单经省委批下来后才发现不对，但已经晚了，又不能说搞错了。就这样，因为工作中的差错，姚志坚在1958年成了一个十分典型的“错划右派”。姚志坚被划成“右派”后的一天晚上，戴伯行校长专门到他家去看望，讲了一些关心他的话，委婉地表示了歉意。1959年国庆十周年前夕，他从第一批“摘帽子”，变成“摘帽右派”。从此，姚志坚在每次政治运动中都是“对象”，成了一名经验丰富的“老运动员”。

四、牛棚生活

1968年9月，工人、解放军毛泽东思想宣传队（简称“工军宣队”）进驻四川大学，领导学校的“文化大革命运动”。11月，工军宣队在全校开始了清理阶级队伍的工作，即所谓“清队”的运动。他们“召开全校批斗大会。重新把认为有问题的100多人拉出举牌游校示众，接着被关进第一教学楼二楼，接受强制劳动和单位批斗”。这次，柯召又被关进了牛棚隔离审查。

其实，柯召被关进一教学楼的时间还稍早一些，是这年的10月24日。

“文化大革命”开始以来，经过两年多的折腾，人们似乎悟出了些什么。这一次柯召被关进去后，负责监管他们的学生们态度也不那么凶了。一教学楼外和路边长有许多夹竹桃，天气渐渐凉起来了，柯召试着对他们提出要求说，他想弄一些夹竹桃叶子来垫床，这可以防风湿。学生们很干脆地答应了他的要求，还帮助他去采集夹竹桃叶。平日里，除去运动中例行的那些活动外，也没有为难他的举动，柯召的心也渐渐放下来了。彼此熟悉了之后，大家也能谈谈话，柯召劝学生们不要荒废学业，以后总是有用的。

被关在牛棚里“思过”时，柯召的思路还是常常回到了他的研究工作上。一次，监管的学生发现，柯召在香烟包装纸上面写了密密的数学公式，就对他说，你怎么把书带进来了呢？被发现了是要挨打的。柯召回答说他并没有带书，是凭脑子里记忆的问题在推算。学生们在惊异之余，竟为他执著的精神感动。为了他的安全，学生们还是善意地劝他，等到出牛棚以后再研究，以免又遭不测。在牛棚里，柯召抽的香烟是八分钱一盒的“经济”牌或一角三分钱一盒的“金河”牌，那是最便宜的劣质烟。

“清队”期间，柯召遇到的一件意外的事是外调人员带来的。那时候，全国都在抓“反革命”，对与被审查者有过交往的人进行调查是常有的事。一次，有两个人来向柯召调查他们单位某人的材料，柯召据实回答，没有按他们的要求写不实的材料。外调者很不满意，突然挥拳，将柯召当场打昏在地。好在监管的学生就在一旁，他们赶快过来制止，事态才没有扩大。那两个打人的外调人员被弄去问讯一番后离去。

两个外调人员面对的虽然只是一个老人，但他们的拳头也是够狠的。据关在柯召隔壁的外文系教授倪受禧回忆：“听说隔壁年已花甲的数学家也遭到外调人员的打骂，眼镜打碎了，假牙也打落了，脸上还有一处伤痕。第二天，在走廊上排队拿饭时，我看到他，鼻梁上架着一副破眼镜，瘪着个嘴巴，脸上还贴了块橡皮膏。”

柯召究竟有什么问题呢？连他的专案组的人也说不清道不明。1969年2月春节前夕，一些受审查的人被放回家了，可还有一些人不准回去，转移到学生五宿舍继续隔离。不准回去的人中有柯召、原化学系主任杨秀夫、著名的植物分类学家方文培等。杨、方两位都是年近古稀的老人，关在单间里，连风窗都用木条钉上，为的是防止他们逃跑。到了春节前几天，又有新的人被关进来，其中有数学系教师胡鹏、雷国厚等。原来，这又牵涉到另一件冤案。

四川大学化学系有一名毕业生陈某在东北某市工作，“文化大革命”开始时他是该市的政协委员。“清队”时，陈某被逼无奈，承认组织过一个川大同学会，受三青团特务组织的支配。被进一步逼着交代同伙时，他竟然把能记得的四川大学老师和同学的名字都说了出来，共约100余人。陈某读书时杨秀夫是化学系主任，在他交代的名单中自然名列榜首。接着就是一串当时四川大学数理化等系教师的名字，其中陈某就读的化学系教师最多，数学系的教师有胡鹏、雷国厚等。陈某认识历史学家徐中舒的三儿子，为了过关也把他的名字一并交代在内。在四川大学，军宣队与工宣队据此宣布“抓到一个大特务网，收获很大”，接着就把这个名单中的不少人弄去审查。历时三个多月，后来说查无实证，不了了之。

这一次，柯召被关牛棚的时间超过半年。比柯召后进牛棚的胡鹏记得很清楚，他和雷国厚被关了整整100天。柯召和他们只是在厕所相遇时打过招呼，却被禁止交谈。那年春节，他们都是在牛棚里过的，吃的“年饭”是残汤剩饭。

1969年5月13日，柯召等被隔离审查的人都放出来了，整个“清队”工作也是查无实证，不了了之。

五、军垦农场与学习班

1970 年春，在工军宣队的安排下，数学系的师生到崇庆县军垦农场进行“斗、批、改”和劳动锻炼，6 月起又转到什邡县军垦农场，直到年底。柯召、张鼎铭、魏时珍、周雪鸥等老教授随队前往。

在农场里，师生们被按军队的方式编为班排，老先生们都参加班排活动。他们倒也没有受到什么刁难，分配给他们的劳动无非是帮厨房理菜、到地里赶麻雀、放鸭子、放牛、守磅秤记账之类的轻活。比之以前做运动对象“挨斗”的日子来说，已经好过多了。他们说这是“受优待”了。

6～9 月，柯召和胡鹏参加了农场丈量土地的工作。对柯召来说，即使是这种非常简单的工作，他仍然做得非常认真。他们改进了当地丈量土地的方法，把丈量工作做得又快又准，还为农场绘制了很精确的地图。在图中，柯召自己编了一套图例标记，对道路、河流、每块田的面积、农场的建筑，甚至农场的田坎、粪池、小桥、电杆等细小的项目，以及地图的方位和比例，都一一准确地加以标明。当地的人很佩服地说：“大学教授果然不一样。”柯召还保存了多份当年丈量土地时他亲手绘制的部队农场土地图。

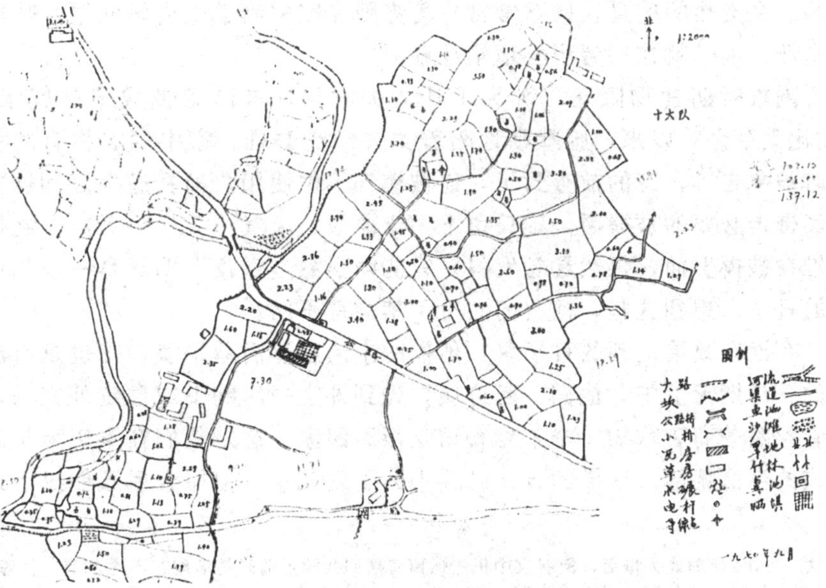

柯召严格按照 1：2000 的比例绘制的部队农场土地图

老先生们过集体生活当然也有诸多不便的地方，凑合着也就过了。他们感觉最困难的事是“拉练”，那是一个军事训练项目：夜半紧急集合，把各人的被子打成背包背上，集队在田野里行军。有的老先生动作慢，体力视力都不好，被学生搀扶着走也很吃力。也许是柯召习惯于做事严谨，即使是拉练这种对老教师要求非常过分的项目，他也做得很认真。在1970年11月24日的日记上，他写道：“连（队）点名，拉练，……检讨：我的背包揹（背）倒了。”

星期天是农场的休息日，不安排劳动，也没有人过问老先生们的行踪，他们可以赶集或者在附近随意走走，只要晚餐时准时回来就行了。这些时候，柯召喜欢在田野里找一个安静的地方坐坐，养养神，随便想些什么。他时时想到的总是他的妻子。

妻子熊瑜是北洋政府国务总理熊希龄的侄女，她幼年失怙，由伯父熊希龄送去北京香山慈幼院长大。日寇占领北京时，她姐姐的儿子在一次活动中把日本旗帜倒举以示抗议，惹起了一场风波。为躲避日寇的迫害，她带着侄子逃到四川。与柯召结婚以来，她就把全部心力用来支持丈夫的工作，照顾丈夫的生活，真情实意，细致入微。柯召体质不好，工作又忙，饮食起居全靠她细心操办。

那时夏天没有冰箱，妻子用扇子扇凉滚烫的粥，好让柯召赶紧吃完去上课。在炎热的盛夏，柯召常常打着赤膊在家中给学生讲解问题，热得浑身是汗，妻子就在一旁耐心地给他扇凉。

困难时期食物匮乏，她为了让丈夫吃饱，自己竟饿成了三度水肿。“文化大革命”以来，她默默地陪着丈夫经受磨难。家中的衣物有的在抄家时被拿走了，有的被查封了，连被褥都不敷使用。柯召进牛棚和这次下农场带走必要的被褥后，她只留下一床薄被。天气一天比一天冷，她把棉衣堆在被褥上面，仍然瑟瑟发抖，只能勉强熬过寒夜。那真是一段相濡以沫的日子。想到这些，柯召的心里不禁酸楚不已。[①]

在没有政治运动的日子里，他们的生活虽然简单平淡，却也是有滋有味的。星期天上午，他们一起进城，先到外文书店购书或预定外文书，再到春熙路的商店购物。中午到餐馆吃饭后回家，这是他们在重庆大学时就形成的生活规律。这样的日子已经中断了好几年，但愿今后还能过上这样

---

① 1990年熊瑜去世后，柯召家中仍然保留着他们共同生活时的旧貌，不愿改变。他睡的仍然是原来的旧床，女儿怕他睹物伤怀，想让他换床。他却对女儿说：“这样，我觉得你妈妈还睡在我身边。”熊瑜平时经常周济周围生活较为困难的人，她去世后，许多人泣不成声，说这样的好人怎么走了呢。许多人都说，柯召能做出如此杰出的工作，熊瑜有一半的功劳。

的日子。

* * * * * *

1970年底，农场劳动结束，全体师生返回学校集中吃住，投入了新一轮的运动——“批清”学习班。“批清”运动的要点是批判“极左”思潮，清查“五一六”和“三老会”的人。这一次，是整“文化大革命”中造反派的人，主持运动的人对历史问题已经不感兴趣了，老先生们也因之相对好过一些。

对老先生们有直接影响的是退休问题。1971年9月29日，军宣队在大礼堂召开大会，宣读退休退职的文件。文件本身不过是一些冠冕堂皇的话和具体规定，倒也没有什么可说的。但是，军宣队“头头”接下来的讲话却大为走调。他说：“今后搞教学改革，上课要爬雪山，过草地……你们老了做不到，不要占着茅坑不拉屎。”老先生们兢兢业业教了几十年书，到头来落得个“占着茅坑不拉屎”，怎么说也不是滋味。真是“秀才遇见兵，有理说不清”。柯召的好友周雪鸥先生一向讲话文雅，这次竟然破例说了两句不雅的话：“我们占着茅坑不拉屎，总比你占着茅坑拉稀好。”

10月22日，柯召按学习班“头头”的要求递交了退休申请，看来得解甲归田了。就在那个时候，“林彪事件”发生的消息已渐渐传开，学习班开始松懈起来，柯召退休的申请交出后也没有下文。试想如果柯召真的离开了他的舞台，也许我们就看不到他学术生涯的第三个高峰了。

学习班期间，仍然有一个专案组在审查柯召。可是有一天，学校军宣队领导突然在一次会上说：“柯召就是我们工人阶级喜欢的知识分子。”人们虽然不知道军宣队领导讲这句话的背景，却很明白，他的问题到此为止，离“解放”不远了。

参考文献

隆准，张华，王原野等. 2004-10-16. 乱世悲剧：宁为玉碎的重庆大学校长郑思群. 重庆晚报，12～13版

倪受禧. 2000. 学府四十年（未出版文稿）. 163

四川大学史稿编写组. 2006. 四川大学史稿. 第二卷. 成都：四川大学出版社

温建平. 1995. 学府风涛：一个大学校长的手记. 北京：北京语言学院出版社

杨先材. 2001. 中国历史：中华人民共和国卷. 北京：高等教育出版社

第四篇

再上高楼天地宽(1971~2002)

1972年『文化大革命』中期，在乍暖还寒的环境里，柯召开始了一个新的征途。『文化大革命』后科学的春天到来，国家的教育与科学事业进入了新的快速发展期，这是他一生中在科学和教育事业上的第三个高峰。这一时期，他的学术事业达到了一个新的高度：在开拓国内组合数学学科方面，在开辟数论应用的道路上，特别是在发展国防应用数学与密码学方面，都取得了令人瞩目的成绩。另外，他使四川的数学研究水平在广度和深度上取得了很大的进步，并培养和促进了一批优秀人才的成长，组成了新一代的学术团队，从而使以四川大学为主的四川数学的整体水平进入先进行列。在发展我国数学科学的道路上，他作出了杰出的贡献。

在花甲之年，柯召以老骥伏枥的精神顽强拼搏，刻苦工作，终于实现了他的千里之志。

'99 何梁何利基金颁奖大会

第十三章　缔造数学界的川军

一、圆梦——重返振兴四川数学之路

1935～1938 年，柯召在英国的《数论学报》、《牛津数学季刊》、《伦敦数学会杂志》、《伦敦数学会会报》等著名刊物上发表了一系列出色的论文。那些论文刊登了柯召研究不定方程和二次型的若干重要成果，构成了柯召学术生涯的第一个高峰。

1953 年至“文化大革命”前的 13 年，是柯召科学和教育事业上的第二个高峰期。他的研究成果达到一个新的高度，著名的柯氏定理和爱尔特希-柯-拉多定理，都是这一时期的产物。在柯召的带领下，四川大学成为国内不定方程领域的研究中心。

对于一个学者来说，一生中能有这样两次学术生涯的高峰，已经是很不容易的事了。但柯召并不懈怠，他不失时机地向着新的目标奋进。1972 年以来，他不仅在开拓新的研究领域上一领风骚，更在发展四川的数学事业上建树卓著。一系列成就，构成了柯召学术生涯的第三个高峰。

* * * * * *

从柯召 1938 年回国来到四川大学起，他的心中始终萦绕着一个愿望，就是要把四川的数学科学搞上去，赶上先进水平；要让他心爱的数论研究在四川扎下根来、开花结果。为了这个心愿，他回国来到四川大学不久，就挑起了数学系系主任的担子。在抗日战争时期四川大学迁往峨眉山的日子里，柯召和李国平、李华宗组成了四川的第一个数学研究群体，在艰苦的岁月里把研究工作搞得热火朝天，那是柯召回国发展四川数学事业的一个颇见成效的起点。1953 年院系调整，柯召回到四川大学后，这个愿望就更加强烈了。他在林林总总的干扰下锲而不舍地工作十多年，终于使四川大学数学系形成了特色，他的目标也粗具规模，发展势头也很可观。然而，正当目标快要实现的时候，挫折又降临了，他们面临的却是一场运动的浩劫。也许，在这种背景下，柯召和许多老一辈数学家多年的心血就会付诸东流了。对此，柯召是不甘心的。“文化大革命”的许多做法虽然持续了数年，但他不相信那些做法就是对的，更不相信那些做法能够持久占上风。不过，在那个时期，他也只能在一旁观望而已。

1970年春天，柯召已届花甲之年，想起他萦绕于心的这个报效祖国的愿望尚未实现，心中不免生出一阵“胡未灭，鬓先秋”的伤感。但他还是期待着，并且坚信能有用武之地的一天总会来到。他曾以荀子的一段名言来表述他的这种心态：

> 不慕往，不闵来，无邑怜之心。当时则动，物至而应，事起而辨。治乱可否，昭然明矣。

这段话出自荀子的《解蔽篇》。意思是说：不必思慕已经过去的事，也不必忧虑未来的事。不为这两种心态困扰，时候到了就行动，事情发生了就应对，问题来了就分析处理，该怎么办，自然就心中有数了。用今天人们熟悉的话来说，这段话的精髓就是：“调整心态，做好准备，抓住机遇。”在处于困境的时候，柯召确实是这样做的。他也因之在花甲之年再度踏上征途，迎来了一生中最重要的第三个黄金时期。

二、踏雪问梅　雾里寻路

1971年，四川大学逐步恢复了教学科研工作。这年3月，学校制定了《科学研究“四·五”规划（草案）初稿》，从1972年起开始逐年制定科研计划。

1971年9月，柯召、蒲保明等老教师除了参加“批清”学习班的大批判之类的活动外，还被安排到数学系图书室劳动，整理图书期刊。这是柯召重返教学科研岗位的前奏。

从1966年“文化大革命”开始以来，柯召已经五年无法接触到数学文献了。见到这些尘封已久的图书期刊，就像见到了阔别多年的老朋友，他的心中油然生出一阵阵亲切感。翻阅书刊的过程就像与老朋友叙旧一样，让他找到了昔日的自我。整理图书的有利条件是，他遇到感兴趣的书便可带回家去看。后来，这些书不仅为他编写优选法和组合论的教材作了准备，更为他重返科研岗位及开辟新的研究领域作了准备。

1972年春，四川大学恢复招生，因为学生都是从工农兵和上山下乡的知识青年中推荐入学的，所以称为工农兵学员。到1976年，四川大学共招收五届工农兵学员，数学系的招生专业是数学专业和计算数学专业。

在当时的气氛下，虽说是恢复了教学科研工作，但能做的也只是数学应用方面的科普工作而已。1972～1973年，柯召与四川大学数学系的青年教师们一道到四川的泸州、广元、峨眉、成都等地推广优选法。同时，他还编写了一本优选法讲义。这份讲义的特点是对理论部分的讲解系统而深入，弥补了国内这类文献的不足。对这些，柯召并不满足。在对待数学的应用方面，他主张既要做扎扎实实的科普工作，更要有人做开创性的工作，他希望在数论的应用上找出一条新路来。

对于停顿了五年之久的数论研究，柯召并没有放弃。为了重振旗鼓，他开始考察几乎陌生了的国外研究现状。在四川大学，能见到的外刊很少，美国《数学评论》是其中之一。由于那是影印刊物，时间一般还要延迟一年多，但总算有点文献，也能得到一些信息。柯召从中发现，他因“文化大革命”耽误未能发表的一些研究成果已被国外的同行解决并发表了。这意味着，本应属于中国人的研究成果丢掉了。更令他叹息的是，即使自己的论文引用自己的这些成果，也得注明那是别人取得的。

不过，这种不快的心情很快就被他心中重新燃起的热情所取代。他发现，国外现在对组合数学的研究很热烈，自己在10年前发表的研究成果“爱尔特希-柯-拉多定理”，已成为组合论领域的一个经典结果，国外学者认为，该定理对组合论的一个分支——极值集合论的发展产生了很大的推动作用；一向被认为纯理论的数论，也与一些应用领域挂上了钩，这使他感到振奋。他隐约有一种感觉，今后的研究工作将会迎来一片新天地。

三、当时则动——一个看似偶然的机会成为柯召重振雄风的起点

1972年春，恢复招生后的四川大学虽然仍然是在“文化大革命”的各种政治运动下行事，但教学工作总算有了一席之地。柯召除参加诸如筛炉灰、积肥、打扫清洁以及修河挖井之类的体力劳动之外，也可以参加一些教学活动，编写或审查一些面向工农兵学员的数学教材。虽然这些教材很简单，甚至是初等数学的内容，他仍然很认真地做这些事，同时还抽空读一些业务书。

“文化大革命”以来，尽管社会上很乱，许多工作都停顿下来了。但是，一些军队系统的研究部门仍然坚持着他们的业务工作。1972年3月，中国人民解放军总参谋部某研究所来人到川大，向柯召请教国防科技中的一些数学问题，后来又请柯召帮助解决他们提出的数学问题，要求四川大学让柯召负责组织一批教师为他们培养人才。从那时起，柯召就带领着一

1972年，与女儿柯孚久女婿白以龙合影的全家福。当时，柯召已经涉足国防应用数学，并着手开创中国的组合数学事业。他因之成为中国组合数学的创建者与开拓者之一

批青年教师进入国防应用数学这一新的领域。

关于柯召在国防应用数学上的建树，以及他在学术上的新贡献，我们将在下一章里介绍。在这里我们要谈论的话题是，对柯召来说，这项以国防应用数学问题的名义开展的研究工作，其价值远远超出了问题本身。首先，它使柯召的研究工作取得了合法的甚至受到保护的地位。在“文化大革命”中期的1972年，在那个还是政治运动挂帅的岁月里，自然是没有学术环境的。即使学者们自发地做些研究工作，也很难排除干扰，甚至还会受到各种各样的指责，然而在国防需要的旗帜下，谁也不会去干预柯召的研究工作，更谈不上指责。其次，它为柯召探寻学科发展的新方向提供了条件。国防应用数学问题实质上就是高科技中的数学问题，对这些问题进行研究，才有可能刺激人们去探寻相应数学学科发展的新方向。

这一次，柯召可以说是非常及时地抓住了机遇，从而在发展组合论和应用数论方面迈出了一大步。这正是他希望为数学的应用所做的开创性工作，他终于找出了一条新路。

四、逆水行舟也从容——“文化大革命”中后期的日子里

1972年以后，“文化大革命”进入了中期，随着“林彪事件”的发生，政治形势有所变化，集中吃住专搞运动的学习班结束了，大学恢复了招生。这些变化表明，“文化大革命”初期那种极度紊乱的局面已有所缓和，人们似乎又看到了希望。

就四川大学数学系的教师而言，谁愿意在无休无止的政治运动的漩涡里折腾呢？谁又不愿意回到教学科研岗位做自己的工作呢？他们的难处在于无法突破“文化大革命”中由各种“极左”观念造成的束缚。柯召重返学术岗位这件事犹如一个破冰之举，率先突破了这样的束缚。这在四川大学数学系里引起了连锁反应，柯召能这样做，别的教师自然也就可以仿效

而行之了。

1972年以来，老一辈的教授已凋零近半，胡坤陞、赵淞、周雪鸥相继去世，还能够走上教学第一线的老先生，也就只有柯召等少数几个人而已。在教学第一线，柯召热情地、满负荷地工作着。他自己编写教材讲授的课程有组合论、优选法以及为工农兵学员补课的初等数学等，还负责审查修改数学系教师自编的高等数学、代数、编码理论等课程的教学大纲或教材。这些工作虽然难易不等，但柯召都做得很认真。他对于当时国内一些学校编写的教材中，过分强调直观、几近媚俗的做法很不认同。柯召无论是自己编写教材还是审改别人写的教材，始终坚持内容的系统性和科学性。这也是四川大学数学系当时还能保住起码的教学质量的因素之一，对四川大学数学系的学风和传统起到了一定的保护作用。

在当时的环境下，数学系的教师们恢复研究工作自然需要在应用的名义下开展。他们从事的应用方面的研究有《控制论中的数学问题》、《石油勘探中的数学问题》、《电子元器件的可靠性问题》等，用到的是泛函分析、微分方程和概率论方面的数学知识。不管怎样，这些学科领域的研究工作总算恢复起来了。教师们的确是在认真地做应用课题，理论研究课题也是在此基础上逐步开展起来的。

拓扑学的研究工作也因一次机遇而开拓了新的方向。1972年底，关肇直院士出差西昌卫星基地路过成都，顺道到四川大学数学系看望他的老友姚志坚，并与校领导座谈。在座谈中，关肇直谈到国际上关于模糊数学研究的新动向，系主任蒲保明趁机向校领导提出要开展这方面的研究。鉴于关肇直当时的影响，学校当局便默许了这一要求。

在“文化大革命”中后期，尽管政治运动仍然占主导地位，但人们却热情不再，多数人只是应付而已。教学和科研工作总算有了一席之地，只要没人指责，大家就心照不宣地埋头做自己的业务工作。在既没人同意又没人反对的状态下，学术讨论班也在政治运动的空隙中时断时续地进行着。

四川毕竟距离政治中心远一些，有人说，这叫“天高皇帝远，江青也管不着”。这时的四川大学数学系恰似一幅“石压笋斜出，崖垂倒着花”的画卷，一批教师虽然屡受冲击，仍然艰难地开展着研究工作，在困难的环境里逐步成长着，并取得了研究成果。他们的工作为“文化大革命”后四川数学的发展作了准备，起了开路的作用。到1976年“文化大革命”结束时，四川大学数学系因取得主动，及时进入一个快速发展的时期。

在1978年全国科学大会召开时，四川大学数学系共有8个项目获得全国科学大会奖。获奖项目展示了四川大学数学系在数论、组合论、拓扑学、泛函分析、微分方程、概率统计等领域的理论和应用研究成果，这些成果都是在“文化大革命”中后期艰难的环境中完成的，因而尤其可贵。

五、春风吹又生——创建四川大学数学研究所

1976年“文化大革命”结束，阴霾散去，人们终于迎来了复苏与发展的岁月。柯召特别兴奋地说：“我从来没有像现在这样高兴过，我的心情格外舒畅，自己觉得似乎年轻多了。”这样的情感化语言，是柯召难得使用的，真可以说是“漫卷诗书喜若狂”。

1977年10月，柯召赴北京出席全国自然科学学科规划会。这次规划会上提出了在高等学校设立研究机构的考虑。数学组与会专家认为，四川大学与山东大学已具备条件，议定在这两所大学成立数学研究所。

1978年4月5日，柯召赴京参加全国科学大会归来。他真切地感受到，这一次，科学的春天真的来临了。他的心情犹如鸟出樊笼、龙归大海，非常舒畅。他下定决心要好好地干上一番，他说：

> 我虽然年老体衰，但是我的心并不老，我的志并不衰。我要争取为我国的科学事业至少再积极工作二十年。

回成都的飞机上，有中国科学院成都分院副院长马识途、四川医学院院长曹钟梁等四川代表，大家想的也都是发展科学的事。马识途擅长诗词，即兴填了一首《忆秦娥》赠给柯召、曹钟梁，表达他们共同的心声。

忆秦娥

赠科学大会代表　柯召、曹钟梁

宝山去，山重水复疑无路。
疑无路，有还若无，神游千度。
登山漫道攀缘苦，妙峰自在有无处。
有无处，拨开云雾，风光无数。

马识途

1978年四月五日清明于京蓉机上

面对着百废待兴的局面，柯召要做的事太多了。自己的研究工作只是一个方面，更迫切的问题在于，四川大学数学系的整体水平必须尽快提升上去，为此，必须组建一支年富力强的学术队伍来担此重任。由于“文化大革命”造成的人才断层，人才的新老衔接问题面临极大的困难，他必须

营造一个学术环境，让四川大学数学系的中青年教师尽快成长起来，他们之中，特别是获得科学大会奖的一批人，应当接班了。

归来不久，教育部同意成立四川大学数学研究所，该所的筹备、建设和运作随即相继展开。

对柯召来说，在四川大学成立数学研究所是他多年来的梦想。他一直期望着在四川建立一个专门的数学研究机构，以加快数学研究工作的进度，并培养出高水平的数学研究人才。这也正是他从全国科学大会归来后最想做的事，他立即以极大的热情投入研究所的创建工作。

四川大学数学研究所创建之初，人力和经费都相当困难，连建设研究所用房都没有经费。当时教育部曾拨给柯召 10 万元科研经费，他毫不犹豫地把大部分经费用来建设数学研究所。

1983 年，四川大学数学研究所终于建成，研究人员有了自己的工作场地。研究所虽然只有十多间平房，但在当时的条件下就算不错了。1985 年，时任美国副总统的老布什来四川大学讲演，学校把讲演厅旁的数学研究所作为客人休息的场所，这是数学研究所接待过的档次最高的外宾。

新成立的四川大学数学研究所下设数论、拓扑、应用数学、计算数学四个研究室。研究方向为数论与组合论、拓扑学、偏微分方程、泛函分析、计算数学。前四个方向，正是四川大学数学系在 1963 年列入国家科学发展十年规划的研究方向，计算数学则是当前需要加快发展的学科。

柯召亲自挑选研究所的成员。成员之中，包括了“文化大革命”前就已经崭露头角的一批中青年教师。可叹的是，他们本来早就该成才了，可整整耽误了十多年，现在已人到中年，却还未达彼岸。这让柯召感到形势急迫。为了摆脱这种困境，让这批教师尽快成长，他作出了一个特别的决定：研究所的成员三年不担任教学任务，集中力量搞科研。由于这批教师在“文化大革命”的困境中已经开始恢复学习与研究，在新的机遇到来时已经有了坚实的基础和一定的研究成果，三年的时间对他们来说就是一次绝佳的冲刺机会。事实证明，当时的这个决定效果非常显著，一批新秀就是由此出现的。他们之中包括刘应明、魏万迪、孙琦、孙顺华等。

1980 年，国家恢复了专业技术职称评定。在许琦之副校长的大力支持下，柯召率先打破了论资排队的格局，力主评定了数学系的刘应明、魏万迪、孙琦、孙顺华四位年轻的副教授。这在当时是突破旧观念的做法，遇到极大的阻力。柯召说：“评职称时，我最早主张不要论资排队，要评年轻人，反对的人很多。”他还说过，“如果不这样做，我宁愿辞去副校长不干”。

用柯召的科研经费建成的四川大学数学研究所用房

事实再次证明柯召的意见是正确的。后来这四位年轻的副教授都很快地成为博士生导师，走上了学科带头人的岗位。他们在四川大学数学系组成了年富力强的学术团队。这种做法沿袭至今，四川大学数学系给年轻人创造了一个广阔的天地，一大批年轻人在这里做出了出色的成绩。

数学研究所建立后，四川大学数学系的学术团队中还增加了一位新的学术领导人李安民。李安民的研究方向是整体微分几何，有很出色的成果。他的加盟，弥补了数学系的薄弱之处。微分几何也成为四川大学数学系新的特色学科。

李安民“文化大革命”中毕业于北京大学数学力学系，分配到成都附近的汶川造纸厂工作，“文化大革命”后回到北京大学读研究生，1981 年到四川大学数学系工作。在“文化大革命”结束不久、人才奇缺的时期，李安民选择了条件不算好的四川大学工作，这与柯召等人以诚待人、对他的关心与器重也颇有关系。

李安民来到四川大学工作后不久，从 1982 年起，就连续地在《数学学报》、*Math. Z*（德国数学杂志）等国内外重要刊物上发表研究论文，这引起了学术界的注意。一些条件较好的大学希望李安民到他们学校参与学科建设工作，李安民却信守在四川大学工作的承诺不为所动。

1987 年 10 月，数学年刊在四川大学召开编委会，国内不少知名专家与会，其中有一位对四川大学帮助很大的老院士向校方和数学系的领导提出调李安民的要求，他们很为难。这时，柯召毫不犹豫地把矛盾揽过来。他告诉鄢国森（校长）、刘应明以及数学系的领导们，让他们把矛盾推给自己。碍于柯召的情面，老院士也只好作罢。其实，柯召与那位老院士的私交非常好，别的事柯召可以很大方，但涉及四川大学的利益，他却“小气”起来。对方当然理解柯召的心意，事后，他们的友谊依然深厚。

来到四川大学后，李安民不断取得优异的成果，多次获得省部级科技进步一等奖，1993 年获得国家自然科学奖三等奖，1994 年获得求是科学基金会杰出青年学者奖，2009 年当选为中国科学院院士，为四川大学的数学学科建设作出了重要贡献。

1983 年 5 月 17 日，教育部以（83）教技字 013 号文批准四川大学设立数学研究所、激光物理与激光化学研究室、植物分类研究室，四川大学数学研究所正式成立。实际上，研究所已经运作了好几年，在此期间，获得国家自然科学奖 2 项，省部级科技成果奖 6 项。新一代的学术团队已基本形成，在人才培养和形成优势学科方面也出现了新的气象。一支具有特色、具有生命力的数学川军正在崛起。

1992 年，与陆文端（右）、李安民（左）在四川大学数学研究所

第十四章　学术生涯的第三个高峰

从“文化大革命”中期的1972年开始，柯召的学术贡献进入了第三个高峰，这个高峰把柯召创建的数论研究推向了一个新的高度。这个新的高度不仅保持了以不定方程、二次型为特色的传统数论研究的优势，而且在数论的应用方面开辟了一片广阔的天地，其中，数论在国防科技和密码学上的出色应用尤为引人注目。此外，柯召还把目标转向发展数论的姊妹学科——组合论，他因之成为中国组合数学的创建者与开拓者之一。第三方面的特色是，柯召终于在四川大学建成了一支高水平的数论、组合论研究队伍，成为国内数论组合论的重要力量。

通过不断的努力，他和他的学生们的研究领域，已从数论中的二次型、不定方程扩展到代数数论、组合数论、计算数论，从数论扩张到组合数学、有限域、算术代数几何、群论、密码、算法以及代数编码，等等。

一、明珠铸成卫国剑——国防应用数学

（一）部队研究所的任务

1972年，部队来人到四川大学，请柯召帮助解决他们遇到的数学问题，并为他们培养人才。从那时开始，柯召就带领着一批青年教师进入国防应用数学这一新的领域。

柯召的第一步工作是到部队研究所去上课。他带领数学系几何代数组的几位青年教师去上课期间，经过一段时期的教学和调查研究之后，他明白了对方的需求，进而提出了自己的教学计划，并与对方商定在四川大学专为部队开设一个培训班，面向全国。

1974年6月，部队培训班在四川大学开学，为期一年。柯召讲授的课程是组合论，他自己编写教材，由魏万迪做辅导教师。在那时，组合论是相当前沿的学科，国内的大学里还没有上过这门课，该培训班的特色可见一斑。

部队研究部门的领导对此寄予厚望，他们特意挑选了一批优秀的业务

骨干参加这个培训班。开始时，有的学员并不理解学习组合论等课程的目的，也感觉不到这些知识有什么用处。但是，当他们返回工作岗位，重新接触研究课题时，竟有得心应手的感觉，他们惊喜地说：“这些知识太有用处了。”在补充了丰富的数学知识后，这批业务骨干便迅速成长起来。其中不少人后来都成了优秀的专家，在工作中作出了重要的贡献。

柯召接受的研究任务之一，换成数学问题就是解一个 800 多阶的行列式。由于它的复杂性和大计算量，当时的最大规模的计算机也无法处理。我们知道，对于具有大计算量的应用型课题而言，必须借助计算机处理才可能解决问题。因此，能否上机就是一个关键的环节。柯召凭借他深厚的数学功底对该问题进行了实质性的简化与分解，从而使问题能够上计算机处理，对方的问题因为这一关键困难的克服而获得解决，他们对柯召的工作非常满意。后来，又将新的任务交给了柯召。

在 70 年代后期，柯召多次参加国防应用数学座谈会和工作研讨会，与会者有时任总参谋长的杨得志上将等高级将领，足见军方对数学在国防科技领域中的种种应用非常关注。柯召越来越清楚，代数、数论以及组合论、图论等离散数学的知识在国防科技中有着日益重要的应用。这正是他可以，也应该尽其所能、发挥才智的地方。

（二）总参谋部聘请柯召担任科学顾问

1980 年 12 月 8 日，四川大学收到了一份来自“中国人民解放军总参谋部”的公文，公文中写道：

> 四川大学：
>
> 为了促进总参三部工作的发展，经国务院、中央军委批准，聘请你校副校长柯召教授为总参谋部科学顾问。
>
> 国务院、中央军委国发［1980］256 号文件有关问题的贯彻落实，亦请你校给予大力支持和帮助。
>
> 中国人民解放军总参谋部
>
> 一九八〇年十一月廿九日

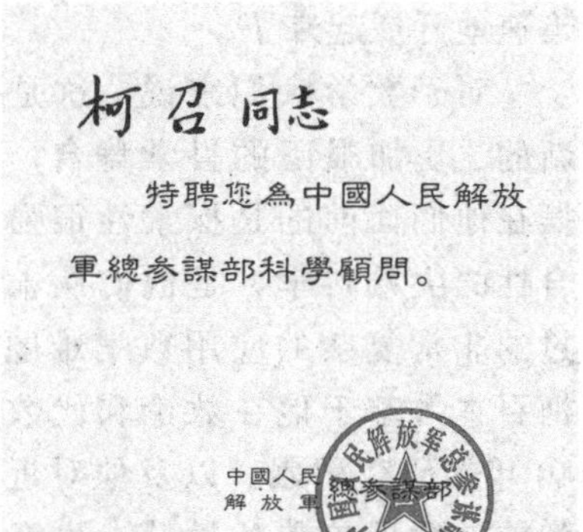

中国人民解放军总参谋部聘书

不久，一份来自“中国人民解放军总参谋部”的金字聘书送到了四川大学，聘请柯召为中国人民解放军总参谋部科学顾问。

柯召和四川大学国防应用数学研究组成员

在一所远离北京和中央的大学里的学者，得到经国务院、中央军委批准的聘请书，对于大多数人来讲，是一份惊讶，或者是惊喜。然而对于柯召和他的研究集体来说，这只是对他们长期为国防建设服务的一个正式认可。把数学皇冠上的明珠，转化为保卫祖国的利剑，是柯召视为己任的神圣职责。

吸取和借鉴西方及苏联的经验，吸收和聘请最优秀的科学家参与有关国防科技问题的研究，是中国国防现代化的必然。然而，把这一决策付诸实践的关键在于物色最合适的人才。在北京酝酿科学顾问的人选时，总参谋部有关领导找到华罗庚征求意见，华罗庚立即推荐了柯召和段学复，让他们来担此重任。就这样，当建设四个现代化的高潮到来的时候，柯召承担了国防现代化的具体任务，这项任务把柯召推向了新的、更加广阔的舞台。

1981 年 5 月 3 日，在柯召位于四川大学滨江楼的校长办公室里，他领导下的国防应用数学研究组正式成立。部队来人介绍了课题，研究工作便迅速地开展起来了。

对于数学家们来说，这是一个新的、更加艰巨的科学舞台，因为摆在他们面前的是探索性很强的综合性的尖端科学，是他们从未遇到过的非常复杂的应用数学难题。而柯召本人基于他在数论和代数领域 40 年的研究积累，以及他对近代数学前沿发展趋势的敏感，也意识到了这条路正在把他和他的集体引向一个新的科学领域。于是，柯召深沉的爱国之情和强烈的探索欲望，促使他不失时机地投身这个新的领

20 世纪 80 年代初，柯召与孙琦参观国防科技部门，左边的军人是川大数学系毕业生刘思泽

总参三部赠送给柯召的荣誉证章

域——国防应用数学。由于在这个领域里的辛勤耕耘，他和他的集体不但取得了一系列科研成果，完成了大量的国家任务，获得了应用部门的好评；而且，引导了一大批年轻才俊直接站到了新的科学前沿和更广阔的学术舞台。

正如其他的国防科技研究一样，柯召和他的研究集体在从事这项长达十多年的研究工作中，需要隐姓埋名，不能发表任何有关的研究文章。所以，在这本书里也无法予以具体介绍。我们所知道的是：有关单位曾多次发文给四川大学，感谢他们的研究成绩和辛勤劳动。有关文件指出：这个研究集体“在 1982 年提交了研究报告若干份，1983 年提交了研究报告若干份……共计若干份；对有关问题的研究方法、解法、唯一性、计数和生成方法等等，给出了有启示性的结果……”

1984 年和 1985 年，该研究集体的成员孙琦、郑德勋、沈仲琦等人共有四项成果获总参三部国防应用数学奖。

1985 年，总参顾问年会上徐信副总参谋长会见柯召

二、创建与开拓中国的组合数学

（一）现代组合数学的兴起

在接触国防应用数学的同时，柯召又投入了开拓中国的组合数学的征途。

组合数学（combinatorial mathematics），是一个既古老又新兴的数学分支。说它古老，是因为在中外的古代数学中已经提出并研究过若干组合问题。例如，中国古代的幻方和宋代的杨辉三角、俄国欧拉的哥尼斯堡七桥问题，以及许多著名的智力游戏问题，都是组合数学问题。在西方中世纪，由于莱布尼茨（1666 年）和雅各布·伯努利（1713 年）的工作，组合数学已经开始成为数学的一个分支。说它新兴，是因为组合数学的蓬勃发展是在计算机问世和普遍应用之后。随着计算机科学的产生和发展，组合数学改变了旧有面貌，成为一个极富生命力的新兴数学分支。

现代数学可以分为两大类：一类是研究连续对象的数学，如分析、方程等；另一类就是研究离散对象的数学，而组合数学恰恰就是研究离散对象的一个重要的数学分支。粗略地说，组合数学是研究任意一组离散性事物按照一定规则安排或配置方法的数学。计算机科学就是算法的科学，而计算机所处理的对象是离散的数据，所以离散对象的处理就成了计算机科学的核心。计算机之所以被称为电脑，就是因为在绝大多数情况下，计算机被人编写了程序（即算法）后，不是在作数值计算，而是针对离散的对象作智能化的信息处理。所以，正是因为有了组合算法，人们才感到计算机好像是有思维的。可以说，以组合数学为重要内容的离散数学的发展，奠定了 20 世纪计算机革命的数学基础。

现代组合数学的主要特点是它大量地运用矩阵、抽象代数学和数论等工具，使问题的提法和处理方法表现出极大的一般性。它的另一个重要特点是它适应计算机科学发展的现状、趋势和要求，很注重方法的可行性和程序化的要求。许多理论学科和应用学科向组合数学提出了大量的具有理论和实际意义的课题，促使它产生了许多新理论，如区组设计、组合优化、组合算法、组合矩阵论等。这个具有悠久历史的数学分支变得异常活跃，并取得了丰硕成果。

在国外，现代组合数学的迅速发展是从 20 世纪五六十年代开始的。1966 年，国外专门研究组合论的数学期刊《组合数学杂志》（*J. Combinatorial Math.*）A，B 辑创刊，国际上有关现代组合数学的著作也相继问世，组合数学的研究活动也多起来了。几乎与之同步，柯召和国内一些数学家已经涉足组合数学的研究，并且作出了很好的成果，其中就有著名的爱尔特希-柯-拉多定理。所以，组合数学在中国已经具备了发展的条件。可惜的是因为“文化大革命”，连已有的研究工作都无法开展，发展组合数学的事也就无从谈起了。

(二) 病榻上问世的著作——中国的第一份组合数学教材

1972 年以来，柯召从他对数学发展前沿的敏感中，察觉到了发展组合论的极端重要性。他一方面按照要求下厂下乡做推广优选法等数学普及工作，另一方面又热心地向部队培训班推荐并讲授组合论和编码理论的知识。这在国内当时的环境下，已经是相当领先的工作了。而更重要的还在于，他从学科发展的角度着眼，开始了组合论研究的学术积累。

20 世纪 60 年代，国际上的组合数学专著不过三五部，其中最有影响的有赖塞（H. J. Ryser）的专著《组合数学》[①] 和赫尔（Hall）的专著《组合论》[②]，它们分别出版于 1963 年和 1967 年。由于“文化大革命”的延误，柯召直到 1972 年才在数学系图书室里发现了它们的影印本。从 1973 年起，柯召便从系统研读这两本专著入手，开始了发展我国组合数学的征途。

按理说，组合数学和数论是姊妹学科，它们在内容上有一定的共同之处，而彼此真正地互相充实丰富着。组合数学某些方面的内容，与柯召 20 世纪 30 年代在二次型方面的成果和 60 年代在不定方程以及极值集合论的成果密切相关。这固然是有利的一方面，可不利的一方面是他已不再年轻，那时的柯召毕竟已经 60 多岁了。人们都知道，对于科学家（特别是数学家）来说，创造的高峰期是在青壮年时期，一个年已花甲的老人要去开辟一个新的学科领域谈何容易？但由于“文化大革命”的延误和人才断层的现状，他毅然站到第一线去拼搏。当然，他也必须付出更多的精力，经历更加艰辛的磨炼。

我们在他的书架上发现了一本尘封已久的厚厚的笔记本，笔记本最后一页标注的时间为 1973 年 9 月 10 日。在笔记本中，他用密密麻麻的蝇头小字写下了长达 271 页的读书笔记，那是关于赖塞著《组合数学》的读书笔记。接着，他开始为部队培训班编写组合论的教材。1974 年 3 月 11 日至 7 月 11 日，他每天都把上午的最佳工作时间用来写讲义。经过整整 4

① H. J. Ryser, Combinatorial Mathematics, New York: Wiley, 1963.

② M. Hall, Combinatorial theory, New York: Blaisdell Publishing Company, 1967.

个月的努力，讲义已经完成过半。就在这时，一场意外事故又差一点儿中断了这项工作。

1974 年 7 月 12 日，柯召到城里购书，从位于成都闹市区的春熙路外文书店出来后，脑子里一边想着问题一边信步而行，没有注意到一辆自行车迎面而来，他完全没有反应过来就被撞翻在地。路人将柯召扶起来后，他的思想才从数学的抽象思维中回到现实世界。当时他还想到要赶快回去工作，又觉察不到有什么伤痛，自认为问题不大，所以没有对骑车人说什么就自己回家了。“文化大革命”时期，电车和公共汽车都不正常，他只好一步一步慢慢走回家中，可是回家以后就疼痛难忍，而且坐着都不好受，只能躺在床上调养。即使在这样的情况下，柯召也并没有休息。为了按时写完这份讲义，他没有上医院，只是请人到家里来给他上药治疗，就这样忍着疼痛坚持工作了整整一个月。到 8 月 12 日，这份《组合论》讲义终于脱稿了。年底，柯召按计划为部队培训班讲授组合论这门新课。后来人们才发现，这份病榻上问世的著作，也许是国内最早的一份《组合论》讲义，它是柯召为发展中国的组合数学布下的一着先手棋。

（三）组建组合数学的学术队伍

柯召开始研究组合论时，魏万迪（1939～　，1961 年毕业于四川大学数学系，同年留校工作，1986 年任教授）是他的得力助手，协助他编写教材，并担任辅导教师，编写组合论习题和题解。魏万迪曾对他的学生谈到，当时，组合数学里的许多外文术语都还没有中译名，需要自己拟定，例如，容斥原理、积和式等术语，都是柯召给出的中译名。这些术语不仅数学含义贴切，文字也很考究，这些看似细节小事的工作中，也显示出柯召深厚的数学功底和中国文化底蕴。

早在 1973 年 2 月，较编写组合论讲义的时间还稍微早一些，柯召就开始关注编码的数学理论。不过，在为部队培训班安排教学时，他已经把二者放在一起考虑了。柯召的一份手稿中指出了这样做的原因：“编码是本世纪五十年代开始萌芽，而在本世纪六十年代迅速发展的一门应用数学。从它所针对的问题来说，它是信息论的一个分支；从它所处理的问题的性质来说，则是组合数学的一个分支。”

1974 年 6 月，第一次的组合论课程结束时，柯召关于如何发展组合数学的计划也成熟了。他对魏万迪说：“看来国家需要，你就搞组合论吧，不一定都要回到数论的专业上。”这个决定意味着，柯召在研究方向及学术队伍的建设上都有了新的安排。从此，他带领着魏万迪等青年教师进入了组合论的研究领域。

1978 年，以柯召领衔的研究项目“不定方程、数论变换和组合论”获得全国科学大会奖。1979 年以后，魏万迪等人在组合论的广容斥原理、组合矩阵、差集等方面取得一系列深刻结果，获 1985 年四川省科技进步奖三等奖，1987 年四川省科技成果奖二等奖。

1981 年，柯召与魏万迪合作，编写了《组合论》(上、下册)[①]，由科学出版社出版。这是国内最早介绍组合计数的专著之一。该书出版后很受欢迎，被多所大学用做研究生教材，几度脱销，重印过多次。1984 年，柯召与魏万迪还合著了一本科普读物《初等组合学漫话》，由科学出版社出版。该书将科学性与趣味性很好地结合起来，通过一系列数学故事和数学游戏，向青少年生动地介绍了组合数学的基本知识。同时，柯召与魏万迪合作，招收了组合论方向的硕士研究生。陈永川是他们 1984 年招收的硕士生，现任南开大学教育部“核心数学与组合数学”重点实验室主任。陈永川回忆说：

> 他们上世纪八十年代出版的组合论（上、下），对中国组合数学的发展起了非常非常重要的作用，奠基性的作用。

1984 年 8 月，柯召推荐魏万迪赴大连参加组合论规划小组会。1985 年 5 月，中国数学会组合数学与图论委员会成立，魏万迪任副理事长。魏万迪还担任过国际数学杂志《图论和组合学》等多种国内外数学期刊的编委。

1987 年，四川大学数学系获得应用数学博士点，魏万迪被批准为博士生导师。这时的四川大学数学系，已经成为国内组合数学研究与人才培养的一支重要力量。

三、开辟数论应用的新方向

1976 年以后，数论的研究已经恢复。在继续不定方程和二次型研究的同时，柯召和他的研究组成员们在开辟数论应用新领域方面又取得了进展。那就是数论变换和密码理论。

数论变换起源于利用复数域上的离散傅里叶变换（DFT）对数字式信号进行处理。众所周知，DFT 在雷达、通信、遥感、物探、光学、医学的各方面都得到了有效的应用。1965 年，出现了快速计算离散傅里叶变

① 上册由柯召与魏万迪合作，下册由魏万迪编写。

换的算法，称为“快速傅里叶变换”（FFT），这种算法大大节省了计算量，促进了数字信号处理的发展。

20世纪70年代初，有人提出了构造整数模M剩余类环上的离散傅里叶变换，即数论变换。数论变换的优点在于，它和DFT一样具有循环卷积性质，并可用类似FFT的算法来计算，因此可用来计算整数序列的卷积；与FFT比较，它具有更快的速度，没有舍入误差，等等。当然它并不成熟，还有一些缺点。尽管如此，数论变换的提出，还是引起了人们广泛的注意。因为它的优点十分吸引人，更重要的是它把数论的方法带到了数字信号处理中，这从理论上和方法上来讲，无疑都是重要的进展。所以，数论变换方法自从提出来后，就发展得很快，继而又有人提出了复数论变换和二次域上的某些变换等方法。

1976年，孙琦向柯召谈起国外关于数论变换的研究动向，柯召非常支持孙琦进行这一新方向的研究。为了帮助孙琦等人尽快进入研究前沿，柯召立即着手研究这方面的文献，并给他们讲授有关知识。他曾说：“我要全力支持我们组内的中青年同志对数论的应用问题的探索，他们已经作出了一些可喜的成绩。”在柯召1976年的日记中，还有如下记载：

> 6月11日，看孙琦关于NTT（数论变换）稿。
>
> 7月14日，学习NTT，FNT，DFT，FFT。
>
> 11月3日，读《有限域上的快速数论变换》①（the fast Fourier Transform in a finite field）。
>
> 11月11日，给孙琦、沈仲琦、郑德勋讲有限域上的FFT。

在柯召的鼓励下，孙琦和郑德勋、沈仲琦积极投入到对数论变换的系统研究，发表了一系列论文，完善和丰富了数论变换的理论。这方面的成果后来写进了他们的专著《快速数论变换》（孙琦、郑德勋、沈仲琦著，科学出版社，1980年）。1984年，这部专著获得四川省重大科技成果奖二等奖。他们还曾带领四川大学数学系的部分学生去实际部门推广和应用数论变换。孙琦等人关于数论变换的研究，引起关肇直、王元等专家和实际部门的很大关注。当时，孙琦曾应邀在中国科学院数学所做专题报告，1977～1978年，数学所主办的《数学的实践与认识》杂志分3期连载了他们关于数论变换的工作。1998年以来，孙琦和唐远炎、马洪等合作，把数论变换用到小波变换中去，取得了好的成果。他还对复数域上DFT

---

① J. M. Pollard, Fourier Transform in a Finite Field, Mathematics of Computation, 1971, 25 (114): 365～374.

的 Moshe 和 Hertz 算法进行了推广，发表了多篇论文。直到 2008 年，孙琦和他的学生还发表了论述将数论变换应用于公开密钥码中的研究论文。

* * * * * *

柯召支持孙琦研究的另一个重要领域就是数论对密码理论的应用。

20 世纪 60 年代初，国外几个电机工程师用数论的一些基本定理，制成了一种新的密码。这种由数论工具所做成的密码与前人所用的密码有着本质的不同，可以说是密码史上的一场革命。

通信在政治上、军事上、商业上以及社会生活的方方面面，都是非常重要的。为了不让竞争对方得到己方的信息，必须对通信保密，这就需要密码通信。在现代技术下，对方总有能力窃听到己方的信号。不过，对方得到的信号总是密码电文，必须解密才能知道通信的内容。传统的密码只有一个钥匙（密钥码），制作密码和解开密码都使用同一把钥匙。而用数论方法做成的密码有两把钥匙：加密密钥和解密密钥。加密密钥是公开的，所以称为公开密钥码。它的优点在于，就算对方知道了加密密钥和密码电文，也很难推算出解密密钥，也就无法破译该密码电文。即使运用先进的计算机推算解密密钥，花费的时间仍然太长，从而失去意义。

对于公开密钥码的运作要点，有如下通俗的解释：

（1）收方先告诉发方如何把情报做成密码电文，即加密密钥是公开的；

（2）发方按照这个方法把情报做成密码电文发出（敌方也收得到该密码）；

（3）收方解开此密码电文得到原信息（但敌方却解不开此密码电文，因为解密密钥只有收方知道）。

孙琦是我国最早从事公开密钥码研究的数论专家之一，从 20 世纪 80 年代到 2006 年，他对 RSA① 和有限域上椭圆曲线公开密钥码体系、环 Z_n 上椭圆曲线和环 Z_n 上圆锥曲线 RSA 型公开密钥码体系进行了深入的研究。他的研究课题多次获得国防科技重点实验室基金资助。

在不定方程和二次型方面，柯召把更多的精力投入了编写著作和培养研究生的工作。

1980 年他与孙琦合作编写出版了《谈谈不定方程》一书，这是国内第一本较系统、较全面地介绍不定方程基础知识的著作。1986～1987 年，

① RSA 是这种公开密钥码体系创立人瑞未思特、希米尔、爱德曼（Rivest，Shamir，Adleman）三人英文名字的首字母。

他和孙琦合作出版了《数论讲义》（上、下），该讲义于 1991 年荣获国家教委优秀教材二等奖。

孙琦（1937～　），不仅是我国最早从事快速数论变换和公钥密码体系研究的数论专家之一，也是柯召培养的四川大学数论研究队伍的领导人。1961 年毕业于四川大学数学系，同年留校工作，1986 年任教授，1990 年任博士生导师。长期从事数论中初等数论、不定方程、有限域上的算术、数论应用等方面的研究，著作颇丰。

在不定方程方面，1964 年，孙琦与柯召合作，否定了 Anderson 关于指数方程的一个猜想；1964 年他们提出的一个关于单位分数表 1 的问题，在国际上称为“柯召和孙琦的猜想”（Conjecture of Ko and Sun）。1981 年，他们还用初等数论的方法，完整地解决了不定方程 $x^3 \pm 1 = Dy^2$ 的整数解问题，这里，$D > 2$ 无平方因子，且不能被 $6k+1$ 形状的素数整除。在这之前，Ljunggren 用代数数论的方法仅证明了部分结论。1982 年，孙琦还解决了 Znam 提出的一个有关整数序列的问题。从 20 世纪 80 年代开始，孙琦与柯召合作对一类基本的不定方程 $x^4 - Dy^2 = 1$ 进行了较长时间的研究（这里 $D > 0$ 且不是平方数），取得一系列结果。1996 年，孙琦与袁平之用柯召的方法，完全解决了这一类四次不定方程。1988 年，孙琦应邀在日本京都大学数学研究所的一次国际丢番图问题会议上作一小时报告，介绍他在不定方程方面所取得的成果。

在有限域上的算术方面，特别在对有限域 F_q 上对角方程的研究上，孙琦和他的学生合作，做了一系列深入的工作，如给出了计算解数的二个新的压缩公式。1998 年 Berndt，Evans，Williams 撰写的专著 *Gauss and Jacobi Sums* 中，引用了他们的 4 篇论文。此外，他和袁平之、韩清解决了 Hahn 提出的一个有关分圆整数分解的公开问题。2005 年以来，他和曹炜把有限域上对角方程的许多结果推广到了广义对角方程上，在国际著名刊物上发表了多篇论文。

孙琦的研究工作多次得到国家自然科学基金、高校博士点基金和国防科技重点实验室基金的资助。2002 年，他还获得一项“十五”国家密码发展基金密码理论课题的资助。同年，万大庆获得国家自然科学基金委员会海外青年学者合作研究基金，孙琦是合作人。

孙琦曾获得四川省普通高校首届优秀教学成果奖二等奖（1989 年），两次被评为四川省的“优秀研究生指导教师”。

孙琦在 1984～1992 年任《数学学报》编委，1992～1995 年任中国数学会第六届理事会理事，1990～2006 年任中国密码学会（筹）理事，

2002年和2006年先后被聘为国防科技保密通信重点实验室学术委员。

四、桃李成荫　代有传人

柯召说："作为一个数学教育工作者，我最大的愿望，就是造就更多精通数学的人才，使我们国家的数学能蓬勃地发展；希望有更多的人能掌握数学这把打开科学大门的钥匙。"他不仅这样说，更努力地把这个愿望变成了现实。

20世纪70年代以来，柯召领导和组建的数论组合论学术队伍日渐壮大。他的60年代的学生们很快走上了学科带头人的岗位。接下来的十多年里，第三代的学生们以更快的速度成长，活跃在数论组合论的研究前沿，取得了不少令国内外学者称赞的成果。

在培养人才的过程中，柯召不仅向他们传授知识，也把他优秀的治学风格传授给了学生。

柯召的治学风格，与当年以莫德尔为首的曼彻斯特数论学派的风格是一脉相承的。这种风格的精髓在于做学问精益求精，追求完美。他们不仅追求漂亮的结果，也追求优美的证明。他们研究成果的证明总是相当简洁、相当巧妙的，往往只用比较初等的知识和方法就能完成。这就要求很强的技巧性和扎实的基础知识。

柯召无疑是曼彻斯特数论学派这种治学风格的中国传人。他自己是这样做学问的，又把这种风格传授给了他的学生们。在他的严格训练和熏陶下，学生们的解题能力和基础知识都很强，成长自然就比较快了。陈永川说："我和万大庆，很多东西得益于在川大打的基础。""柯召先生开创了川大数学研究的风格，严格的训练、很好的功夫、技巧非常强。"

在60年代的学生中，孙琦、魏万迪、郑德勋、李德琅等人，既承袭了柯召的研究方向，又开拓了新的研究领域，还培养了不少优秀的新人。

郑德勋（1936～2002），1957年毕业于四川大学数学系，同年留校工作。1963年数论研究生毕业，1993年任教授。在二次型的表数问题、应用数论等方面都有不错的研究结果，是专著《快速数论变换》的获奖人之一。

李德琅（1940～　），1963年毕业于四川大学数学系，同年留校工作。1991年任教授，在代数数论和二次型方面做了很好的工作。曾获国家自然科学基金重点项目的资助，他关于二次型的研究获得1987年四川省科技进步奖二等奖。

* * * * * *

1978年四川大学恢复招收研究生。从1979年起到1993年，柯召和他的学生郑德勋、孙琦、魏万迪、李德琅共招收数论和组合数学方向的硕士生40多名。在这期间，柯召还招收了博士生万大庆、肖戎（由孙琦协助指导)、黄天培（由李德琅协助指导)，后来3个博士生都以联合培养的方式去了美国或加拿大。

“文化大革命”后，柯召和他的助手们培养了一批从事数论组合论研究的优秀青年学者，他们做出了相当出色的工作。这里，我们介绍柯召和孙琦的博士生万大庆、柯召和魏万迪的硕士生陈永川，以及孙琦、郑德勋、魏万迪、李德琅培养的几位研究生。

万大庆（1964～ ），1982年9月考上四川大学数学系基础数学专业数论研究生，导师是柯召和孙琦，1985年直接攻读博士学位，导师是柯召。1986年8月到美国华盛顿大学继续攻读博士，1991年获得博士学位，导师是Koblitz。万大庆现任美国加州大学欧文分校（Irvine）数学系教授。他的研究领域是数论、代数几何、有限域和P-adic分析，至今已发表50余篇高水平的论文，在有限域上代数几何的研究中取得了一系列达世界先进水平的成果，特别是他证明了难度极大的Dwork猜想。他的成果，有不少发表在国际顶级数学刊物（*Ann. Math.*；*Invent. Math*；*J. AMS*）上。

万大庆多次获得美国国家自然科学基金的资助，2002年获中国国家自然科学基金委员会的海外青年学者合作研究基金（即B类杰出青年基金）的资助，同年入选中国科学院“百人计划”，2002年7月任中国科学院数学所研究员。他还是美国出版的两种国际数学杂志《有限域及其应用》(*Finite Fields and Their Applications*）和《数论杂志》(*Journal of Number Theory*）的编委。万大庆在有限域上代数几何中关于Dwork猜想的工作，在国际数学界影响很大。多位国际一流的算术代数几何学专家，如威尔士（Wiles，Princeton大学，因证明费马大定理而获得沃尔夫奖)、法廷斯（Faltings，Max Planck数学研究所，1986年Fields奖获得者）等人，对他的工作给予了很高的评价。

1997年，万大庆回国看望柯召老师

因此，万大庆被邀请去许多世界一流的大学和数学研究所作系列报告或专题讲座，如美国哈佛大学、麻省理工学院，英国牛津大学、剑桥大学，德国 Max-Planck 数学研究所，法国 Rennes 数学研究所，荷兰 Leiden 大学等。近几年来，他每年回国，多次参与主持在中国科学院数学研究所和晨兴数学中心数论及算术代数几何的研讨会，并多次回到母校四川大学讲学，还到北京大学、清华大学、浙江大学、上海交大等校讲学。

陈永川（1964～　），1984 年考取四川大学数学系组合数学硕士生，导师是柯召和魏万迪，1987 年赴美国麻省理工学院学习，1991 年获得应用数学博士学位。现任南开大学副校长，南开大学数学研究所教授，教育部"核心数学与组合数学"重点实验室主任，并任美国洛斯阿拉莫斯国家实验室客座研究员，《数学学报》中文版、英文版编委，《数学进展》、《应用数学进展》和《图与组合》杂志编委，《组合年刊》执行编委。陈永川还是第十届全国政协委员，天津市科协副主席，国家自然科学基金委员会评审委员。

1994 年，陈永川回国到南开数学研究所任教授。同年，陈永川获得美国李氏基金会的学术成就奖，并被美国洛斯阿拉莫斯国家实验室授予奥本海默研究员奖。1995 年荣获首届国家杰出青年科学基金，1996 年获得国家教委科技进步一等奖，同年被评为"天津市十大杰出青年"，1997 年获得联合国教科文组织"侯赛因"青年科学家奖，1998 年获得国家教委霍英东奖，中国青年五四奖章、中国青年科技奖，1999 年被聘为教育部首届长江学者特聘教授。

1996 年陈永川与世界上最大的科技出版社——德国施普林格出版社合作，创办了国际数学杂志 *Annals of Combinatorics*（《组合年刊》），并担任执行编委。这份刊物为中国组合数学界在世界领域内开创了一个重要的学术阵地。

陈永川的主要研究领域有组合计数理论、构造组合学、形式文法、对称函数理论、计算机互联网络、组合数学在数学物理中的应用等，并取得了许多重要的研究成果，他的一项研究成果被称为"陈氏文法"。国际学术界同行认为，他是"世界最领先的离散数学家之一"。

1997 年 11 月，陈永川创立了南开大学组合数学中心。他在很短的时间内把"中心"办成了一个有国际影响的研究机构，每年都有国际著名学者来中心长期工作，直接参与中心的教学和科研工作。陈省身评价说"陈永川的组合数学中心办得很先进，很成功"。组合数学中心与南开大学的基础数学学科于 2000 年获得了教育部"核心数学与组合数学重点实验室”，由于组合数学中心的发展，2002 年又被评为教育部的“应用数学重点学科”。

韩文报（1964～　），1994 年 7 月获得四川大学数论方向博士学位，导师是孙琦。主要从事有限域、代数编码和密码算法的研究。现任解放军信息工程大学教授，应用数学系主任。他指导的博士生范淑琴的博士学位论文被评为 2006 年全国百篇优秀博士学位论文。

韩文报曾获得国家自然科学基金、“863”项目基金、现代通信国家重点实验室基金等多项基金项目的资助。他是国务院学位委员会（军事学）学科评议组成员，《中国科学》信息学科的编委。

田野（1971～　），中国科学院数学所研究员，晨兴数学中心教授，2006 年入选中国科学院“百人计划”。1996 年，田野在四川大学数学系获硕士学位，导师是李德琅，因其硕士论文受到国内数论界好评，免试进入中国科学技术大学跟随冯克勤教授读博士，1998 年赴美国哥伦比亚大学随张寿武教授学习，2003 年获得博士学位。2006 年 5 月应邀回国工作。

他现在的研究方向是 Iwasava 理论，处于现代数论的核心地位，他在数学的顶级杂志 *Annals of Mathemitics* 上发表的论文就是 Iwasava 理论在不定方程中的应用。证明中所用的工具涉及算术、几何、代数和分析等领域，但最后的结果简单清晰，颇有柯召先生的风格。特别值得一提的是，这个结果是用威尔士（Wiles）的方法所得不到的，因而格外受威尔士的赞赏。

高绪洪（1961～　），1986 年在四川大学获组合数学硕士学位，导师是魏万迪。1993 年在加拿大 University of Waterloo 大学组合与优化系获得博士学位，现为美国 Clemson 大学数学系教授。主要从事有限域、密码学、代数编码、计算数论等方面的研究。高绪洪在有限域上的最优正规基、有限域上的多项式分解以及代数编码等方面的工作尤为出色，其中不少工作是开创性的。他是国际数学刊物 *Finite Fields and Their Applications* 的编委。

向青（1966～　），美国 Delaware 大学数学系教授。1990 年获得四川大学组合数学硕士学位，导师是魏万迪。同年赴美国学习，于 1995 年在 Ohio 州立大学获得博士学位。他目前的研究兴趣主要集中在代数设计理论、编码理论和加法数论方面，在差集研究领域作出了许多重要和开创性的成果，多次在有关组合学和有限域的国际会议上做 1 小时报告，承担多项美国国家自然科学基金（NSF Grant）项目和美国安全局青年研究基金（NSA Young Investigator Grant）项目。他还是组合数学电子杂志（*The*

Electornic Journal of Combinatorics）的主编。

彭国华（1967～　），1990 年 7 月获得四川大学硕士学位，数论方向，导师是李德琅。1993 年 6 月获得中国科学技术大学基础数学博士学位，导师是冯克勤。现为四川大学数学学院教授。彭国华主要从事数论中函数域和密码算法的研究，彭国华在密码算法方面的研究曾获得国防科技重点实验室基金和“十五”国家密码发展基金的资助。2007 年任中国密码学会理事。

高维东（1963～　），1994 年 7 月获得四川大学应用数学专业博士学位，导师是孙琦。现为南开大学数学研究所组合数学研究中心教授，博士生导师。高维东的主要研究领域为组合数论和组合数学中的代数方法。他建立了两个著名组合课题“Davenport 常数和 Erdös-Ginzburg-Ziv 定理”之间的基本联系，从而将两者统一起来，解决了组合数论中若干棘手的公开问题；发展和建立了新的、系统的群环理论，并成功地运用于零和问题、堆垒基问题和拉丁方问题的研究。高维东的工作得到了以色列著名组合数学家 Noga Alon 教授的高度评价。1997 年以来，他多次获得国家自然科学基金的资助。

张起帆（1966～　），1985 年毕业于四川大学数学系，毕业后留校攻读数论方向硕士生，导师是孙琦、郑德勋。1995 年 7 月获得博士学位，导师是孙琦，现为四川大学数学学院教授，主要从事有限域和算术几何的研究，他在多项式函数和置换多项式方面，做了不少深刻的工作，受到国际同行的关注。他曾两次应邀去美国作学术合作访问。张起帆的研究工作得到了国家自然科学基金的资助。

袁平之（1966～　），1988 年 7 月获得四川大学基础数学硕士学位，数论方向，导师是柯召、孙琦。1997 年 7 月获得四川大学应用数学专业博士学位，导师是孙琦。现为华南师范大学数学学院教授，博士生导师。主要从事数论中初等数论、不定方程、代数数论、有限域等方面的研究，得到了国家自然科学基金的资助。

洪绍方（1966～　），1998 年 7 月获得四川大学应用数学专业博士学位，导师是孙琦。1998 年 9 月至 2000 年 7 月在中国科学技术大学数学系做博士后，导师是冯克勤。现为四川大学数学学院教授。主要从事整数矩阵和数论中 p-adic 分析的研究，取得了一系列富有创造性的成果。洪绍方曾应邀去美国、以色列、法国等国作学术合作访问。他的研究工作得到国家自然科学基金的资助。

下面我们再介绍一位优秀的进修教师曹珍富。

曹珍富（1962～　），1982～1983年在四川大学数学系进修数论研究方向，导师是孙琦。现为上海交通大学计算机科学和工程系特聘教授，是中国密码学会理事。主要从事数论中的不定方程和密码学研究，在国际重要学术刊物上发表了上百篇富有创造性的研究论文。他的研究工作得到国家杰出青年基金（A类）和多项国家自然科学基金的资助。担任的学术职务有国家自然科学基金委评审委员、国际著名杂志《计算机与安全》(*Computers and Security*）副主编、电子电气工程协会国际会议（IEEE）和国际通讯会议（ICC）的程序委员会委员等。

除了以上介绍的青年学者外。柯召早年的学生朱福组和陈重穆，也培养了一批优秀人才。朱福组的学生江迪华、徐飞、秦厚荣在数论领域，陈重穆的学生施武杰、张广祥、张志让等在群论领域，都有出色的工作。限于篇幅，这里不再介绍。

1995年5月，参加博士生张起帆答辩会后合影。
左起：沈仲琦、阳本傅、孙琦、柯召、郑德勋、李德琅、张起帆

第十五章　能者多劳——行政工作与社会活动侧记

一、从主管全校科研到出任四川大学校长

在教学与科研工作之外，柯召长期担任着学校的行政工作，历任系主任、研究所所长、副教务长、副校长、校长等职，分担的基本上是教学和科研方面的管理工作。

在柯召负责的行政工作中，科研工作是管得最久也管得最多的工作。1954年他任副教务长兼科研科科长，1956年任副教务长兼科研部主任，1962年以后任副校长，都是分管全校的科研工作。他的科研管理理念，很自然地融入了四川大学许多学科领域的发展之中。

1956年，柯召作为主持人之一，参与制定了《四川大学科学研究工作十二年规划》。从川大校史关于这个规划的记载中，我们可以了解四川大学当时的科研水平和特色。

> 规划共确定了自然科学和社会科学方面的7个领域，174个项目，根据国家的需求和学校队伍、条件、基础方面的实际情况，又从中选了重点攻关方向，主要有：柯召领衔的数论研究，胡坤陞领衔的变分法研究，张鼎铭领衔的积分方程研究，蒲保明领衔的拓扑学研究，方文培领衔的四川和峨眉山植物区系图志和地质土壤研究，刘为涛领衔的电化学（物理化学、水盐络合物化学、稀有金属分析化学）研究，李光涛领衔的光谱学（含核物理、石油化学）研究，徐中舒领衔的先秦和四川地方史（含巴蜀文化）以及甲骨金文研究，冯汉骥领衔的西南考古（汉少数民族史）研究，张怡荪领衔的汉藏语系（含藏语文，四川方言）研究等。除此之外的概率论、微分方程、盐化工、热力学、理论物理、半导体、电子学、四川经济动物区系研究（以岷江、沱江、金沙江、嘉陵江经济鱼类为重点）、动植物生理、古典文论、外国文学、中外关系史、古代哲学、部门经济、社会主义经济思想史等，都是比较重要的有基础的研究方向。

到1963年，四川大学承担的国家十年科技规划的任务共有34个项目，106个题目，涉及数论、拓扑学、泛函分析、偏微分方程、半导体物理学、光学及光谱学、络合物化学、有机化学方法、天然气动力学、水盐体系相平衡、植物分类学、细胞学、遗传学等。

1956年3月，四川大学召开了第一次科学讨论会。到1963年，四川大学一共召开了五次科学讨论会。这些学术活动在四川大学营造了一个浓厚的学术研究氛围，科学研究工作有了较好的发展。

这之后，在“四清”和“文化大革命”的冲击下，四川大学的科研工作一落千丈。1976年5月的一天，有人告诉柯召说：“教育部来电称，川大的科研重点项目仅二项：一是数论，二是催化动力学。”听到这样的消息，柯召心中无比忧虑，难道学校的科研工作就这样没落下去吗？他付出的大量心血难道真要付诸东流了吗？

世事发展倒真是应了“物极必反”这句老话。数月之后，随着“四人帮”的倒台，“文化大革命”终于结束了。形势又发生了逆转。

1977年9月，柯召代表四川大学出席了教育部科研规划会，四川大学共申报了19项自然科学重点课题。柯召在研究课题、科研经费、设置专门研究机构等问题上，都争取到了教育部的支持。

1978年，柯召恢复了副校长职务，分管理科各系的科研工作。这段时期，四川大学的科研工作不仅恢复了过去的活力，还有显著的发展。1979年10月，柯召在接受成都日报的采访时，有这样一段谈话：

> 在去年召开的全校第六次科学讨论会上，共提出了三百九十多篇学术论文。全校有二十多个项目在全国科学大会上获奖，有五十多个项目在全省科学大会上获奖，有十七个项目获四川省科技成果奖。……理科各系计划开展的四十九个项目一百三十一项课题中，按计划进行的占90%，其中有三十一个课题已取得显著进展。

1980年恢复评定职称工作后，柯召是分管此项工作的副校长，不久担任校长，也主管评职称的工作。他不仅从解决历史遗留问题的角度，更从扶持新人与学校发展的角度来看待这项工作，所以率先突破旧观念，特别强调注重学术，打破论资排队。柯召在一次向教师作评定职称的报告时，非常鲜明地表达了他的这个观点，并提出很开明的主张：“你们都可以申请，但我要评审。”学校一位干部说：“文科的教师对这个报告非常称赞。”

不过，突破旧观念也不是一蹴而就的事，柯召在评定职称上的主张也并不都被别人认同。学校那位干部还说："他对评职称的原则，可以非常鲜明地坚持自己的观点，但在表决时，却很遵守规则。他的学生孙琦评教授时，人家认为太年轻，没有通过，柯召只是说'可惜了'，但服从了表决结果。而有的领导要支持的人没有通过，就要求再表决。"

1981～1984年，柯召担任四川大学校长，全面主持四川大学的教学、科研以及行政工作。那正是中共十一届三中全会后，国家进入全面改革开放的时期。四川大学也进入了拨乱反正、开拓创新的时期。柯召主持校务的方式，体现了典型的学者型风格：思想解放，敢于决策，敢于负责，信任别人，能放手地支持别人的工作。学校工作呈现出一片生机。

在柯召主持工作期间，四川大学根据现代科学技术的发展趋势，针对国家对新学科人才的需要，新建了一批应用学科、技术学科和新兴学科专业，恢复了法律学系，增建了新闻学系、计算机科学系、生物工程系等11个系，成立了经济管理学院等一批新的学院，还建立了一批跨学科的研究所或研究中心。一些大型的基础设施，如国际交流中心、逸夫科学馆也是那时建成的，这使四川大学的办学条件得到了进一步的改善。

从那时起的20多年，是四川大学快速发展的黄金时期。这种不失时机地快速发展，既是改革开放的形势带来的，也有柯召校长的一份贡献。

1982年5月3日，四川大学柯召校长欢迎著名美籍德裔数学家汉斯·列维（Hans Levy）来川大讲学

二、数学公益事业

长期以来，柯召参与了许多的数学公益活动。这些活动，既有高层次的学术领导与管理工作，也有面向青少年的数学普及活动。

1957年，柯召受聘为国务院科学规划委员会数学组组员。1963年和1977年，他两度参加了制订国家科学发展规划的工作。他还担任过国务院学位委员会第一届学科评议组成员，国家教委高等学校理科教材编审组“代数、数论”组成员，科学出版社“纯粹与应用数学丛书”副主编，《数学学报》编委，教育部《数学年刊》副主编，《四川大学学报》（自然科学版）主编、编委会主任等多种学术职务。

上述各项工作，涉及国家数学科学发展规划、学科建设、人才培养以及学术出版的方方面面，他都十分尽心地投入其中，积极工作。

柯召长期担任数学会的领导。历任中国数学会成都分会理事长（1954～1978）四川省数学会理事长（1978～1987）、中国数学会副理事长（1979～1983），等等。任职期间，他在发展数学事业、为数学工作者提供帮助以及开展青少年数学普及工作方面，都做了不少有益的工作。

青少年数学普及工作，主要是通过一些趣味性的课外活动，提高青少年对数学科学的爱好，培养他们的科学素质，同时，在活动中发现一批优秀的苗子，对其加以培养使他们及早成才。1956年，在华罗庚、苏步青、江泽涵、柯召、吴大任、李国平等人的倡导下，由中国数学会发起，经教育部门同意，我国举办了首次中学生数学竞赛。从那时起到1964年，除1959年、1961年外，每年都有一些城市举行中学生数学竞赛。成都是其中之一。1962～1964年，中国数学会成都分会连续举办了三届高中学生数学竞赛，柯召亲自参加命题和组织工作。这项活动，激发了成都一批中学生对数学的兴趣爱好。

1978年，国务院批准在北京、上海等8省市举办中学生数学竞赛，华罗庚任竞赛委员会主任并亲自主持命题会议。四川是最早参加的省份之一，其他省市还有天津、陕西、安徽、辽宁、广东。此后，四川省每年都举办中学生数学竞赛。柯召始终热情地支持数学竞赛活动，他不仅出席数学竞赛优胜者的颁奖会，还专门为爱好数学的中学生作数学科普报告，引导中学生从爱好数学到献身数学事业。

1985年，《参考消息》上刊登了第26届国际中学生数学竞赛（IMO）的试题，在这之前，很多人都不知道IMO是怎么回事，为了满足人们的好

1992年，成都七中章寅同学担任中国代表队队长，赴莫斯科参加第33届国际中学生数学奥林匹克，全队六名队员都获得金牌，中国队获得团体总分第一。图为四川省、成都市领导接见载誉归来的成都七中章寅同学及有功人员。前排：副省长韩邦彦（左三）、章寅（左四）、柯召（左五）、省科协副主席聂秀香（左六）、刘应明（左七）

奇，成都某报社与四川大学数学系联系，希望作一份解答，以飨读者。其中的一道数论难题，就是由柯召给出的解答。吴文俊曾说过："数学竞赛的题目，即使大数学家也不一定能做得起。"国际数学竞赛的题目更是高难度的，柯召做出难题的解答，既显示了他深厚的数学功底，也表明了他对数学竞赛的支持。其实，作难题可以说是数学家们成才的必经之路。陈省身曾对柯召说过："我的功夫得力于中学时学霍尔（Hall）的代数时做难题的底子。"

1988年，四川成都彭州中学何宏宇在第二十九届国际中学生数学竞赛中获得金牌。这之后，四川省数学会在开展数学应用、数学普及、数学竞赛活动等方面，都有长足的进步，为国家培养和输送了一批十分优秀的数学尖子生。

三、社会活动侧记

柯召担任过许多社会职务，其中重要的有九三学社中央副主席、九三学社四川省委主委、全国人大代表、四川省政协副主席。

1950年，柯召经谢立惠介绍加入九三学社。1952～1979年，任九三学社第四至六届中央委员。1954年任九三学社成都分社筹委会主任委员，1956～1984年，任九三学社成都分社第一至四届主任委员。1984～1992年，任九三学社四川省委第一、二届主委。1992年起，任九三学社四川省委第三、四届名誉主委。1979年10月至1988年12月，任九三学社第六、

柯召是九三学社成都分社和四川省委的创始人。1984 年 2 月，九三学社四川省委成立，图为第一届主委、副主委合影。左起依次为罗蛰谭、李继华、王际强、柯召、谢立惠、徐尚志

七届中央委员会副主席。1997 年 11 月起，任九三学社第十届中央委员会名誉副主席。

1954～1993 年，连续当选第一至七届全国人大代表。1979～1993 年，任第四至六届四川省政协副主席。

担任九三学社领导期间，柯召显示出一个学者型的社会活动家的特点：对待社会工作像搞业务一样认真负责；在原则问题上旗帜鲜明；管大事，管原则，充分信任其他领导同志和专职秘书长，让他们放手工作。所以，四川九三学社的工作搞得很出色。柯召担任九三学社成都和四川主委的几十年来，四川九三学社的成员从 27 人发展到全省 5000 多人，由两个地方组织（成都分社、重庆分社）发展到 12 个市级组织，涵盖了四川省各地市州。他们为地方的政治和经济事业做了很多实事。

从四川省九三学社的老同志们回忆的几件往事中，我们对柯召参与社会活动的风格与建树会有更具体的认识。

第一，敢于发表正确意见。

新中国成立初期，在“学习苏联”的口号下，知识界人士遇到一个问题：政治上一边倒，技术上要不要一边倒？一些专家以他们本职工作上的实情为例，认为：“政治上一边倒，我们没说的，可是技术上要说苏联啥都好，就不一定了。”一位著名微生物学家说，他们的两台显微镜，一台是刚从苏联来的，才三天，另一台是 20 世纪 40 年代买自美国的，就是比苏联的新显微镜清楚。另一位著名解剖学家也谈了同样的意见。九三学社的同志把这件事向柯召作了汇报，柯召说：

> 第一，可以提个建议开个座谈会；第二，要从思想上把问题解决了，政治上一边倒不等于技术上一边倒，你去翻毛选，毛主席就讲过科学技术是没有阶级性的；第三，你把我们这个意见跟

统战部汇报，我们开座谈会，听大家意见，听了过后再解决问题。

柯召这样有理有据地处理认识问题，敢于表态支持正确意见，给大家留下了很好的印象。

第二，协助解决优秀人才的具体困难，为九三学社社员做实事。

1975年胡耀邦在中国科学院工作时，在解决科研人员的补贴工资、调整住房、两地分居、孩子入托、煤气灶具等当时非常棘手的具体困难上做了实事。这就是后来被传为美谈的“五子登科”（票子、房子、妻子、孩子、火炉子）。到了“文化大革命”结束后的80年代，“五子登科”就成了解决优秀人才的具体困难的代名词，主要指解决他们的职称、住房、工资等实际困难。

九三学社是高层次人才集中的地方，这类问题尤其突出。四川九三学社机关按照柯召的意见分门别类召开了若干次座谈会，最后形成报告，经柯召修改后送交四川省委、省委统战部、省政府，促进很多老大难问题的解决。四川省委统战部认为，九三学社这个报告最后帮我们了解了实际情况，解决了问题。

中国科学院成都分院副研究员李世勋有重大贡献，获得过多种荣誉称号，但30多年来他的职称、工资、住房都没有动过，被人称为“30年一贯制”。又如西昌农专一位讲师、成都一位三级工程师，都是很有成就而住房与生活非常困难的专家，他们的困难因这份报告得以解决。

第三，坚持原则，敢于抵制错误意见。

在对待原则问题上，柯召不轻易开口，但是只要开口就是考虑成熟了的，一定会坚持到底。20世纪90年代初，有人写信给九三学社四川省委，揭发九三学社四川某市的一个负责人的问题。九三学社省委派人去了解后，确认揭发的情况属实。柯召说，这还不行，要慎重，又派专人去了解情况，更加准确地确认了此人的问题。不久，省人大、政协换届，组织部门与各民主党派协商省人大常委、省人大代表、政协委员人选时，柯召发现此人被推荐为省人大常委，就表示坚决反对，不但反对此人进入省人大常委会，也反对他当省人大代表。在柯召和九三学社另一位副主委的坚决反对下，此人没有进入省人大。

后来，此人并未悔改，竟然发展到犯罪的地步，卷款潜逃到香港。他的犯罪事实证明，柯召当时坚持的意见是正确的。四川九三学社省委一位负责人说：“柯老这事做得太好了。”

第四，支持地方经济建设的典范——九广合作。

1986年，四川广元市的一位领导与九三学社联系，希望九三学社以科技力量帮助他们，用科学技术改变广元的贫困面貌。柯召在九三学社主委会议上征求大家意见后果断决定：九三学社成立领导小组，到广元考察；根据实际情况，做出用九三学社的科技力量支援广元的规划。此后，四川九三学社派出技术力量去广元，先是从农业方面着手，帮助他们改良农作物品种等，进而又从多方面帮助广元发展经济，支援广元的规模也逐渐扩大。九三学社中央非常赞赏这种科技扶贫的创举，也支持和投入了这项活动。20年来，九三学社从中央到地方已累计组织援助广元的专家、教授、技术人员、企业家达256批1600余人次，推荐科技经济项目1550多项，实施合作项目327项，培训各类技术人员8900余人，协助有关单位落实项目资金8亿多元，推动了该市各方面的发展，取得了显著成效。

“九广合作”是四川九三学社倡导的一种科技扶贫模式，即运用“人才库”、“智囊团”的优势服务地方经济建设，促进老少边穷地区振兴。

“九广合作”的模式受到国家和九三学社中央的高度肯定，在全国起到了辐射作用。被推广称为“九地合作”模式，即以九三学社为一方，贫困或不发达地区为一方的科技扶贫模式。山西、内蒙古、广东、山东、福建、河南、湖南、武汉等省市的九三学社都开始实行。四川还有“九泸（泸州）合作”、“九宜（宜宾）合作”等，为老少边贫地区的经济建设和社会发展提供了有力支持。

全国人大常委、九三学社中央副主席贺铿说：“‘九广合作’在我社社会服务工作的过程中，具有开创性和先导性意义。”1996年，四川九三学社因“九广合作”的出色成绩被国务院授予“全国民族团结进步模范单位”称号。时任九三学社四川省委秘书长的李昌达说：“‘九广合作’，柯老的关键作用就是提交主委会讨论后决定这个事情，拍板。”

第十六章　万里归船弄长笛——晚年生活剪影

一、觅得新秀传薪火

“文化大革命”结束后的80年代初，四川大学数学系不仅恢复了昔日的生机，更呈现出蓬勃发展的势头。一批新人已经成长起来，研究领域也有了深化和新的拓宽。

面对这可喜的局面，柯召相信，实现自己的夙愿，把四川的数学科学搞上去，赶上先进水平的目标指日可待。他现在要考虑的是下一步棋，需要交班了。自己毕竟已70开外，要让四川数学事业蓬勃发展的势头继续下去，更上一层楼，必须有若干年轻一代的领军人物，带领大家前进。他大力扶持刘应明就是一个例子。

刘应明，1963年毕业于北京大学数学力学系，成绩优异。本来他已被录取为廖山涛院士的研究生，但因一些政治事件的株连，没有读成研究生，被分配到四川大学。“文化大革命”以来，柯召与刘应明的接触逐渐多起来，对刘应明各方面的能力有了更多的了解。柯召素来就有爱惜人才的美德，不论是否是自己的学生，都关心与扶持他们成长，他总是尽量支持刘应明的研究工作。刘应明在学术上的成长果然很快，到“文化大革命”结束时，他在拓扑学与模糊性数学处理方面已经作出了在国际上有影响的成果。他与四川大学的拓扑学同行的工作获得了1978年全国科学大会奖与1979年四川省重大科技成果奖。

柯召不仅在学术发展上有力地支持刘应明，还极力向有关部门推荐他担任领导职务。从那时起，柯召逐步把自己的担子交给了他。

当时的四川省委统战部长王于说：“我原来不认识刘应明，柯老向我推荐他，说这个同志不错，人很直率，学术上有造诣，是可以培养的。”“我们几次选拔党外领导干部的时候，柯老都推荐他。”刘应明说：“他曾经很恳切地劝我参加九三学社。后来我参加九三学社，是柯先生和徐尚志先生作的介绍人。”

1983年刘应明当选为第六届全国人大代表。1987年，四川省数学会换届，柯召退下来任名誉理事长，刘应明接任理事长。1989年，刘应明任四川大学副校长。1995年当选中国科学院院士和中国数学会副理事长。1997年，刘应明当选为九三学社中央副主席，2002年起兼任九三学社四川省主委，担负柯召原先在九三学社的工作。

与此同时，柯召的学术工作则由孙琦、魏万迪、郑德勋、李德琅接替。他们分别在数论及其应用、组合论、二次型以及代数数论等研究领域开展研究和培养研究生，继续柯召的事业。

“文化大革命”结束后不久，有一次在友谊宾馆开学科规划会时，柯召告诉万哲先说，他在四川大学下了四个棋子，希望四川大学的数论能全面发展。这四个棋子是：孙琦——不定方程；魏万迪——组合论；李德琅——代数数论；尹文霖——解析数论。1985年尹文霖去世，解析数论的发展受到影响，但前三个棋子都起到了重要作用，发展很好。

事实证明，柯召在选拔和扶持新秀上的决策是非常有远见的。它保证了四川数学事业的持续发展，进而走向新的高度。柯召自己则逐渐淡出了各种领导位置。

1983年，在中国数学会第四次全国代表大会上，柯召与华罗庚、苏步青等五位最著名的数学前辈一道，被推举为名誉理事长，这是中国数学界赋予的最高荣誉。

1992年7月，四川省九三学社换届。组织部门原本希望柯召继续留任，但他却主动表示自己要退下来，推荐建筑设计大师徐尚志任主委。

徐尚志是一位优秀的建筑大师。1915年生于成都市，1939年毕业于重庆大学土木工程系。他是中国建筑学会第五、六届常务理事，曾设计重庆市劳动人民文化宫礼堂、重庆体育馆等大中型建筑。成都的锦江大礼堂、人民南路及广场都是他主持设计的。他还主持过深圳罗湖区的规划以及肯尼亚莫伊国际体育中心等国外的重要建筑设计。1990年荣获“中华人民共和国建筑设计大师”的称号。

徐尚志1956年加入九三学社，曾任九三学社中央常委，九三学社四川省第一、二届副主任委员，第三届主任委员，第四、五届名誉主任委员，全国人大代表、重庆市人大代表，四川省政协委员、常委，四川省人大代表、四川省人大常委会副主任。

柯召推荐徐尚志接任九三学社四川主委不仅是因为他的学识，更是因为他工作能力强，坚持原则却又待人诚恳，处事平和，受到大家的尊重。

换届后，徐尚志接任四川省九三学社第三届主委，柯召任四川省九三学社名誉主委。1997 年，九三学社第十届中央委员会推举柯召为名誉副主席。

二、淡泊人生度晚晴

新老交替，本是一个自然的过程，却并不是人人都能坦然面对的事。在当时，70 多岁担任要职是常见的事，但柯召不愿意这样做。他交班的特点在于，是他自己主动去策划、去完成的。他并不留恋他的学术地位和社会地位，更多的是从大局着眼来考虑问题。这一方面可以看出他的远见，另一方面也体现了他淡泊名利的平和心态，他继承了中华民族的这个传统美德。

应当说，随着一个人做出的成绩和他对社会的贡献，他总会得到社会的认可，名利也就随之而来。一个人只要是名符其实，这就是正常的事。追名逐利无疑是不对的，但并不是人人都能做到严格自律、引以为戒。在名利面前，不少名人也未能免俗。孔子说，君子有三戒，少年戒色，中年戒斗，老年戒得。“戒得”是指不要贪婪，孔子特别列为老年之戒，可见即使人老了，要做到这点却也并不容易。但“不计名利”的提法似乎又过了头。事实上，即使是提倡“不计名利”的人，也有不少人并不一定能做到。而“淡泊名利”的风气，则是中国知识分子的传统美德，许多优秀的学者都做到了，却从来不说什么豪言壮语。例如，胡坤陞是柯召和陈省身的老师，陈省身说“旭之先生沉默寡言，学问渊博，而名誉不及他的成就……深念这位不求闻达的纯粹学者。”这里，“旭之”是胡坤陞的字。在陈省身看来，胡坤陞就是一位典型的淡泊名利的学者。在柯召身上，淡泊名利是他的素养，出自内心，发乎自然。

事实上，柯召考虑问题，往往从大局着眼；在处理人际关系时，总是多为别人设想。这是一种包容的、开阔的胸襟，淡泊名利的情操是开阔胸襟的自然表露。

从柯召待人处事的言行中，我们更清晰地看到了他开阔的胸襟和淡泊名利的情操。

“文化大革命”结束以后，因之造成的种种伤痛一时难以愈合，人们之间因“文化大革命”带来的隔阂和矛盾尚未平息。在当时的气氛下，受害者多半会发一点怨气，以舒解胸中积累的郁闷。柯召是受害者，但他却不谈自己受到的委屈，而是以包容的胸怀对待当时的人和事。在“文化大革命”中，有的青年教师迫于压力，作过伤害他的事，感到很不安。柯召对夫人说：“在‘文化大革命’中他们也有苦衷，那是不得已。”柯召不仅不记前嫌，还尽可能从各方面予以帮助，让他们从“文化大革命”的阴影中走出来，在学术上尽快成长。为他人着想、对人宽容的开阔胸襟，无疑是中国知识分子世代传承的美德。

同时，对待帮助过他的人，他总是记在心上。柯召夫人熊瑜生病期间，学校医院的医生常常到他家中照顾病人，这缓解了他们的困难，柯召和夫人都非常感谢。夫人 1990 年去世后，柯召住在北京，心中还常常挂念着校医院那几位帮助过他们的医生。

柯召个人有出色的研究成果，但他从不宣扬，对于外界的宣传他一向低调。1999 年，柯召荣获何梁何利科技进步奖，出席了在钓鱼台国宾馆举行的颁奖会。柯召获得该奖，是由于有关专家推荐而评定的，他自己从未过问此事。

何梁何利基金是由香港爱国金融实业家何家衡、梁銶琚、何添、利国伟于 1994 年共同捐资四亿港币，在香港注册成立的社会公益基金，也是目前国内规模最大的民间科技奖励基金，用以奖励中国内地在自然科学领域研究中取得突出成果的科学家和科技工作者。

那次获得何梁何利科技进步奖的科学家中，还有柯召的女婿白以龙院士。这是一个难得见到的场面，等候着的记者们很想拍摄一张翁婿同台获奖的照片，可是柯召已经悄然离去。有幸的是，在新华社刊发的一张照片中抓住了这一镜头，那却是记者在无意中拍到的。

柯召在女儿陪同下出席了在钓鱼台国宾馆举行的何梁何利科技进步奖颁奖会

1999年11月，与女婿白以龙同获何梁何利科技进步奖。右起：柯召、白以龙、周恒、马志明 （照片来源：新华网）

柯召不在意自己的名利，却很在意扩大四川大学的学术影响，很在意提升四川大学青年教师的学术地位。为了提高四川大学数论研究的知名度，他以自己的名气来换取学术界对四川大学的关注，他的高水平论文也主要投给川大学报，而不投给别的高级数学刊物。

为了让孙琦和魏万迪等中青年教师尽快走上前台，他多次自己退下来，主动推荐他们代替自己去参加一些学术领导活动，以提升他们的学术地位。1980年以后，随着组合数学在中国的蓬勃发展，国内数学界开始酝酿成立一个全国性的组合数学学术组织。1984年8月，负责筹备有关会议的大连工学院致函柯召，邀请他赴大连参加组合论规划小组会，并商议成立学术组织的事。柯召是开辟我国组合数学的元老，但他却主动让贤，辞以年老，推荐魏万迪代替他参加会议。1985年5月，中国数学会组合数学与图论委员会成立，魏万迪任副理事长，走上了中国组合数学界的前台。

柯召在国防应用数学，特别是在推动密码理论的研究方面做了很多工作。从“文化大革命”中期起，孙琦就在他的支持下从事这方面的研究工作。1986年8月，国家保密局派人到四川大学来，邀请柯召去北京开保密会议制定规划。他辞以省科协要开会冲突，推荐孙琦代替他参加会议，让孙琦走上前台。孙琦因柯召的扶持成为我国最早从事公开密钥码研究的数论专家之一，参与中国密码学会的筹备工作。

从柯召的日记中我们看到，上面两件事都是在他得到通知时不加思索就作出的决定。在机会面前，他的第一反应就是如何有利于大局，如何有利于后辈的成长。

1978年改革开放以来，出现了一股“出国热”。一批批学者、专家乃至官员，纷纷出国去学习、访问或者考察。柯召从1938年回国后，除了20世纪50年代访问过一次苏联外，就再也没有出国。“文化大革命”结束后，他如果要出国作学术访问或见见老朋友，都是合情合理的事，但柯召总是把机会让给年青人。他多次推荐青年教师出国进修或参加重要的学术会议，多次为出国深造的学生写推荐信，目的是让青年人把被耽误的学业补上，尽快成长起来，但自己从来不要求出国访问。其实，对于柯召来说，他要出国是轻而易举的事。一次，四川大学有人去教育部为某校领导办理出国手续，教育部负责此工作的人感慨地说，如果是柯召先生愿意出国，马上就可以给他办理。

在生活上，柯召处事非常严谨，即使小事也公私分明。他已年老，一个人步行外出很不方便，但他私事外出从来不叫公车，因此还被自行车撞伤过。他是校长，有条件用车，学校的司机们为此反复叮嘱他："出门一定通知学校要车。"但他总是把司机们的叮嘱放之脑后。

20 世纪 80 年代后期，一次过年时，四川省政协曾送给柯召 6000 元钱，他没有收。有人认为，是不是钱少了呢？便增加为 1 万元再送去，但是柯召坚决不收，把钱退了回去。柯召坚决不收省政协送给他的钱，但是在帮助别人时，却是舍得花钱的。90 年代初，四川农村有人靠养殖业致富，柯召的保姆也心动了，向他开口借 5000 元养殖海狸鼠。当时 5000 元钱数目不小，柯召很慷慨地借给她。后来，保姆家的养殖不成功，柯召也不过问还钱的事。其实他是在扶贫，借钱的时候就没有想到过要她归还。

柯召对人从来都很尊重。晚年住在北京时，他的和善态度特别让照顾他的保姆感到亲切。护理他的保姆称他爷爷，柯召去世前，护理的难度增加了，保姆却说："爷爷对我太好了，护理他，再脏再累的事我都愿意做。"

在分配他与学生合写的著作的稿酬时，柯召总要充分考虑学生的利益，自己绝不多拿。他和孙琦合著的《数论讲义》于 2000 年再版后，他曾在给孙琦的信中说"《数论讲义》之稿酬均应归您，我不再分成"等等。

"文化大革命"结束后，柯召曾主动帮助过四川九三学社的一些优秀人才解决住房的困难，但当自己的住房遇到困难时，他却从不向人谈，更不提要求。

1990 年柯召的夫人病故，他身边无人照顾，较多的时间住在北京女儿家中，住房比较拥挤，日常生活不大方便。九三学社四川省委了解到柯召面临的住房困难，便主动向四川省委统战部反映情况。大家都意识到，为了让柯召晚年能够在北京安居下来，需要帮助他解决住房问题。省委统战部对此事很重视，专门向上级部门写了报告，经过九三学社中央和四川大学的努力，最后通过中央统战部，才妥善地解决了问题，分配给柯召一套两室一厅的住房。

四川省委统战部长王于说：

柯老对国家，对民族，对学术，对教育，对党派，对统战工作贡献都很大的，如果连房子都不解决，我们确实对不起朋友。

四川九三学社秘书长李昌达说：

柯老在北京分有一套房子，这事是我们主动去办的，他不知道这事，也从未提出过这样的要求。

根据我跟柯老几十年的交往。他除了钻研个人学术外，没有其他欲望，不争名夺利，基本上没生过病。我送给他两句话："智闲而寡欲，心安而不惧，精神内守，病安从来。"

1985年与四川省委统战部部长王于（左一）合影

1995年，女儿和外孙女陪伴着柯召，在他北京的家中度过了85岁生日。这一天，中国科学院、国家科委、国家计委科技司等部门送来贺寿花篮

三、情系第二故乡

1984年，柯召从四川大学校长的岗位上退下来。此后，他退居二线，逐步完成了交班工作。卸去肩上的担子以后，终于有了空闲的时间，女儿不时可以接他到北京去。柯召的女儿柯孚久是北京航空航天大学的教授、博士生导师，他的女婿白以龙是中国科学院院士。他们的家庭是典型的书香门第。住在女儿家中，他既可看看自己喜爱的书籍，又能含饴弄孙，自有一番天伦之乐。

90年代后，随着年岁逐渐增大，为了便于女儿照顾，柯召住在北京的时间更多了。

在北京的日子里，他的心中总是挂念着四川，挂念着四川大学。那里是他的第二故乡，是他工作生活了半个多世纪的地方。四川发展演变的一点一滴，四川大学的一时一事，就是他生命中的一圈圈年轮。他最关心的是，四川大学现在的情况如何？又有什么新的变化和进步？每当四川大学来人看望柯召时，他都会详细询问学校的近况，但他总觉得不够。2001

年，听说四川大学要建新校区，柯召抑制不住内心的激动，一定要让女儿趁到成都出差的机会，帮他好好地了解了解新校区究竟是什么模样。

柯召的女儿柯孚久特别谈到了父亲的“川大情结”。她说：

> 我父亲对四川大学有着深厚的感情。在父亲北京的家中，专门有一个大口袋，里面装着《四川大学学报》和其他有关四川大学的资料，他把袋子放在沙发边上，随时拿出来翻看，还不时在上面勾画。
>
> 当年我考大学填志愿，他一再要我把川大放在第一志愿，我没能如他的愿，多年后我女儿考大学时，他仍希望她首选川大。

四川的友人总是亲切难忘的。原四川省委统战部部长王于说：“1996年我退下来，柯老始终把我当朋友看，每年我总是最早收到柯老的贺年片。”

柯召的老朋友中，有一位是四川大学校长办公室的老工人刘鹤鸣。从“文化大革命”前当副校长以来，柯召就与这位老哥交上了朋友。刘鹤鸣当时是校长办公室的勤杂工，不善言语，工作却勤勤恳恳，认真负责。柯召对他也很尊重，视为兄长。几十年风风雨雨的日子里，无论东南西北风怎么吹，柯召的位子怎么上上下下，老校工的态度从不随风变化。在老校工的眼里，柯召见到的总是诚恳的神情，充满着信任和尊重。后来柯召得知他生活上的困难，便不时悄悄塞些钱与他补贴家用，久而久之竟成习惯。柯召晚年行动不便，在北京常住后，还不时惦记成都的刘老哥，每次女儿去成都，他总要捎点钱去。久而久之，女儿柯孚久也养成了习惯，只要到成都，不用老父吩咐也要去看望年事已高的平民长辈，并送些钱与他补贴家用。

与四川大学校领导和工作人员合影（约 1984 年）。前排：柯召（左二），黄觉民（左三），赵铎（左四），许琦之（左五），林理彬（左六）；后排：陈国易（右一），彭炳忠（右二）。后排左二为老校工刘鹤鸣

对四川大学的事情，柯召始终挂在心上。1998 年，柯召参加两院院士大会时，人们在电视上见到柯召与主管教育的国务院副总理李岚清握手交谈的镜头，谈话的内容就是他向李岚清反映四川大学的校名问题。

四、老友重逢——爱尔特希第二次访华

“文化大革命”期间，柯召与爱尔特希的联系中断了。他们彼此挂念着，却又无可奈何。“文化大革命”后，国际学术会议上渐渐出现了中国数学家的身影。爱尔特希见到中国学者时，总会问：“你们认不认识柯召？你们知不知道他的消息？”

1979 年，爱尔特希在加拿大一个学术会议上见到了柯召的学生魏万迪，竟然因知道了老朋友的消息而欣喜万分，他立即给柯召写了一封信交魏万迪带回。两个老朋友从此恢复了联系，时有书信往来。从柯召珍藏的一封爱尔特希 1984 年给他的信中，人们不难读出他们之间的深情厚谊。

1984 年 10 月 4 日，从北京中关村数学所转寄出一封爱尔特希托匈牙利数学家哈依纳尔（Hajnal）带给柯召的一封信。这封信充满了老朋友间的幽默和问候、关怀和感叹，更体现了两个老搭档壮心不已、继续合作、勇于攀登的精神。

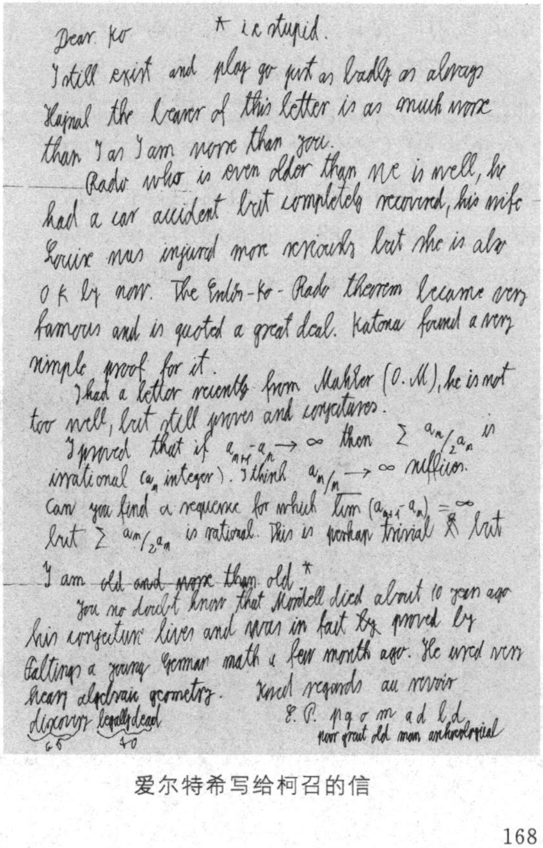
Dear Ko　　* is stupid.
I still exist and play go just as badly as always
Hajnal the bearer of this letter is as much worse
than I as I am worse than you.
Rado who is even older than me is well, he
had a car accident but completely recovered, his wife
Louise was injured more seriously but she is also
OK by now. The Erdős-Ko-Rado theorem became very
famous and is quoted a great deal. Katona found a very
simple proof for it.
I had a letter recently from Mahler (O.M), he is not
too well, but still proves and conjectures.
I proved that if $a_{n+1}-a_n \to \infty$ then $\sum a_n/2^{a_n}$ is
irrational (a_n integer). I think $a_n/n \to \infty$ suffices.
Can you find a sequence for which $\lim (a_{n+1}-a_n) = \infty$
but $\sum a_n/2^{a_n}$ is rational. This is perhaps trivial * but
I am ~~old and more than~~ old *
You no doubt know that Mordell died about 10 years ago
his conjecture lives and was in fact ~~by~~ proved by
Faltings a young German math a few month ago. He used very
heavy algebraic geometry.　Kind regards au revoir
discovery (65) legally dead (70)　　E. P. p g o m a d l d
poor great old man archaeological discovery legally dead

爱尔特希写给柯召的信

亲爱的柯：

我依然活着，并且依然像过去一样，围棋下得还是那么糟糕。哈依纳尔，这位带信的人，比我下得还差，就像我比你差得多那样。

拉多，他比我还老，现在挺好，他遭遇了一次车祸，但是已经完全恢复了，而他的妻子露易丝受的伤要严重得多，不过她现在也已经好了。我们那

个爱尔特希-柯-拉多（Erdös-Ko-Rado）定理已经非常有名了，被好多地方引用。卡托拉（Katona）给它找到了一个非常简单的证明。

我最近收到了马勒（O. M Mahler）的一封信，他现在不那么太好，但是他依然在做证明和猜想。

我证明了，如果 $a_{n+1}-a_n\to\infty$，那么 $\sum\frac{a_n}{2^{a_n}}$ 是无理的（a_n 是整数）。我认为，$\frac{a_n}{n}\to\infty$ 会成立。你能找到一个数列，使得它能 $\overline{\lim}(a_{n+1}-a_n)=\infty$ 而且 $\sum\frac{a_n}{2^{a_n}}$ 是有理的吗？这或许是平凡的，但是我老了，并且比老更甚，就是蠢了。

你无疑已经知道，莫德尔（Mordell）在 10 年前就去世了。但他的猜想还活着，事实上，几个月以前刚刚被一个德国的青年数学家法廷斯（Faltings）① 证明了。他用了非常繁复的代数几何。

致以问候　再见

可怜的伟大老人

其实，在这年 4 月，徐利治教授已经与四川大学联系过邀请爱尔特希来华的事。看来，老友重逢的日子快要到来了，柯召时时盼望着这一天。

1986 年 6 月，爱尔特希到北京科学院数学所访问，柯召专门去北京会友，住在女儿家中。6 月 19 日，爱尔特希到达北京当天，在王元特意安排下，这两个老朋友终于又见面了，这次是在柯召女儿的家中。爱尔特希从来不在意生活细节，可那一次竟然送给柯召女儿一条白色纱巾，柯召笑着对女儿说："这真是太阳从西边出来了。"

爱尔特希还是那么不拘小节，上衣的袖子也是破的。柯召女儿家的老阿姨帮他补好并钉上纽扣。爱尔特希与柯召小叙一番后，就开始下围棋了。爱尔特希当然不是柯召的对手，但下棋就是他们心灵交流的方式，就是他们叙旧的方式，大家都感到非常愉快。下完棋，爱尔特希在柯召女儿家吃晚饭后才离去。

第二天上午，爱尔特希去数学所做数论学术报告，柯召到场作陪。下午爱尔特希再度来会柯召，他们联名给老友马勒写了一封信，一起度过了这短暂而珍贵的数小时。晚餐后，爱尔特希与老友告别，登上了去法国马

① 在 1986 年世界数学家大会上，法廷斯因该成果获得菲尔茨奖。

赛的飞机。

送别老友之时，他们相约来日再聚。没想到，那次见面竟是他们最后一次相聚。1996 年 9 月 20 日，爱尔特希在华沙突然去世。得知这一消息后，柯召陷入深深的悲痛之中。回想起一件件往事来，那真是难以忘怀，历历在目。

从 1935 年他们相识到爱尔特希去世的 60 余年间，他们之间的联系少有间断。二人不仅在学术上有着共同的兴趣，也有过亲密的合作，更有着深厚的情谊。爱尔特希天真率直，对朋友一片真诚，这让柯召特别难忘。

斯人远去，留下的是温馨的往事，是真情的回忆。

五、夕阳芳草绝妙词

工作拿得起，休息却又放得开，这是柯召的一个特别的优点。所以，他的业余生活是丰富的，闲适之中，却又处处表露着乐趣、智慧和浓浓的人情味。这里，我们不妨谈一谈他的生活中的几个小故事。

围棋、书法和数学是柯召相伴终身的爱好。围棋和书法是业余爱好，而数学既是他的事业，也是他的爱好。

人到晚年，回首往事也是生活的一部分，它使人倍感温馨。在柯召的人生轨迹中，随处可以见到与围棋和书法相关的痕迹。这些痕迹，又常常与温馨的往事交融在一起。

柯召与他的老师杨武之的师生情谊中，总是交织着围棋的故事。1998 年，柯召在《忆武之师》一文中，回忆了他与杨武之先生的围棋情缘：

> 武之师爱好手谈。在清华时，振宁先生身高仅及棹，常跂而观奕。武之师指与我言，此子将来必成大器。真可谓知子莫若父。1960 年，我和段学复同志赴沪出席一个会议，同去复旦，探望武之师，还手谈一局，这是最后一局，亦是最后一面。①

在上述回忆文中，柯召用了下围棋的雅称“手谈”，这个雅称出自东晋高僧支道林（314～366）。支道林形象地将下围棋称为“手谈”，寓意在围棋对弈中展现出的是没有语言的交流。当然，这是一种中国式的对话与情感交流，注重的是“只可意会不可言传”的境界，蕴含的是中国式的哲理，这也许是围棋受到中国知识界青睐的原因之一。

---

① 清华大学应用数学系编：《杨武之先生纪念文集》，北京：清华大学出版社，1998 年，第 113～144 页。

与围棋有关的另一个温馨回忆是他在重庆大学与友人谢立惠的一局棋。一天，谢立惠到柯召家下围棋，他们酣战良久，双方都十分投入，连饭也顾不上吃。柯召夫人干脆把饭给他们放在旁边，让他们一边下棋一边吃饭。一局结束后，他们都记不得是怎么吃的饭。谢立惠满手是油，原来，他是一边下棋，一边把手伸到碗里去抓来吃的。1958 年，谢立惠来到成都，出任成都电讯工程学院（1988 年更名为电子科技大学）院长，他们相聚时，不时提到这一段趣事，为生活平添了不少乐趣。

从岗位上退下来后，看围棋杂志和围棋比赛，乃至教小孙女一点围棋知识，都是柯召饶有趣味的生活。他有时参加离退休老同志的围棋邀请赛，一批爱好围棋的老干部、老教授们聚在一起对局，无论胜负，都是兴致勃勃的。1988 年 12 月，柯召在北京参加了老同志与围棋国手之间的友谊赛。柯召的对手是孔祥明，对方授六子。比赛结果柯召负半目，他甚为满意。

1990 年 3 月，柯召的好友、建筑大师徐尚志赠给他一首诗，祝贺他八十大寿，也是从围棋谈起的：

山自巍巍水自清，两间浩渺任纵横，
一盘黑白楸枰子，赢得八旬老健身。

* * * * * *

书法是柯召的另一爱好，他的草书颇有韵味，时常有人慕名来求字。对别人求字，无论公私，柯召总是有求必应，上了年纪的四川大学人家中大多有他的墨迹。国内各地的文化知识界人士，乃至远在海外的华人教授，收藏柯召墨宝者也不少。四川大学的“逸夫科学馆”就是柯召题的字。

从柯召留下的题字中，我们不仅可以欣赏他的书法，也能品味出他的见解和对发展科学教育的企盼，对振兴中华的期望。这里，我们不妨略举数则。

1984 年 10 月，重大五十五周年校庆题词：

五十称誉中华，百载争雄世界

1985 年 7 月，给九三学社刊物《红专》杂志题词：

四十年来我社主张的民主与科学，在今天对充分发扬社会主义民主和建设高度文明的现代化的社会主义国家具有关键的意义。

九三学社建社四十周年纪念

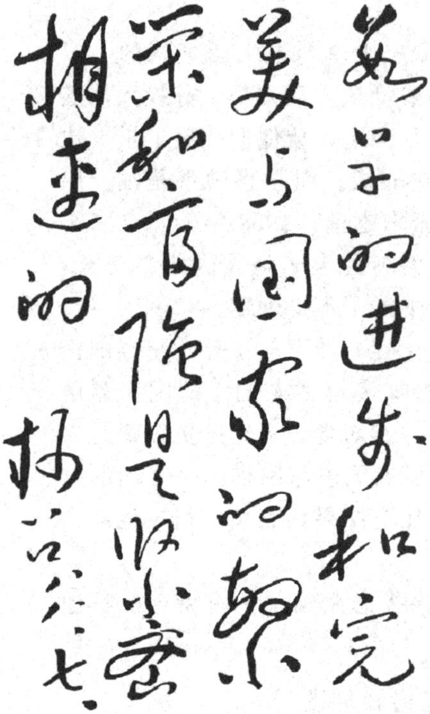

柯召为《中专数学》和中学生题词

1986 年 6 月为沈阳师院教师节题字：

尊师重道，四化之本

1987 年 12 月，为《中专数学》题词；1988 年 7 月为中学生题词：

数学的进步和完美与国家的富强是紧密相连的

这一题词的文字是拿破仑的名言。值得我们关注之处在于，这一番话也是柯召的肺腑之言，是他对中国数学事业的期盼，所以他曾多次用这段话来勉励青少年，希望他们知道数学科学对国家的重要性，投身其中。

1991 年为四川省数学会科普刊物《天府数学》题词：

振兴中华，教育为本，
泛舟学海，数学作浆

1991 年 5 月，为全国初中数学竞赛题词：

胜不骄，败勿馁，
勤奋学习，勇攀高峰

1995 年春天，为成都市第七中学校庆题词：

培养幼苗　启迪有方　茁壮成长　桃李芬芳

2000 年 7 月，为《中国现代数学家传》题词：

华夏畴人青史，数坛百年春秋

柯召与华罗庚曾经有一次合作题词，在学术界传为佳话。据王元回忆：

1980 年，在济南召开数论会议，由山东大学承办，华老与柯老都去了。山大领导要他们当场题词，华老知道柯老的书法精到，就要柯老题写。柯老略思片刻，就用草书写下了：

横刀那顾头颅白，跃马紧傍青壮人

原来这是华老在两年前写的一首诗中的两句。这一题词就是他们合作的作品。

柯召与书法界的交往我们知道得很少，但下面一个故事却是值得玩味的。

1985年，柯召曾推荐过著名书法家刘正成参加九三学社。刘正成1946年出生，当时还是一位书法界的新人，刚调到北京中国书法家协会工作。他说：

> 我是“四无”人员，即无（北京）户口、无党票、无文凭、无家庭背景。……偏偏很怪，这时，九三学社有人来介绍我入社，是中国作协的两位社员，还把我叫去见过市主委。直到去年（2002年），我从九三学社中央一位副主席那里才知道，是我国著名数学家、四川大学校长柯召先生推荐过我，柯老我其实不认识他，他是九三的领导人，似乎还打算过重用我。

的确，柯召并不认识刘正成先生，可以说是素昧平生。仅仅因为了解他的才华，就认真地推荐了他，这也体现了柯召爱才惜才的品格。其实，柯召处事非常严谨，他推荐人并不是随意的。柯召曾为一位晚辈写过推荐信，后来发现不合适，尽管他与该晚辈的关系不错，还是特意去信收回了推荐。

后来，刘正成在中国书法界很活跃，做了不少工作，是国务院政府特殊津贴获得者。1991年当选为中国书法家协会常务理事，出任中国书协副秘书长。1992年出任中国书协学术委员会副主任，主编《中国书法全集》（总一百零八卷），出版《刘正成书法集》。1994年出任《中国书法》杂志社社长、主编。现任国际书法家协会主席。

* * * * * *

对于柯召来说，浸润他多年的数学思维与推理的方法，以及丰富的数论知识，早已了然于心，遇到问题时，信手拈来，皆有妙用。柯召在北京时，就发生了两件这样的趣事。

柯召的女婿白以龙是中国科学院力学所的研究员。他的一位同事完成了一篇研究论文，结果不错，但是数学推导比较繁琐，便向柯召请教。柯召帮助他把数学推导整理简化后，给出了一个十分简洁的公式，那篇论文因之得以完善。后来，那位青年研究人员在评职称的答辩会上报告他这篇论文时，有评委问：“那个公式很简洁，你是怎么得到的？”他回答说是柯召先生帮助他做出来的。这个老老实实的回答，得到评委们一阵赞许的笑声。

另一件趣事发生在休闲的时候。一天，家人陪同柯召游北海公园。在公园里坐下休息闲谈时，女儿女婿告诉他，最近完成了一篇论文，其中有一些内容涉及对某种力学状态个数的计算，很复杂，他们编了一个程序，在计算机上完成的。柯召问讯了有关的内容后就说，这个问题可以解决。回家后不久，只花了一个小时，他就用莫比乌斯（Mŏbius）变换给出了一个简洁的只有一行的计算公式。用这个公式计算的结果，与在计算机上计算的结果完全一致。

这个问题实质上是组合论中某种循环排列的计数问题，对于柯召来说，的确只是信手拈来而已。

参考文献

李心灿．2001. 数学界的莫扎特——爱尔特希．见：路甬祥．创新辉煌——科学大师的青年时代．北京：科学出版社．112～131

刘正成．2003-6-27. 看图说话——我与书法二十年（38）．http：//www. 2gsf. com. cn/viewthread. php？ tid＝12175

佚名．2002-11-14. 柯召，一代数学宗师走了．华西都市报，1版

第十七章　书生志，今朝酬

一、喜见涓水成江河

晚年的天空是晴朗的。退下来的柯召最关心的事，莫过于中国数学事业的发展，特别是四川数学事业的发展。令人欣慰的是，他的关心和期望正在一步一步地实现着。

1984年以后的20多年里，是四川大学快速发展的黄金时期。经过20多年的努力，四川大学数学系这个百年老系的整体水平有了一个大的进步。这方面，我们不妨看一看四川大学数学学院近20多年发展的时间表：

1985年以前，拥有基础数学博士点，应用数学硕士点，博士导师共3人（柯召、蒲保明、刘应明）。

1987年，新增应用数学博士点与计算数学硕士点。本校博士导师增至4人（增加魏万迪），另新增兼职博士导师2人。

1991年，建立数学博士后流动站，同时数学专业本科列为首批“国家基础科学研究与教学人才培养基地”。

1992年，基础数学与应用数学列为四川省级重点学科。

1995年，新增运筹学与控制论、概率论与数理统计两个硕士点，至此，四川大学数学系拥有数学二级学科的全部硕士点（共5个）。

1997年，四川大学数学系学科建设项目“数学与模糊系统”，被列为国家“211工程”重点建设学科。

1998年，四川大学数学系、四川大学数学研究所合并组建四川大学数学学院。

1998年，获得数学一级学科博士点；获得两个教育部长江学者特聘教授岗位。李安民和罗懋康相继被聘为长江学者特聘教授。

2000年，四川大学数学学院继北京大学、复旦大学、南开大学之后，成为教育部高校数学研究与人才培养中心的主任单位。

2003年，获得基础数学与应用数学两个国家级重点学科，它们在通讯评议中分别位居全国第四名和第三名。

2005年，教育部“985工程”平台项目——四川大学长江数学研究中心正式启动，刘应明与阮勇斌（密执安大学教授）任首席科学家。

2007年，四川大学数学学科被认定为一级学科国家重点学科。

至此，四川大学数学学院已成为我国为数不多的专业齐全、层次完整的数学高等教育基地与数学研究基地，成为我国西部的数学学科研究中心。

2006年，四川大学“211工程”数学子项目验收专家组指出：

> 四川大学数学学科已成为我国西部各方面实力都是最强的数学研究与人才培养基地，对我国西部数学事业的发展具有独特的重要辐射作用。该学科在全国也具有明显的优势，在世界范围内正在显示日益增强的影响。

柯召热爱的数论学科也有长足的进步，特别是第三代弟子已经崭露头角。佼佼者如万大庆、陈永川、韩文报、田野等，都已成为活跃在学科前沿的新秀，留在学校工作的洪绍方、张起帆、彭国华等，都已晋升教授，成为学术骨干。

1996年以来，万大庆经常回到母校开展合作研究，推动四川大学的数论学科建设。2002年，他获得国家自然科学基金委海外青年学者合作研究基金的资助，合作人是孙琦。

如果说当年柯召来到四川大学时，四川的近代数学事业才刚刚起步，不过是涓涓细流而已，那么，历经数十年变迁，它终于汇聚百川，冲出峡谷，成为一条澎湃的江流。在这个变迁的全部过程中，柯召是参与者，是见证者，是硕果仅存的元老。他孜孜以求的、改变四川数学科学落后面貌的愿望，终于实现了，四川数学终于进入了先进的行列。

四川大学数学学院与长江数学中心

二、九秩寿庆　回首人生

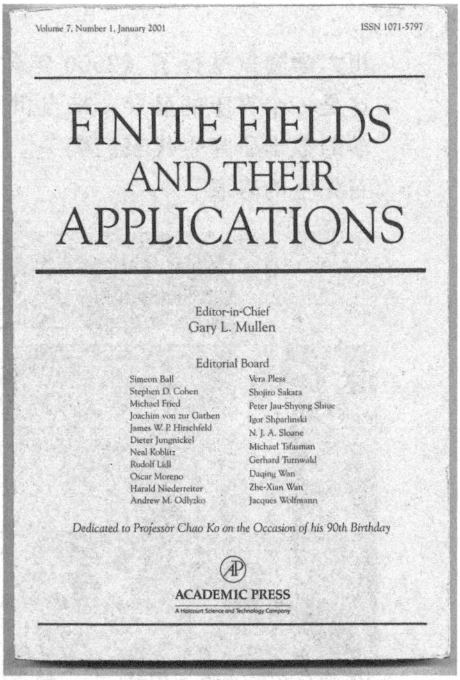
Volume 7, Number 1, January 2001 ISSN 1071-5797

FINITE FIELDS AND THEIR APPLICATIONS

Editor-in-Chief
Gary L. Mullen

Editorial Board
Simeon Ball
Stephen D. Cohen
Michael Fried
Joachim von zur Gathen
James W. P. Hirschfeld
Dieter Jungnickel
Neal Koblitz
Rudolf Lidl
Oscar Moreno
Harald Niederreiter
Andrew M. Odlyzko
Vera Pless
Shojiro Sakata
Peter Jau-Shyong Shiue
Igor Shparlinski
N. J. A. Sloane
Michael Tsfasman
Gerhard Turnwald
Daqing Wan
Zhe-Xian Wan
Jacques Wolfmann

Dedicated to Professor Chao Ko on the Occasion of his 90th Birthday

ACADEMIC PRESS
A Harcourt Science and Technology Company

《有限域及其应用》杂志献给柯召九十寿辰的专辑封面

2000 年 4 月 12 日是柯召的九十寿辰，人们用多种方式向他表达了敬意和祝贺。

柯召生日那天，中国科学院院长路甬祥与科技部副部长朱丽兰前往他在北京的住处祝寿，并送上两个部门的贺信。

4 月 15 日，在北京的四川大学数学系 1956 届同学们会聚一堂，特别为柯召老师举行了一个小型的庆祝会。

在此期间，教育部、中共中央统战部、中国数学会、解放军总参三部等部门，北京大学、清华大学、南开大学、厦门大学、重庆大学、西南师大、重庆师院等高等院校，数学界的许多名流以及川大校友纷纷发来贺信、贺电。

在国外，著名的国际数学杂志《有限域及其应用》(*Finite Fields and their Applications*)特意将该刊的 2001 年 7 卷 1 期作为专辑，献给柯召教授九十寿辰(Dedicated to Professor Chao Ko on the Occasion of his 90th Birthday)。许多国际上的著名数学家为该专辑撰写了论文。刊物出版后，评价很高，被认为是该刊物最好的一期。

《柯召文集》封面

为庆祝柯召先生九十寿辰，由四川大学出版社出版了《柯召文集》，并在庆祝会上举行了首发式。《柯召文集》精选了柯召的 40 篇代表著作，刊登了柯召的传记及国内外数学名家的祝贺文章，是全面了解柯召成就的重要文献。

为了让更多的人能够参加庆典，四川大学将祝寿活动安排在暑期，2000 年 7 月在四川大学隆重举行了《2000年数论国际研讨会暨柯召院士九十寿辰庆典》。这是一个喜庆的盛会，来自世界各地的数十位数论专家，全国近40所大学的数学研究生代表汇聚一堂，以数论学术会议的方式来祝贺数论前辈柯召先生的寿辰。

2000年7月于四川大学数论国际研讨会暨柯召院士九十庆典的代表来宾合影。
前排：柯孚久（右一），卢铁城（右六）（时任川大校长），柯召（右七），刘应明（右八），马志明（左五）（时任中国数学会理事长），冯克勤（左四）

在四川大学祝贺柯召院士九十寿辰的庆祝会上，面对到会祝贺的各界人士，柯召说：

> 的确，我在数学界、在教育界工作了许多年头，在川大工作了许多年头，算得上是一名老兵了。这么多年来，我亲身经历了中国社会的起伏跌宕，经历了中国社会的沧桑巨变，迎来了国家现在的兴旺，教育事业的兴旺，川大的兴旺。这无疑是令人欣慰的。可以说，年纪越大，这样的感受就越深。我很高兴能见到今天这样一个百业兴旺的局面。我想，今后的前景一定更加美好。美好的日子是属于大家的，这是我对未来的祝福。

人生如棋局，棋局如人生。回顾柯召的人生旅途，何尝不是充满着起伏跌宕的一局棋呢？他是胜者，但这局人生的棋，科学探索的棋，却胜得并不容易。

从柯召当年踏上求学之路到学成归来，可以视为一个很好的开局。这个好的开局，既有他自己刻苦奋进的一面，他有幸得到学界先驱们的精心培育，则是另一面，二者缺一不可。

在柯召学成归国来到四川的漫长岁月里，为了四川的教育与科学事业，为了四川的数学事业，他付出了更大的代价，经历了更多的艰辛。那是他在人生的棋局中持之以恒、顽强拼搏的阶段。他有学识，有报效祖国的雄心，但是，他选择的这条报国之路却是一条难行的蜀道。当年归国来到四川的留学生中，不乏热心改变四川落后面貌的仁人志士。然而，在这条难行的蜀道上，他们虽然努力地奉献着，但他们的锐气却也在种种的坎坷下被消磨着，直到两鬓苍苍。当年来到四川的数学家中，到 1945 年“抗战”胜利后，有的就离开了四川；而留在四川的，却也壮志难酬。柯召是幸运的，他是那一批归国精英中的成功者。他毫不犹豫地把回国后的岁月都献给了四川，达 60 多年，历尽艰辛，终于到达了成功的彼岸。柯召用他的成功，告慰了当年与他志同道合、共同奋斗的那些学界前辈，那些已经先他而去的师友们。

善于抢占先机，可以说是柯召人生棋局中的一个亮点。困难时他从不放弃，一有机遇，他总会先行一步，抢占先机，夺得主动。这种能力，源于他的执著与睿智。正因为柯召从“文化大革命”中期的 1972 年开始就多次抢占先机，开展研究并推动四川大学数学系的发展，他的学术事业才能达到一个个新的高峰，才为日后四川大学数学科学的长足进步和繁荣奠定了坚实的基础。

中国的数学科学有了长足进步，四川的数学科学赶上了先进水平。这一切表明，柯召的愿望已经实现。后面的路虽然还很长，但他相信，后辈们一定会做得更好。

今朝酬得书生志，屈指已度九十春。

2000 年，四川大学为柯召举行九十寿庆会，与女儿柯孚久在四川大学贺寿条幅前留影

三、硕果流芳　梅香依旧

2002年8月，在北京举行的世界数学家大会上，柯召以93岁高龄作为特邀代表登上了主席台，与会的中外数学家们对他报以热烈的掌声。世界数学家大会是世界数学家最高水平的盛会，该会第一次在中国举行，是中国数学走向世界的一个标志。柯召是中国数学的先驱和老前辈的代表，他见证了这一令人感慨、更令人欣慰的盛况。

2002年11月8日，柯召在北京逝世。

硕果流芳，梅香依旧。柯召虽然飘然而去，但他的成就，他的品德，他那儒雅的长者风范，都化作阵阵梅香，长久地飘荡在人们的思绪中，镌刻在中国数学史的那一段不平凡的历程中，镌刻在四川大学百年创业的荜路蓝缕之中。

我最大的愿望，就是造就更多精通数学的人才，使我们国家的数学能蓬勃地发展；希望有更多的人能掌握数学这把打开科学大门的钥匙。

根据我的经验，要想在学业上有所建树，中小学阶段非常重要，必需在这一阶段打好基础。有了牢固的基础，以后工作就较顺利。

我的一些数学结果，是在晨起时，或午睡醒来时，偶然得出的，或者可以说是突然得到的，似有灵感。其实这种现象，进行科学研究工作，常能遇到。宋人有一首小诗："镇日寻春不见春，芒鞋踏遍岭头云。归来偶过梅花下，春在枝头已十分。"作者佚名，是很好的说明。所谓灵感，是"踏遍"的结果。

只要努力总会有收获。不肯下功夫，就会一事无成。

——柯召

附录 A　柯召生平活动年表

1910 年 4 月 12 日，出生于浙江温岭的一个平民家庭。

1915 年，5 岁时发蒙，开始学习读书识字。

1918 年 1 月至 1921 年 7 月，浙江省温岭县立宗文高等小学校。

1922 年 8 月至 1926 年 7 月，浙江杭州安定中学（四年制）。

1926 年 8 月至 1928 年 7 月，厦门大学预科。

1928 年 8 月至 1930 年 7 月，厦门大学数学系。

1930 年 8 月至 1931 年 7 月，浙江海门东山中学，数学教师。目的是筹措学费，转学到清华大学。

1931 年 8 月至 1933 年 7 月，清华大学算学系学生。

1933 年 8 月至 1935 年 7 月，应姜立夫聘请，到天津南开大学数学系担任助教。

1935 年 8 月，考上了中英庚款的公费留学生。留学曼彻斯特大学，导师是著名数学家莫德尔。

1937 年，获得博士学位。

1938 年 7 月，回国。

1938 年 8 月至 1939 年 7 月，回国后按照中英庚款董事会的安排到成都，在四川大学任教授。

1939 年 8 月至 1942 年 7 月，四川峨眉，任川大数学系主任兼教授。

1942 年 8 月至 1943 年 7 月，四川西昌，国立西康技艺专科学校，任教授兼教务主任。

1943 年 8 月至 1945 年 2 月，四川大学教授兼教务长。

1945 年 3 月至 1945 年 7 月，四川宜宾，在友人雷国厚及其亲戚家闲居。

1945 年 8 月至 1946 年 7 月，四川宜宾县立中学，数学教师。

1946 年 8 月至 1953 年 9 月，重庆大学教授，并任重庆大学数学研究所所长，还担任过重大副教务长（1950～1953 年）。

1950 年，加入九三学社。

1952～1979年，九三学社第四至六届中央委员。

1953年9月，调回四川大学做教授，先后担任过副教务长、副校长、校长、数学研究所所长等职务。

1954年，中国数学会成都分会成立，任理事长（至1978年）。

1954年，当选为全国人大代表（连续当选为第一至七届全国人大代表）。

1954年9月12日，九三学社成都分社筹委会成立，任主任委员。

1955年，被任命为中国科学院数理化学部委员（院士）。

1955～1990年，《四川大学学报》（自然科学版）编委会召集人（主编）。

1956年5月13日，九三学社成都分社正式成立。任成都分社第一届主任委员，文藻青、郑衍芬、谢秉仁任副主任委员，后来又连续担任了第二、三、四届主委。

1958～1986年，四川省科协副主席（第一、二届）。

1957年8月，国务院科学规划委员会数学组组员。

1961年，与爱尔特希，拉多联名发表组合论中关于交集的结果，被称为爱尔特希-柯-拉多定理，成为组合论的一个分支——极值集合论的里程碑式的结果。

1962年，研究卡特兰猜测取得重大突破，有关结果被称为柯氏定理和柯氏方法。

1963年1月31日，四川大学副校长。

1963年和1977年，两度参加了制订国家科学发展规划的工作，还担任过国务院学位委员会第一届学科评议组成员、国家教委高等学校理科教材编审组“代数、数论”组成员，《数学学报》编委，《数学年刊》副主编，《四川大学学报》（自然科学版）主编、编委会主任等多种学术职务。

1972～1973年，与四川大学数学系的青年教师一道到四川的泸州、广元、峨眉、成都等地推广优选法。

1972年起，与部队的研究机构接触，开展国防应用数学研究。

1977年10月，出席全国自然科学学科规划会。

1978年4月，出席全国科学大会。

1978年，负责的课题“不定方程、数论变换和组合论”获全国科学大会奖。

1978年，四川省数学会成立，任理事长（至1987年）。

1978年10月，按教育部意见，筹备成立四川大学数学研究所，任所长（建成后，由教育部于1983年5月正式批准）。

1979年4月，被教育部聘为《数学年刊》副主编。

1979年5月，被科学出版社聘为纯粹与应用数学丛书副主编。

1979～1993年，政协四川省第四至六届委员会副主席。

1979年10月至1988年12月，九三学社第六、七届中央委员会副主席。

1979年，中国数学会第三届理事会副理事长（至1983年）。

1981年1月，中国人民解放军总参谋部科学顾问。

1981～1984年，四川大学校长。

1981年，与魏万迪合作出版专著《组合论》（上）由科学出版社出版。

1981～1984年，国务院学位委员会第一届（理学）学科评议组成员。

1983年，在中国数学会第四次全国代表大会上，被推举为名誉理事长。

1983年9月至去世，四川省科技顾问团成员。

1984年2月，九三学社四川省委正式成立，当选为第一届主委。1988年7月，再次当选为第二届社省委主委。自1992年7月起，担任九三学社第三届、第四届四川省委名誉主委。

1984年4月，四川大学名誉校长，由国务院总理赵紫阳签署，国务院任命。

1985年，和孙琦合作的项目“几类不定方程的解数及其应用”获国家教委优秀科技成果奖。

1985年10月，中国科学院数学所（开放）顾问委员会委员（所长王元，副所长杨乐）。

1986年9月，四川省科协名誉主席。

1986年12月，中国国际文化交流中心四川省分会副理事长。

1986～1987年，和孙琦合作出版大学教材《数论讲义》（上、下），并于1991年荣获国家教委优秀教材二等奖。

1987年4月，和孙琦合作的项目“$x^3 \pm 1 = Dy^2$ 和 $x^4 - Dy^2 = 1$ 等不定方程研究，一类不定方程的解及其应用”荣获1986年度四川省科技进步奖二等奖。

1987年4月，《数学辞海》编委会顾问。

1987年11月，四川省系统工程学会名誉理事长。

1989年9月，“中国高等学校总揽”画册编委。

1997 年 11 月至 2002 年 12 月，九三学社第十届中央委员会名誉副主席。

1999 年，获何梁何利科技进步奖。

2002 年 8 月，作为特邀代表出席在北京举行的世界数学家大会，时年 93 岁。

2002 年 11 月 8 日，在北京逝世，享年 93 岁。

附录B　柯召先生主要著作目录

第一部分：学术论文

1936 年

Ko Chao. 1936. Decompositions into four cubes. Journal of the London Mathematical Society，11（3）：218，219

1937 年

Ko Chao. 1937. Note on the lattice points in a parallepiped. Journal of the London Mathematical Society，12（1）：40～47

Ko Chao. 1937. On a Waring's problem with squares of linear forms. Proceedings of the London Mathematical Society，42（3）：171～185

Ko Chao. 1937. On the representation of a quadratic form as a sum of squares of linear forms. Quarterly Journal of Mathematics，8：81～98

1938 年

Ko Chao. 1938. Determination of the class number of positive quadratic forms in nine variables with determinant unity. Journal of the London Mathematical Society，13（2）：102～110

Erdös P，Ko Chao. 1938. Some results on definite quadratic forms. Journal of the London Mathematical Society，13（3）：207～214

Erdös P，Ko Chao. 1938. On definite quadratic forms，which are not the sum of two definite or semi-definite forms. Acta Arithmetica，3（1）：102～122

Erdös P，Ko Chao. 1938. Note on the Euclidean algorithm. Journal of the London Mathematical Society，13（1）：3～8

Ko Chao. 1938. On the decomposition of quadratic forms in six variables. Acta Arithmetica，3（1）：64～78

Ko Chao. 1938. On the positive definite quadratic forms with determinant unity. Acta Arithmetica，3（1）：79～85

Ko Chao. 1938. Note on the representation of a quadratic form as a sum of squares of linear forms. Quarterly Journal of Mathematics，9：32，33

1940 年

Ko Chao，Lee H C. 1940. Note on a theorem on matrices. Journal of the London Mathematical Society，15（3）：149～152

Ko Chao，Lee H C. 1940. A further generalization of the Hamilton-Cayley theorem. Journal of the London Mathematical Society，15（3）：153～158

Ko Chao，Lee H C. 1940. On semi-automorphisms in matrix algebra. 武汉大学理科季刊，7（3）：1～3

Ko Chao. 1940. On the Meyer's theorem and the decomposition of quadratic forms. Journal of Chinese Mathematical Society，2（3）：209～221

Ko Chao. 1940. Note on the Diophantine equation $x^x y^y = z^z$. Journal of Chinese Mathematical Society，2（3）：205～207

1942 年

Ko Chao. 1942. On the decomposition of quadratic forms in seven variables. Science Record，August，1（1～2）：30～33

Ko Chao. 1942. On the decomposition of quadratic forms in eight variables. Science Record，August，1（1～2）：34～36

Ko Chao，Wang Suizhan. 1942. Table of primitive positive quaternary quadratic forms with determinants≤25. Science Record，August，1（1～2）：54～58

1945 年

Ko Chao. 1945. Some new proofs of Smith's theorem，Science Record，1（3～4）：308～312

1947 年

Ko Chao. 1947. On the decomposition of quadratic forms in eight variables. Science Report of Tsing Hua University，5（4～6），337～340

1948 年

Ko Chao，Chu Fu-Tsu. 1948. On the equivalence of positive definite quadratic and Hermitian forms. Science Record，2（2）：148～155

1955 年

柯召 . 1955. 关于方程 $ax+by+cz=n$. 四川大学学报（自然科学版），

1 (1)：1～4

1956 年

柯召.1956. 表三元二次型为平方和的问题. 四川大学学报（自然科学版），2 (1)：17～30

柯召，张同.1956. 矩阵代数的反自同构. 四川大学学报（自然科学版），2 (2)：41～48

柯召，周孟庚.1956. 关于 Frobenius 的一个定理. 四川大学学报（自然科学版），2 (2)：63～68

1957 年

柯召.1957. 关于丢番图方程 $x^y y^x = z^z$，$x^y y^z = z^x$ 和 $x^x y^z = z^y$. 四川大学学报（自然科学版），3 (1)：33～40

柯召，陆文端.1957. 关于矩阵的一些结果. 四川大学学报（自然科学版），3 (1)：69～78

柯召.1957. 一个关于二次型的问题. 四川大学学报（自然科学版），3 (1)：23～31

柯召，陆文端.1957. 一些丢番图方程的解. 四川大学学报（自然科学版），3 (2)：189～196

1958 年

柯召.1958. 关于行列式等于 1 的 12 元和 13 元恒正二次型. 四川大学学报（自然科学版），4 (1)：15～32

柯召.1958. 关于商高数. 四川大学学报（自然科学版），4 (1)：73～80

柯召.1958. 关于 Jesmanowicz 的猜测. 四川大学学报（自然科学版），4 (2)：81～90

1959 年

柯召.1959. 关于行列式等于 1 的 14 元恒正二次型. 四川大学学报（自然科学版），5 (1)：31～58

柯召.1959. 关于行列式等于 1 的 15 元恒正二次型. 四川大学学报（自然科学版），5 (2)：23～38

柯召.1959. 关于丢番图方程 $(a^2-b^2)^x+(2ab)^y=(a^2+b^2)^z$. 四川大学学报（自然科学版），5 (3)：25～34

柯召.1959. 关于行列式为 1 的恒正二次型. 四川大学学报（自然科学版），5 (3)：35～42

柯召.1959. 关于方程 $x^m-y^n=1$，$|x-y|\leqslant 250400$. 四川大学学报（自然科学版），5 (4)：1～14

柯召．1959. 关于方程 $x^2-y^t=1$. 四川大学学报（自然科学版），5（4）：15～18

柯召，陈度．1959. 关于行列式 $D\leqslant 50$ 的本原四元恒正二次型．四川大学学报（自然科学版），5（5）1～14

柯召，宣化五，陈度．1959. 关于行列式不超过 25 的五元恒正二次型. 四川大学学报（自然科学版），5（5）：15～28

柯召．1959. 关于方程 $n=x^2+y^2-z^2$，$x^2\leqslant n$，$y^2\leqslant n$，$z^2\leqslant n$. 四川大学学报（自然科学版），5（6）：1～10

1960 年

柯召．1960. 关于方程 $x^2-1=y^5$. 四川大学学报（自然科学版），6（1）：27～30

柯召．1960. 关于方程 $x^2-1=y^n$. 四川大学学报（自然科学版），6（1）：31～36

柯召．1960. 关于方程 $x^2-1=y^{11}$. 四川大学学报（自然科学版），6（1）：53～56

柯召．1960. 关于方程 $x^2=\dfrac{y^n+1}{y+1}$ 和 $x^2=y^n+1$. 四川大学学报（自然科学版），6（2）：57～64

柯召．1960. 关于 $xyz=x+y+z$. 四川大学学报（自然科学版），6（3）：1～6

柯召．1960. 关于方程 $x^3+y^3+z^3=xyz$. 四川大学学报（自然科学版），6（3）：7～18

柯召，陈度，郑德勋．1960. 关于行列式 $D\leqslant 50$ 的本原五元恒正二次型．四川大学学报（自然科学版），6（1）：1～26

1961 年

Erdös P，Ko Chao，Rado R. 1961. Intersection theorem for systems of finite sets. Quarterly Journal of Mathematics，12（2）：313～320

1962 年

柯召．1962. 关于方程 $x^2=y^n+1$，$xy\neq 0$. 四川大学学报（自然科学版），8（1）：1～6

柯召．1962. 关于方程 $x^3=y^n\pm 1$. 四川大学学报（自然科学版），8（1）：17～22

柯召．1962. 关于连续数的一个问题．四川大学学报（自然科学版），8（2）：1～6

柯召，孙琦 . 1962. 关于方程 $x^n+(x+1)^n+\cdots+(x+h)^n=(x+h+1)^n$. 四川大学学报（自然科学版），8（2）：7～18

柯召 . 1962. “关于 $xyz=x+y+z$” 一文的注记 . 四川大学学报（自然科学版），8（2）：27～28

1963 年

柯召 . 1963. 关于方程 $\sum_{j=0}^{h}(x-j)^n=\sum_{j=1}^{h}(x+j)^n$. 四川大学学报（自然科学版），9（1）：1～11

柯召 . 1963. 关于 Catalan 问题 . 四川大学学报（自然科学版），9（2）：1～8

柯召 . 1963. 关于商高数 $2n+1$，$2n(n+1)$，$2n(n+1)+1$. 四川大学学报（自然科学版），9（2）：9～14

柯召，孙琦 . 1963. 关于 $k\varphi(n)=n-1$. 四川大学学报（自然科学版），9（1）：13～22

柯召，孙琦 . 1963. 关于方程 $\sum_{j=0}^{n-1}(x+jr)^t=(x+nr)^t$. 四川大学学报（自然科学版），9（2）：33～42

柯召，尹文霖，孙琦 . 1963. 关于 Erdös 的一个猜测 . 四川大学学报（自然科学版），9（2）：15～32

柯召，郑德勋 . 1963. 关于恒正二次型的极小值 . 四川大学学报（自然科学版），9（2）：43～62

1964 年

Ko Chao. 1964. On the Diophantine equation $x^2=y^n+1$，$xy\neq 0$. Sci. Sinica（Notes），14：457～460. MR 32：1164

柯召 . 1964. 关于商高数 $2n+1$，$2n(n+1)$，$2n(n+1)+1$，（Ⅲ）. 四川大学学报（自然科学版），10（4）：11～26

柯召，孙琦 . 1964. 关于方程 $\varphi(n+3)=\varphi(n)+2$. 四川大学学报（自然科学版），10（1）：1～8

柯召，孙琦 . 1964. 关于方程 $x^n+x^{n-1}+\cdots+x+1=y^k$. 四川大学学报（自然科学版），10（1）：9～12

柯召，孙琦 . 1964. 关于单位分数表 1 的问题 . 四川大学学报（自然科学版），10（1）：13～30

柯召，孙琦 . 1964. 关于方程 $x(x+1)(x+2)=ay^k$. 四川大学学报（自然科学版），10（2）：1～4

柯召，孙琦 . 1964. 关于方程 $\prod_{i=1}^{k}x_i^{x_i}=z^z$. 四川大学学报（自然科学

版)，10（2)：5～10

柯召，陈度，何治国等. 1964. 关于行列式 $D\leqslant 25$ 的六元恒正二次型. 四川大学学报（自然科学版)，10（2)：11～26

柯召，孙琦. 1964. 关于商高数 $2n+1$，$2n(n+1)$，$2n(n+1)+1$，(Ⅱ). 四川大学学报（自然科学版)，10（2)：1～12

柯召，孙琦. 1964. 关于表 $\frac{3}{n}$ 为单位分数的问题. 四川大学学报（自然科学版)，10（3)：13～22

柯召，孙琦，张先觉. 1964. 关于方程 $\frac{4}{n}=\frac{1}{x}+\frac{1}{y}+\frac{1}{z}$. 四川大学学报（自然科学版)，10（3)：23～38

柯召，尹文霖，李德琅. 1964. 关于正整系数线性型的最大不可表数——Frobenius 问题. 四川大学学报（自然科学版)，10（3)：39～50

1965 年

柯召，孙琦. 1965. 论一类型积性数论函数方程. 四川大学学报（自然科学版)，11（2)：1～10

柯召，孙琦. 1965. 关于 Fibonacci 平方数. 四川大学学报（自然科学版)，11（2)：11～18

柯召，尹文霖. 1965. 关于 Newman 的一个猜测与表几乎全体偶数为两素数差. 四川大学学报（自然科学版)，11（1)：1～14

1975 年

柯召，孙琦. 1975. 关于不定方程 $x^4-Dy^2=1$. 四川大学学报（自然科学版)，(1)：57～62

1978 年

柯召，郑德勋. 1978. 关于表数相同的恒定二次型. 四川大学学报（自然科学版)，15（2～3)：5～14

柯召，孙琦，邹兆南. 1978. 关于方程 $\sum_{j=0}^{h}(x+j)^n=(x+h+1)^n$. 四川大学学报（自然科学版)，15（2～3)：19～24

1979 年

柯召，孙琦. 1979. 关于丢番图方程 $x^4-pqy^2=1$. 科学通报，16：721～723

柯召，孙琦. 1979. 关于丢番图方程 x^4-Dy^2. 四川大学学报（自然科学版)，16（1)：1～4

柯召，孙琦. 1979. 关于丢番图方程 $x^4+4=Dy^2$. 四川大学学报（自

然科学版)，16 (4)：1～4

柯召，孙琦．1979. 关于丢番图方程 $x^4-2py^2=1$. 四川大学学报（自然科学版)，16 (4)：5～10

1980 年

柯召，孙琦．1980. 关于丢番图方程 $x^4-Dy^2=1$. 数学学报，(6)：922～926

柯召，孙琦．1980. 关于丢番图方程 $x^4-Dy^2=1$（Ⅱ）. 数学年刊，1：83～89

柯召，孙琦．1980. 关于丢番图方程 $x^4-pqy^2=1$（Ⅱ）. 四川大学学报（自然科学版)，17 (3)：37～44

柯召，郑德勋．1980. 关于表数相同的三元恒定二次型．四川大学学报（自然科学版)，17 (4)：1～8

1981 年

柯召，孙琦．1981. 关于丢番图方程 $x^3-Dy^2=\pm 1$. 中国科学，12：1453～1457

柯召，孙琦．1981. 关于丢番图方程 $x^4-Dy^2=1$. 数学年刊，4：491～496

柯召，孙琦．1981. 关于丢番图方程 $x^3\pm 1=3Dy^2$. 四川大学学报（自然科学版)，18 (2)：1～6

柯召，孙琦．1981. 关于丢番图方程 $x^3\pm 8=Dy^2$ 和 $x^3\pm 8=3Dy^2$. 四川大学学报（自然科学版)，18 (4)：1～5

1982 年

柯召，孙琦．1982. 关于方程 $\sum_{j=0}^{h}(x+j)^n=(x+h+1)^n$ 的一个注记．四川大学学报（自然科学版)，19 (4)：1～4

1983 年

柯召，孙琦．1983. 关于丢番图方程 $x^4-2py^2=1$ 的初等解法．四川大学学报（自然科学版)，20 (2)：1～3

柯召，郑德勋．1983. 关于 $a(x^2+y^2)+bz^2$ 表数相同的问题．四川大学学报（自然科学版)，20 (3)：1～8

第二部分：著　作

A. 已出版的著作

柯召，孙琦．1980. 初等数论 100 例．上海：上海教育出版社

柯召，孙琦．1980. 谈谈不定方程．上海：上海教育出版社

柯召，魏万迪．1981. 组合论（上）．北京：科学出版社

柯召，孙琦．1981. 单位分数．北京：人民教育出版社

柯召，魏万迪．1984. 初等组合学漫话．北京：科学出版社

柯召，孙琦．1986～1987. 数论讲义（上、下）．北京：高等教育出版社

柯召文集编委会．2000. 柯召文集．成都：四川大学出版社

B. 已出版的译著

马力茨夫 А И. 1953. 线性代数基础．柯召译．上海：商务印书馆

库洛什 А Г. 1953. 高等代数教程．柯召译．上海：商务印书馆

甘特马赫耳 Х Р. 1955. 矩阵论（上、下）．柯召译．北京：高等教育出版社

附录C 柯召文稿四篇

我的求学经历和治学心得[①]

1926年夏，我毕业于四年制的杭州安定中学。听说鲁迅先生和许多著名教授到厦门大学任教，便决定投考厦大预科。因家境贫寒，升入本科后就给系上批改低年级的作业，还在集美中学兼课。读完二年本科，当时的名教授纷纷离开，我亦决定转学清华大学，因为清华的理科最有盛誉。但为筹措学费路费，我在海门东山中学教了一年数学。

1931年夏，我通过了清华的转学考试，进入清华算学系三年级。熊庆来先生知道我家境不好，便安排我批改低年级作业，月得20元，伙食3元已经很可以，经济上无任何困难，可以安心学习。当时同班上课的仅五人，陈省身和吴大任是南开大学毕业来清华的研究生，许宝騄和我是本科生，华罗庚是旁听生。清华的淘汰率很高，1929年进校的学生，已经完全被淘汰出校，只剩下两个三年级进来的转学生许宝騄和我，我的毕业论文是在我国数论先驱杨武之教授指导下完成的。1933年我清华毕业后，经陈省身介绍在南开大学任助教。南开数学系只有我一名助教。各年级的学生作业，全部都由我阅改，虽然当时每班的学生人数不多，因为头绪较多，工作量还是不少。但这对于我打好数学基础，却大有好处。

中英庚款董事会规定，要在大学毕业从事所考专业工作二年后，才能报考留英研究生。1935年我考取了中英庚款研究生，去英国深造。当时中英庚款董事会要我进入剑桥大学，我说适合我的导师在曼彻斯特大学。经董事会向伦敦大学教授征询后，证实我的意见是正确的，同意我去曼大读研究生。到曼彻斯特，见到莫德尔教授，他问了三个问题。一是读过些什么数论方面的书籍？二是研究过些什么问题？结果如何？三是学过些什么外文？我一一作答，对于外文，我说借助于字典，可阅读德法文数学

① 柯召手稿，写于1993年。原稿无标题，是编者代拟的。

书。他说对俄文如何？我说没有学过。他说，进校后要学俄文。他很高兴，就带我去注册，办理入学手续，说二年后可获博士学位。英国一般读博士学位需要三年。他给我二年，较为优待，大约是由于我的工作引起了他的兴趣。当时他给了我一个题目，是一个著名的难题（闵可夫斯基猜测），说二周后再去看他。我搞了两周，毫无办法。再去看他，他正在与哈屈利教授讨论问题。他问我有无进展，我说毫无办法。他和哈屈利教授说，他自己搞了三年，没有结果。哈屈利教授说，你搞了三年搞不出来，怎能要人家二周搞出来？他说年轻人思想活跃，有时可能有意想不到的收获。虽然我没有解决这一难题，但是这句话是有道理的。接着他给我说，你回去自己找题目做。

他们不像我国现在的办法，研究生的题目要导师给提出来。他们的导师只在研究生有疑难时，给予指点一下。着重培养研究生的独立工作能力，研究生要靠自己努力进行钻研。他们的培养方式和美国不同，不需要你读学分，全校的所有课程，你愿意时都可以去听，不登记成绩。可是，对学位论文要求很高，规定要在著名杂志上发表后才能答辩。我回来后，自找题目，进行钻研，两个月后，写就一篇论文，带着它去找莫德尔教授。他看后给我说，你的博士学位已经得到了，但按规定要等两年后才能授予，在这期间，你可以自行进行研究工作。在英国三年，我写了多篇论文，在数学杂志上刊出。

当时曼彻斯特大学有爱尔特希、达文波特、马勒等第一流数学家，得益匪浅。爱尔特希今年 80 岁。曾发表过千余篇数学论文，是前无古人的。他是和别人合作写出论文最多的一个人，我和他亦合作过几篇。解放后他曾两次访问我国，第一次是由华罗庚和我接待的，可是第二次来时，华已作古。达文波特和马勒现在均已去世，达文波特去世较早。马勒会中文，在我回国后，曾去函请他来川大任教，他已应允，但因在第二次大战期间，路途梗阻，未能成行。

1937 年曼大授予我博士学位后，莫德尔教授要我指导英人凯铁莱读硕士学位，一年后他获得硕士学位，我亦准备回国，当时莫德尔教授意欲留我在曼大，但在“抗战”时期，我还是婉言谢绝，整装回国。祖国已大部沦陷，只能从海防登陆，转入昆明。因四川大学张颐校长请中英庚款董事会推荐教授。中英庚款董事会要我去川大任教，故从昆明飞成都，来川大工作。

根据我的经验，要想在学业上有所建树，中小学阶段非常重要。必须在这一阶段打好基础。有了牢实的基础，以后工作就较顺利。清华的转学考试不是容易通过的，因为我在中学学得扎实，顺利地通过了。中英庚款董事会的选拔考试更有份量，因为数学只取两名，在全国挑选，竞争激烈，但我还是考上了。另一名是李华宗先生，回国后他亦在川大任教，可惜因病就医于香港，不治而早年亡故。

我的一些数学结果，是在晨起时，或午睡醒来时，偶然得出的，或者可以说是突然得到的，似有灵感。其实这种现象，进行科学研究工作，常能遇到。宋人有一首小诗："镇日寻春不见春，芒鞋踏遍岭头云。归来偶过梅花下，春在枝头已十分。"作者佚名，是很好的说明。只要努力总会有收获。所谓灵感，是"踏遍"的结果。清人袁枚有诗："但肯寻诗便有诗，灵犀一点是吾师，夕阳芳草寻常物，解用都为绝妙词"，亦是此意。主要在"但肯"二字上。他还进一步提出"解用"二字，颇值玩味。但是，"解用"亦植根于"但肯"上。不肯下功夫，就会一事无成。

忆武之师[①]

今年是武之师一百零一年华诞，追忆往昔，音容笑貌，宛然在目。我在 1933 年毕业于清华大学算学系，弥得武之师熏陶。1935 年考取中英庚款赴英留学。当时中英庚款董事会拟安排我进入剑桥大学，我忆武之师指示，在英国须进曼彻斯特大学，导师毛达尔[②]教授，对我较为合适。当即将此意告知董事会，去曼彻斯特大学。见到毛达尔教授，他问我读过什麽数论方面的书籍？我答以武之师指导我读过的数论方面的一些书籍。再问以学过何种文字？我答以借助字典可以阅读德、法文数学书籍。又问学过俄文没有？我说没有学过。最後问写过什么文章？我在清华，毕业论文是跟武之师做的，当即答以此文。毛达尔教授立即决定我读博士学位，二年毕业，但须补读俄文，亲自带我办理入学手续。英国一般读博士学位需要三年，为期二年，实属破格。事实上，两个月，我完成论文一篇，毛达尔教授阅後说：你已经获得博士学位，不过要等两年期满，才能授予。凡此种种，與武之师的作育密不可分。

武之师爱好手谈。在清华时，振宁先生身高仅及棹，常跂而观奕。武之师指与我言，此子将来必成大器。真可谓知子莫若父。1960 年，我和段学复同志赴沪出席一个会议，同去复旦，探望武之师，还手谈一局，这

① 清华大学应用数学系编：《杨武之先生纪念文集》，北京：清华大学出版社，1998 年，第 113～144 页。

② "毛达尔"在本书中的译名是"莫德尔"。

是最后一局，亦是最后一面。

纪念华罗庚①

六月十三日晨，从广播里听到华罗庚同志的噩耗。巨星殒落，硕人溘逝，无比悲痛。

去年春节前夕，在京参加一个会议。他仅在最后那个半天，到会讲了几句，衰弱不支，随即离去。当时，很为他的健康担心。今年春节前夕，在一个会议上，他精神焕发，滔滔不绝地谈论他对经济数学的研究经过，深为其康复而庆幸。不意，不到半年，他就实践了他的壮言："与其死在病床上，宁可死在岗位上。"他在日本东京的讲台上，离开了我们。

华罗庚同志在1910年11月12日出生于江苏省金坛县一个贫苦家庭。他仅念过九年书。1924年初中毕业后，即离开学校协助他父亲料理一个很小的杂货铺，并利用业余时间刻苦自学数学，取得优异成绩。1930年，他在《科学》杂志上发表文章"苏家驹之代数五次方程式解法不能成立的的理由"，受到熊庆来先生的赞赏。1931年他被邀请到清华大学工作，由管理员、助教，再升为讲师。在1931年，我考取清华大学数学系三年级转学生，陈省身、吴大任、许宝騄、华罗庚和我五个人同听熊庆来、杨武之、孙光远先生的课。华罗庚同志没有学过大学一、二年级的课程，通过顽强自学，能把课程学得很好，深受老师们的赞赏。

他把全部精力，投入数学领域。"见面少叙寒暄话，多把学术谈几声。"有所得，当记于书上空白处或其它（他）地方。在我的一本D. M. Y. Sommerville的Analytical Conics的扉页上，他还写了"Corollary，无$\frac{n!}{4}$级n次子群，应用Milleis Theorem可证"。五十多年后的今天，虽字迹暗淡，尚可辨认。经过文化大革命，我已找不到他写的其他东西了。

他的治学方法之一是"把书读薄"，由博而约，由约返博。这些都是我们学习的楷模。

1934年他成为文化基金会研究员。1936年到1938年，作为访问学者去英国剑桥大学工作两年，当时我亦在英国，时有书信往来。

抗日战争爆发后，华罗庚同志回国，由于他成绩卓著，在1938年至1946年间，他受聘为昆明西南联合大学教授。1946年春，他应苏联科学院邀请到苏联访问三个月。1946年至1947年，他应美国普林斯顿高等研

① 1985年7月30日，川大数学系华老悼念会讲稿。

究院邀请任研究员，并在普林斯顿大学执教。1948年至1950年，他为伊利诺大学终身教授。

中华人民共和国成立，华罗庚于1950年率领全家回到北京，先后任清华大学教授，中国科学院数学研究所所长，中国数学会理事长，名誉理事长，中国科学院数理化学部委员，学部副主任，中国科学技术大学数学系主任，副校长，中国科学院应用数学研究所所长，中国科学院副院长，主席团委员，民盟中央副主席，全国政治协商会议副主席等职。1979年他加入中国共产党。

1979年后，他到英国、法国、联邦德国、荷兰与美国几十个大学与研究所讲学与访问，受到热烈欢迎和高度评价。他是美国科学院国外院士，法国南锡大学与香港中文大学荣誉博士。

华罗庚教授是中国解析数论、典型群、矩阵几何学、自守函数论与多个复变数函数论等很多方面研究的创始人与开拓者，也是我国进入世界著名数学家行列最杰出的代表。迄今他共发表学术论文约二百篇，专著十本，其中有八本被国外翻译出版，有些可列入本世纪经典著作之列。他的名字已进入美国华盛顿“斯密习——采尼博物馆”，也被列为芝加哥科学技术博物馆中“当今八十八个数学伟人”之一。外国报刊上征引了很多数学家对他的赞扬：“由于他工作范围之广，使他堪称世界名列前茅的数学家之一。”（劳埃尔·熊飞尔德）“他是绝对第一流的数学家，他是做出特多贡献的人。”（李普曼·贝尔斯）“受他直接影响的人，也许比受历史上的任何数学家直接影响的人都多，他有一个普及数学的方法。”（罗兰德·格雷汉），等等，这些绝非溢美之词，他是当之无愧的。

他不仅是一位卓越的数学家，他对组织领导工作，教育工作，普及工作也做出了出色的贡献，特别是他多年来从事应用数学的研究与推广工作，收获极为丰富，影响至为深远。

在中央研究院数学所的图书馆搬到台湾去了的时刻，他担当起中国科学院数学研究所所长职务，负责新建数学所的重任。在这样艰难的工作与生活条件下，数学所以他为核心与榜样，上下团结一致，艰苦工作，不到五年就初具规模，涌现出一批出色的成果与人才，受到国内外的高度赞扬。这与他的卓越领导是分不开的。

他深知培养中国青年数学家的重要。他始终抓紧这项工作，不仅向他们传授数学知识和治学方法，更注意教育他们热爱祖国和人民，教育他们有良好的学术品德和作风。早在五十年代初，他就提出“天才在于积累，聪明在于勤奋”，虽然他聪明过人，但他从不夸耀自己的天分，而是把比

“聪明”重要得多的“勤奋”和“积累”看作两把成功的钥匙。反复告诉青年人，要他们学数学做到“拳不离手，曲不离口”，经常地锻炼自己。

当时他领导了两个数论讨论班，一个是基础性的，另一个是哥德巴赫问题讨论班。由学生轮流报告，每一点疑难，他都要当场追问清楚，学生常常被挂在黑板上下不了台。在不到五年的时间里，受他直接引导而很好成长的学生就有越民义、万哲先、陆启铿、龚升、王元、许孔时、陈景润、吴方、魏道政、严士健与潘承洞等，这些人现在都成为教授了，是我国数学界的骨干，有些已是国际著名数学家。受过他影响的数学家更是不胜枚举。

他是我国在中学进行数学竞赛活动的热心创始人，组织者与参加者。他计划撰写四卷《高等数学引论》，作为近代数学的基础丛书，可惜只出版了一卷半，手稿都在十年浩劫中丢失了。在二十年前，他就提出离散性数学的重要性，现在已经很清楚，离散性数学方法在应用数学中的重要性已日趋明显。

1958年，他倡议在我国工业生产中，推广使用运筹学中的数学方法，并亲自带领学生到我国运输部门从事运输问题中的数学方法的普及工作，推广和应用线性规划中的数学方法。

从1965年开始，他选择了以改进生产工艺问题的数学方法为内容的“优选法”与处理生产组织和管理问题为内容的“统筹法”，作为普及工作的内容。这两大类方法又简称为“双法”。他和他的小分队到过我国二十多个省、(直辖)市或自治区的几百个城市，几千个工厂，给几百万工人及技术人员讲过课，使他们学会“优选法”和“统筹法”，并用于改进他们自己的工作。

从1958年开始，“左”倾思想与做法就不断地冲击着数学界。他所领导的数论研究被“批判”成“理论脱离实际的典型”，而被迫解散了。从那时开始，他已无法再继续领导数学研究所的工作。他倡导的数学竞赛活动和撰写的关于治学方法的文章，都被胡说成是所谓宣扬“封、资、修”的一套，而被迫中断了这些科普工作。

十年浩劫中，他的家被“查抄”了好几次，手稿散失殆尽，至今没有下落，使不少工作无法继续进行。在这种情形下，他仍然坚持工作，这是多么的不容易啊！

党的十一届三中全会给中国带来了美好的前景，他正在发挥他的作为，为党和人民贡献力量，不幸溘然长逝，使我感到十分突然和震惊。但是华老的精神长在，他所留下的事业必将发扬光大。

《数坛英豪》序①

著名数学家阿贝尔曾说：“在我看来，一个人如果要在数学上有所进步，就必须向大师学习。”

本书的作者李心灿、黄汉平同志都是在高等院校从事数学教学工作三十年的教师。三十年来，他们在教学工作中辛勤耕耘，经常结合数学的有关内容，向学生介绍了许多数学家的事迹，用以帮助学生了解数学大师们是如何勤奋钻研、刻苦学习的；是如何大胆探索、勇于创新的；是如何坚韧不拔、奋勇前进的；是如何惜时如金，献身事业的；是如何热爱祖国、团结合作的，等等。这些都有助于从一个侧面帮助学生正确对待理想和人生的追求，激励学生为祖国和人民勤奋刻苦地学习，引导学生了解作为一个科技工作者应该具备一些怎样的品质。他们这种将德育寓于智育之中的做法，收到了很好的效果，深受学生欢迎。

的确，历史给人以启迪，它能帮助人们了解过去、认识现在和预见将来。近年来李心灿、黄汉平同志将这些材料陆续写成短文，在多种报刊上发表，受到了读者的好评。现在，应一些读者和出版社的要求，他们又将这些文稿加以整理、充实，汇集成这本《数坛英豪》。这本书共有五十多篇文章，介绍了近六十位著名数学家的有关生平、贡献、轶事、趣闻等。这是一本把知识性、科学性和哲理性融合在一起的难得的数学史著作。书中每篇文章都是独立的，同时又按史料的时间先后加以排列。这对于只为了解数学史中某些片断的读者来说，课余、业余读上一二篇，费时不多；而对于需要进一步系统学习数学史的读者来说，它也不失为一个概要的介绍，无疑提供一些很有价值的史料。

拿破仑曾说：“一个国家只有数学蓬勃发展，才能表现它的国力强大。”培根还说过：“数学是科学的大门和钥匙。”作为一个数学教育工作者，我和本书的两位作者最大的愿望，就是造就更多精通数学的人才，使我们国家的数学能蓬勃地发展；希望有更多的人能掌握数学这把打开科学大门的钥匙。为此，我很高兴地把这本《数坛英豪》推荐给读者，特别是喜欢数学的青年一代。“榜样的力量是无穷的。”我相信，大家读了这本著作，不但可以丰富知识，开阔眼界，而且可以从这些数坛英豪们的奋斗历程中，从他们的一些思想、见解、经验中，获得激励自己的意志，启迪自

---

① 这是1988年柯召为李心灿、黄汉平编著的科普读物《数坛英豪》写的序，该书于1989年1月由科普出版社出版。

己的思想，走上成材之路。

我殷切地希望，我国的广大数学教育工作者，都能像李心灿、黄汉平同志这样，不断从人类的知识宝库中吸取营养，并以自己的心血，酿成乳汁，哺育后辈。果能如此，洵为良师。

后 记

2002年11月8日，柯召先生辞世。在纪念他的时候，他的学生、亲属以及与柯召先生有过交往的许多人，都深切地回忆着他的一件件动人的往事。然而，遗憾的是，人们难以全面深入地去了解他不平凡的一生，了解他的贡献，了解他的种种美德。因为，当时还没有出版过柯先生的传记书。我认为，应当有人来做这件事。没有想到，两年以后，这件工作竟然会落到我的头上。我不是作家，本来不是合适的人选，不过，既然让我来做，我便决定尽力而为。

其实，撰写这本传记的过程，就是一个全面深入了解柯老的过程。柯老是一位很低调、很谦逊的学者。他很少谈自己，更没有什么豪言壮语，做得多，说得少。所以，周围以外的人不怎么知道他的事迹。在收集整理素材的过程中，我对柯老的事迹知道得渐渐多了。除了他在数学上的卓越建树外，他的人品，他的精神境界，无不为人称道。我拜访和采访过的许多人，都用他们亲身经历的往事来印证了这一点。情深意切，令人感动。

柯老有着浓烈的报国情怀。他的爱国之心很实在，他说："我最大的愿望，就是造就更多精通数学的人才，使我们国家的数学能蓬勃地发展；希望有更多的人能掌握数学这把打开科学大门的钥匙；……愿将有生之年全部贡献给祖国的科学事业。"为了这个信念，他总是以大局为重，甘愿回国，甘愿到条件更差的四川去，认认真真地去开拓，从少年到白头，终身不渝。他是在更差的条件下做出了高水平的成果，为国家科教事业作出了卓越贡献，因而尤为可贵。王元先生说："柯老完全够得上是一位支援西部建设的先驱。"可惜，在60多年的风风雨雨中，他经历的种种艰辛却鲜为人知。在本书中，我尽可能地把这些往事告诉读者，这对于全方位地了解柯老是有益的。他不仅仅是一位优秀的数学家，更是一位凝聚着中华学人传统美德的学者。

柯老留给后人的精神财富是丰富的。其中，最令今天的人们称道的至少还有这样几个方面：事业上追求高的境界，锲而不舍，精益求精，却又从骨子里淡泊名利；处事严谨认真，不讲假话，不随波逐流；胸襟开阔，珍重友情，他总是以包容谅解的心态对待“文化大革命”中的恩怨，不记前嫌，而对困难中帮助过他的人始终记着一份情谊；爱才惜才，提携后进。这些美德，在他的经历中处处可见，这里就不再赘述了。

本书在撰写中得到了多方面的有力支持：

柯老的女儿柯孚久教授、女婿白以龙院士提供了许多珍贵的照片和素材，并且对初稿提出了宝贵的意见。

王元院士惠允为本书写纪念文章，并为本书提供了在别处难以寻到的、介绍柯老学术成就的重要文献；林群院士、万哲先院士、杨乐院士都非常关心这本传记的撰写进展，主动为本书提供珍贵的史料和文献；中国科学院唐廷友教授极力促成了柯老传记的写作。

在采访过程中，原四川省政协副主席、原四川省委统战部部长王于同志，原四川省人大副主任、原九三学社四川省主委、建筑大师徐尚志教授，原九三学社四川省委秘书长李昌达先生，都特别谈到了柯老的品德，以及他从事社会活动时的许多感人事迹，为我们向读者全面展示柯老的道德风范提供了重要帮助。

四川大学校长谢和平院士得知此事后立即表示支持。他两度从校长经费中拨款，专门资助柯老传记的写作与出版，并叮嘱四川大学有关部门支持协助这项工作；刘应明院士介绍了许多柯老鲜为人知的往事；柯老的学生孙琦教授，为本书提供了大量资料，他还认真地阅读书稿，多次提出宝贵的修改意见。

四川大学数学学院将本书的撰写列为重要工作，学院领导韩泽、李清朗、严成辉、杜斌、胡兵，都给予了多方面的支持帮助，及时解决我们遇到的困难，提供了很好的工作条件。

在此感谢以下接受采访并给予帮助的同志。

数学学院历届领导：胡鹏　陆文端　唐志远　姚昌瑞　熊华鑫　张业才　彭联刚　张树果　王宝富；

数学学院教职工：周城璧　程中媛　沈仲琦　徐安石　唐贤江　贾克裕　张起帆　张宏　罗在和　王梅　梁朴　赵敏　张丹；

数学学院校友：张同（中国科学院数学研究所）　李心灿（北京航空航天大学）　刘慎权（中国科学院计算技术研究所）　廖品西（北京航空航天大学）　陈永川（南开大学）　徐世龙　陈绍仲　许世铎　伍登祥　陆征一　成世平　文德生　李江涛；

重庆大学的领导和教师：祝家麟（原重庆大学党委书记）　杨虎（重庆大学数理学院院长，四川大学校友）　李平渊　何传江　段虞荣　朱继生杨万年（原重庆大学数学系主任，四川大学校友） 刘思泽（四川大学校友） 程堂郭 郭曼侬 唐丽琼 罗隆荣 周茜。

此外，还有北京航空航天大学漆毅教授、中国科学院数学研究所王建方教授、北京语言大学霍然教授、四川大学物理系郭士堃教授，原四川大学化学系主任杨秀夫教授的儿子杨士衡先生、九三学社四川省委办公室主任李德谊同志、温岭中学徐锦忠先生。

我还要特别感谢中国科学院院士工作局刘峰松同志和刘春杰同志、科学出版社胡升华同志和侯俊琳同志。在他们的鼎力支持下，本书得以及时出版。

还有不少关心支持我们工作的同志，未能一一列出。在此向关心这本传记的所有同志表示衷心的谢意。

本书的目的是尽可能全面、真实地向读者介绍柯老，为研究科学史的人提供准确的素材，因此，本书叙述的史实都尽量做到有依据、有来源。

我是柯老的学生，从 1957 年入四川大学数学系求学，到后来留校工作，受柯老教益颇多。到了“文化大革命”中期的 1970 年 3 月下旬，全系师生奉命到成都附近的崇庆县部队农场劳动，因为我们都是老弱残兵，看守营房之类的轻体力活都在一起做，近距离接触的时间多了，也就更加熟识起来。记得我们在部队农场看守营房时，还偷偷地下过几次围棋，后来被“头头”发现，说我们没有警惕性，便不让我们一起值班了。1971 年 10 月前后，我又和柯老、蒲保明等几位老先生一起清理图书，休息时，常常靠在数学系图书室的破沙发上闲聊，天南海北，气氛也不错。“文化大革命”结束后的 90 年代初，《中国现代数学家传》向柯老约他的传记文章，他特意让我来写，为此，他曾详细而系统地向我谈了他的经历。后来，不少单位向他约稿，他都让我来做。回想起来，那段时期的接触和积累，对于这次写柯老的传记大有益处。

1986 年，我负责四川科技志数学部分的编纂工作，很为如何向大众介绍数学研究的成果作难，因为严谨的叙述别人看不懂，不严谨的叙述又容易走样。柯老是编写四川科技志的顾问，我向他求助，他热心地建议我把尺度定为让“大同行能看懂”，具体说来，是让研究方向不同的科学工作者能看懂。他还称这种尺度为“高级科普”。我试着这样做，效果不错。这次写他的传记，也是面向大众的读物，正好用到他当年告诉我的方法。本书中谈到柯老的学术成就时，我尽可能在不失真的前提下以科普的方式介绍相应内容。有兴趣系统研究柯老学术成就的读者，可查阅本书附录 B：柯召先生主要著作目录，也可查阅《二十世纪中国知名科学家学术成就概览：数学卷》一书中柯召先生的传文，该文对柯老的学术成就有系统和较为严谨的介绍，也是我撰写的。本书就不再赘述了。

限于水平，不足之处，殷切希望广大读者批评指正。

白苏华

2009年11月于四川大学竹林村

柯召先生热爱社会主义祖国，忠诚人民的教育事业，努力献身国家的科学事业，为我国的教育事业和科学技术事业作出了重大贡献。

——中国科学院和国家科委

柯召先生是中国教育界的资深学者，是我国老一辈数学家的杰出代表。他热爱祖国，热爱祖国的教育事业，为我国数学科学的发展和数学科学骨干的培养作出了重要贡献。他在代数、数论、组合论等诸多领域成果丰硕，卓有建树，尤其是在数论和组合论的研究中，他始终站在学科发展的前沿，关注学科发展的动向，思想活跃、治学严谨。他的多种著作被广泛使用，影响深远。

——教育部

柯召院士是我国著名数学家和教育家，是我国近代数论和组合论的创始人之一，有很高的学术造诣，为发展我国的数学事业作出了杰出的贡献。

——中国数学会

数十年来，柯召院士在数论、组合论、代数等领域取得了杰出成绩，桃李满天下，为我国教育事业和科技事业作出了重大贡献。他的业绩已载入史册，成为后人学习的典范。

——苏步青（中国科学院院士，曾任全国政协副主席、复旦大学校长）

您是中国现代数学研究和中国现代数学教育的先驱者之一，您为推动中国数学的发展做了很多重要的工作，同时，您还为国家培养了一批杰出的数学工作者。您长期在四川大学工作，不仅对于数学学科，而且对于整个高等教育事业都倾注了大量心血。

——丁石孙（数学家，曾任民盟中央主席、北京大学校长）

回忆当年柯老与陈省身、华罗庚、许宝騄等前辈在数学上作出重大贡献，使中国数学界跃登国际舞台，这一历史功绩，应为我侪后辈所永志不忘。

——吴文俊（中国科学院院士，曾任中国数学会理事长）

您是中国数论与组合数学最早的创始人与开拓者之一，您的工作是有历史意义与国际公认的。它们将是永远激励后辈进取的动力。您为中国培养了好几代数学家，桃李满天下。尤为可贵的是您的爱国情操与奉献精神。1938年，抗日战争烽火连天时，您拒绝留在英国，毅然回国，到相对偏远的四川，默默地奉献。您还长期担任了中国数学会的领导工作。

除此而外，您是一位淡泊名利、非常超脱与公正、十分可以信赖的数学家，您的品德是有口皆碑的。

——王　元（中国科学院院士，曾任中国数学会理事长）

杨　乐（中国科学院院士，曾任中国数学会理事长）

柯召先生是我们的前辈学者，对我国的数学研究和教育事业作出了卓越的贡献。多年以来，我们有幸多次在各种会议上和柯先生见面，从他的言行中得到很多教益。柯先生一贯的爱国热情、对数学的深入追求和对青年人的亲切关怀，使我们非常敬佩。

——谷超豪（中国科学院院士，曾任中国科学技术大学校长）
胡和生（中国科学院院士）

我到川大后，正是社教、“文化大革命”那段风云多变的岁月。在集中学习改造、劳动锻炼中，我与柯老有了许多接触的机会。“文化大革命”之后，形势大好。由于业务上、工作上的关系，见面机会也不少。柯老为人正义；从骨子里淡泊名利；善于从数学系、学校以至国家大局考虑问题；乐于提携后进。我碰到的名人不算少，但柯老给我的印象极为深刻。柯老走了，但他坚持的“科学与民主”的精神，必将更大发扬。

——刘应明（中国科学院院士，曾任九三学社中央副主席，
中国数学会副理事长、四川大学副校长）

柯老长期在四川大学担任教授、系主任、教务长、副校长、校长、数学研究所所长等领导职务，所以他对四川大学的贡献尤为突出。四川大学能发展到今天这样的规模，成为国内一所有影响的重点大学，这与以柯老为代表的老一辈教育家的杰出贡献是分不开的。为此，我们向柯老表示最诚挚的谢意。

——卢铁成（原四川大学党委书记兼校长）

他执教几十年，治学严谨，工作负责，是学校老一辈科学家的代表人物，对川大良好的学术风气的形成有特殊的贡献。

——四川大学校刊《名人录》

他是一位儒雅、温和、宽厚的长者。大小会上，不喜高谈阔论，言语不是很多的。但不是唯唯诺诺的人，有他的看法。

——王　于（原中共四川省委统战部部长）

柯老待人接物言语不多，但总是和蔼可亲。交朋友是靠得住的朋友。说了话一定算数，哪怕经过很久，都要给你回个话。

——李昌达（原九三学社四川省省委秘书长）

他的教诲将永远留在我们心中，激励我们及后辈继承他的遗愿，为国家、为人民多作贡献。

——柯孚久（柯召女儿，北京航空航天大学教授）

柯老师那杰出的贡献和成就，他那高尚的情操和顽强拼搏的精神，将永远留在我们中间，激励我们把柯老师开创的事业继续下去。

——孙　琦（柯召学生，四川大学数学学院教授）